"十四五"职业教育国家规划教材
"十三五"职业教育国家规划教材
1+X 职业技能等级证书（呼叫中心客户服务与管理）配套教材

呼叫中心客户服务与管理
（初级技能）

组　编　北京华唐中科科技集团有限公司
主　编　効文颖　冯俊芹
副主编　王建旭　丁海防　丘金平　张　鹏　赵　刚　袁金亮
参　编　侯治国　李　鑫　贾艳梅　张培锦　王维明　祁志怿
　　　　吉艳青　靳鹏宪　郭诗尧　叶又佳　沈朴远　李　洁

机械工业出版社

本书为“十四五”职业教育国家规划教材，也是1+X职业技能等级证书（呼叫中心客户服务与管理）配套教材之一，依据《1+X呼叫中心客户服务与管理职业技能等级标准》编写。本书以能力为本位，以工作任务和1+X职业技能等级标准要求为基础，通过工作任务和职业能力要求形成系统化的工作清单，并以各条职业能力为核心构建学习单元，将职业能力落实在操作过程中，旨在打造具有职业教育特色的示范性教材。

本书共有5个项目，主要内容包括精准记录工单信息、呼叫中心呼入业务、呼叫中心呼出业务、网店在线客服业务和呼叫中心电话销售业务。

本书可作为1+X职业技能等级证书（呼叫中心客户服务与管理）培训的教材，也可作为各类职业院校客户信息服务、电信服务与管理、电子商务、市场营销等相关专业的教材，还可作为呼叫中心从业人员的培训用书。

本书配有电子课件、微课视频等资源，教师可到机械工业出版社教育服务网（www.cmpedu.com）免费注册并下载，或联系编辑（010-88379194）咨询。

图书在版编目（CIP）数据

呼叫中心客户服务与管理．初级技能 / 苏文颖，冯俊芹主编．—北京：机械工业出版社，2020.9（2025.6重印）
1+X职业技能等级证书．（呼叫中心客户服务与管理）配套教材
ISBN 978-7-111-65974-7

Ⅰ．①呼… Ⅱ．①苏… ②冯… Ⅲ．①呼叫中心-商业服务-职业技能-鉴定-教材 Ⅳ．①F626.3

中国版本图书馆CIP数据核字（2020）第110341号

机械工业出版社（北京市百万庄大街22号 邮政编码100037）
策划编辑：梁 伟 责任编辑：梁 伟 杨晓昱 张星瑶
责任校对：王 欣 陈 越 封面设计：鞠 杨
责任印制：张 博
北京机工印刷厂有限公司印刷
2025年6月第1版第10次印刷
184mm×260mm・17.75印张・405千字
标准书号：ISBN 978-7-111-65974-7
定价：57.00元

电话服务 网络服务
客服电话：010-88361066 机 工 官 网：www.cmpbook.com
010-88379833 机 工 官 博：weibo.com/cmp1952
010-68326294 金 书 网：www.golden-book.com
封底无防伪标均为盗版 机工教育服务网：www.cmpedu.com

关于“十四五”职业教育
国家规划教材的出版说明

为贯彻落实《中共中央关于认真学习宣传贯彻党的二十大精神的决定》《习近平新时代中国特色社会主义思想进课程教材指南》《职业院校教材管理办法》等文件精神，机械工业出版社与教材编写团队一道，认真执行思政内容进教材、进课堂、进头脑要求，尊重教育规律，遵循学科特点，对教材内容进行了更新，着力落实以下要求：

1. 提升教材铸魂育人功能，培育、践行社会主义核心价值观，教育引导学生树立共产主义远大理想和中国特色社会主义共同理想，坚定“四个自信”，厚植爱国主义情怀，把爱国情、强国志、报国行自觉融入建设社会主义现代化强国、实现中华民族伟大复兴的奋斗之中。同时，弘扬中华优秀传统文化，深入开展宪法法治教育。

2. 注重科学思维方法训练和科学伦理教育，培养学生探索未知、追求真理、勇攀科学高峰的责任感和使命感；强化学生工程伦理教育，培养学生精益求精的大国工匠精神，激发学生科技报国的家国情怀和使命担当。加快构建中国特色哲学社会科学学科体系、学术体系、话语体系。帮助学生了解相关专业和行业领域的国家战略、法律法规和相关政策，引导学生深入社会实践、关注现实问题，培育学生经世济民、诚信服务、德法兼修的职业素养。

3. 教育引导学生深刻理解并自觉实践各行业的职业精神、职业规范，增强职业责任感，培养遵纪守法、爱岗敬业、无私奉献、诚实守信、公道办事、开拓创新的职业品格和行为习惯。

在此基础上，及时更新教材知识内容，体现产业发展的新技术、新工艺、新规范、新标准。加强教材数字化建设，丰富配套资源，形成可听、可视、可练、可互动的融媒体教材。

教材建设需要各方的共同努力，也欢迎相关教材使用院校的师生及时反馈意见和建议，我们将认真组织力量进行研究，在后续重印及再版时吸纳改进，不断推动高质量教材出版。

机械工业出版社

前言

PREFACE

党的二十大报告提出“加快发展数字经济，促进数字经济和实体经济深度融合，打造具有国际竞争力的数字产业集群。”伴随着我国经济发展应运而生的呼叫中心产业在短短二十多年间从无到有、蓬勃发展，成功应用于通信、金融、电商、物流等行业。它的业务范围不断拓展、服务内容继续延伸，建立了企业与客户之间顺畅沟通的桥梁。伴随着进入5G通信时代和电子商务的发展，我国的呼叫中心产业还有很大的成长空间。2019年2月，国务院发布的《国家职业教育改革实施方案》（通常称为“职教20条”）中提出从2019年开始，在职业院校、应用型本科高校启动“学历证书＋若干职业技能等级证书”制度试点（简称“1+X证书制度试点”）工作。1+X证书制度将学校学历教育、社会用人需求及学历证书与职业技能等级证书有效地结合起来，使职业技能人才的成长之路更加多元化。1+X呼叫中心客户服务与管理职业技能等级证书是1+X制度的第三批试点项目。

在此背景下，本书按照1+X证书制度的要求，按照职业教育课程教学的工作过程导向的设计思路，以“项目－任务”的方式对呼叫中心的岗位群及工作进行了分解，尽可能还原工作任务场景，并插入必备知识，以达到掌握技能的学习目的。

本书主要包含5个项目，分别是精准记录工单信息、呼叫中心呼入业务、呼叫中心呼出业务、网店在线客服业务、呼叫中心电话销售业务，覆盖了呼叫中心一线坐席代表的主要工作业务类型和业务内容。希望学生通过本书的学习，能够具备一线坐席代表的基本素质，掌握一线坐席代表的必备技能，并能够通过实训巩固所需的工作技能，达到呼叫中心企业对呼叫中心一线工作人员职业技能的要求。

本书由企业专家、院校专家担任主编，邀请中高职院校专业教师、呼叫中心高层管理者共同参与编写。其中项目1由长子县职业技术学校王建旭、靳鹏宪，北京华唐中科科技集团有限公司劾文颖、李洁编写；项目2由河南省商务学校李鑫、清远工贸职业技术学校丘金平、广元市利州中等职业学校赵刚编写；项目3由洛阳服务外包学院侯治国、冯俊芹、张培锦、贾艳梅，毕节市财贸学校张鹏编写；项目4由和顺县职业中学王维明、淮北工业与艺术学校祁志怿、江西民政学校袁金亮编写；项目5由洛阳服务外包学院吉艳青、浙江邮电职业技术学院丁海防、郭诗尧、叶又佳、沈朴远编写。

本书主编劾文颖多年从事职业教育的专业建设、教学研究、教学资源开发等工作，曾参与客户信息服务专业国家教学标准的制定，是全国中等职业学校客户信息服务专业教学标准制定专家委员会委员、《中国呼叫中心产业白皮书》的主编，组织编写多本呼叫中心专业系列教材。主编冯俊芹多年从事职业教育教学管理和研究工作，是职业教育教学专家、全国中等职业学校客户信息服务专业教学标准制定专家委员会委员，在客户信息服务专业的人才培养和专业建设方面沉淀了丰富的经验。其他参与编写的人员也均为呼叫中心企业与教育领域的专家。

本书可作为1+X职业技能等级证书（呼叫中心客户服务与管理）培训的教材，也可作为应用型本科院校、中高等职业院校客户信息服务、电信服务与管理、电子商务、市场营销等相关专业的教材，还可作为呼叫中心从业人员的培训用书。

通过本书的学习学生可以掌握呼叫中心客户服务与管理初级技能，能够根据业务的需要完成呼入、呼出、电话销售及网店零售等客户接待与业务受理工作；可以胜任呼叫中心坐席代表、电话销售专员、在线客服代表、电话回访员等岗位。

本书主要项目内容及教学建议如下：

项目小结	理论学时	实操学时
精准记录工单信息	4	6
呼叫中心呼入业务	8	8
呼叫中心呼出业务	8	8
网店在线客服业务	8	8
呼叫中心电话销售业务	10	10

由于编者水平有限，书中难免有不妥和错误之处，恳请读者批评指正。

编　者

目录
CONTENTS

Project 1

项目 1 精准记录工单信息

项目描述

花花是华唐电力呼叫中心的一名坐席代表，通过前期基础知识的培训，终于可以走上坐席代表岗位，接听客户的电话了。组长要求坐席代表接听的每通电话都需要在业务系统中记录一个工单，做好信息的记录和反馈。

记录业务工单是一线坐席代表的必备工作任务，每一通电话都需要在业务系统中进行如实记录。无论是呼入还是呼出业务，都需要对客户的关键信息进行采集、录入、核对，正确描述客户的需求，选择正确的渠道进行反馈。正确的录入业务工单有助于客户信息的保存、客户关系的管理，有助于帮助企业分析客户的行为，也有助于业务的顺畅开展、核对坐席代表的工作量。

本项目中，通过正确填写业务工单、录入客户关键信息、掌握客户关键信息常识三个实训任务，帮助学生掌握工单录入的方法和技巧，能够独立完成业务工单的精准录入。

项目内容

正确填写业务工单

录入客户关键信息

掌握客户关键信息常识

任务1 正确填写业务工单

任务情景

花花：师傅，你好，我是您的实习生花花，今天开始跟您学习。

糖糖：欢迎你花花，那我们开始今天的工作吧……

花花：师傅，您好厉害啊，一边接听电话，还能一边打字。

糖糖：我这可不仅仅是打字那么简单，这个叫业务工单，我们接听的每个电话都需要在系统里面填写工单并保存下来。

花花：这样的啊，我们的业务那么多，每个工单的样式都不一样，我们该如何记录呢？

糖糖：不要着急，现在我就来教你如何正确填写业务工单。

任务分析

目前呼叫中心已成为企业提高客户服务质量、加强企业内部经营管理的重要手段。为了进一步提高企业响应客户请求的速度，给客户提供优质的服务，提高生产效率和管理水平，呼叫中心往往会采用业务工单管理系统，用于及时受理客户的投诉、咨询等请求并高效解决客户反映的问题。正确填写工单能够规范业务的执行，实时监控业务的开展，及时有效地处理工单，尽快解决客户的实际问题，从而提高客户服务中心的服务能力以及客户的满意度。

要完成正确填写业务工单的任务，首先应正确理解和掌握呼叫中心的业务类型和产品知识，能够通过与客户的交流过程判断业务类型，根据工单如实填写，能够掌握工单处理的时效要求，依据工单状态进行跟踪和处理。

本任务要求坐席代表掌握呼叫中心主流业务分类及其工单要素的知识，能够掌握工单录入的流程，正确选择反馈途径。

任务实施

1．签入电话

坐席代表在工作开始之前，首先要登录客服系统，输入用户名和密码，登录进入业务系统之后，看到软式电话工具条，如图 1-1 所示，单击图 1-2 的“签入”按钮，即可完成签入的操作。这样系统才能识别坐席代表为可工作状态，客户的呼入请求才会通过呼叫中心系统分配到坐席对应的工号。软电话系统登录成功，则“签入”按钮变为“签出”，如果坐席代表要签出软式电话，请单击图 1-3 的“签出”按钮，即可完成签出软式电话的功能。

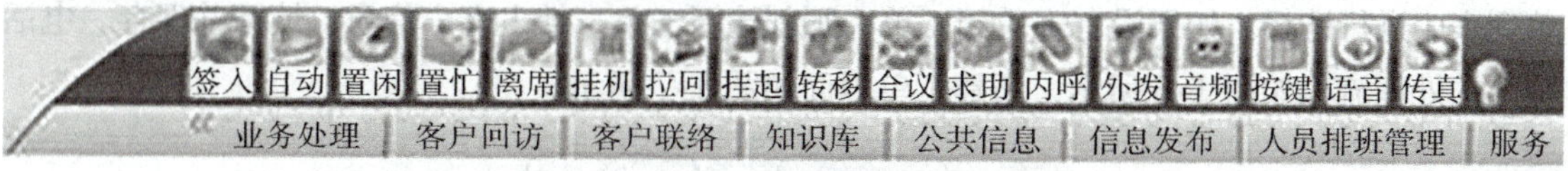

图 1-1　呼叫中心系统软式电话工具条

图 1-2　软式电话系统签入操作

图 1-3　软式电话系统签出操作

2. 接听电话

当客户来电时，坐席代表应先在系统中进行接听。目前呼叫中心系统支持自动接听和手动接听两种方式。当坐席代表将系统设置为自动接听时，有电话呼入系统就会自动接通；当坐席代表设置为手动接听时，有电话呼入需要单击摘机，电话才能接通。操作按钮如图 1-4 和图 1-5 所示。

图 1-4　呼叫中心软式电话自动接听切换功能

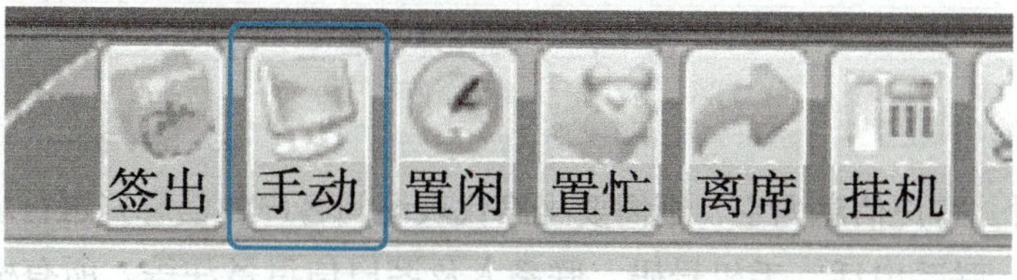

图 1-5　呼叫中心软式电话手动接听切换功能

3. 新建工单

接听电话后，呼叫系统将会自动判断该客户是否有来电记录或工单记录，如果判断为无记录的新客户，系统将会自动创建新工单，要求坐席代表完善客户信息并填写工单。如果系统识别来电号码为老客户，则先判断是否有未关闭的历史工单，如果有未关闭工单，则优先在工单列表中进行选择。如果没有未关闭工单，则创建新工单，带入客户信息，填写并保存。电话接入的处理流程如图 1-6 所示，新建工单界面如图 1-7 所示。

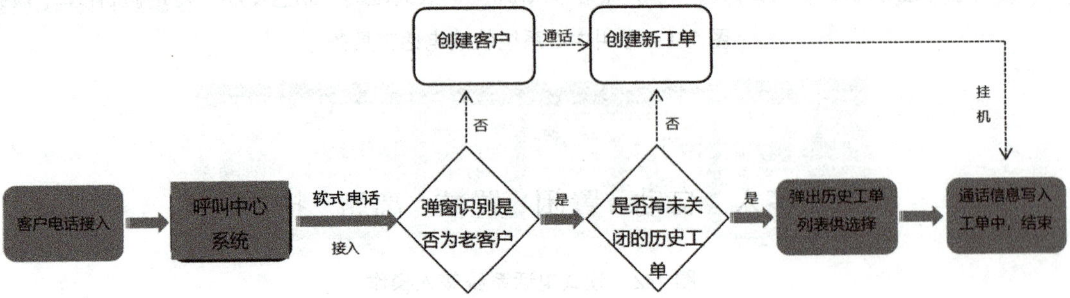

图 1-6　电话接入的处理流程

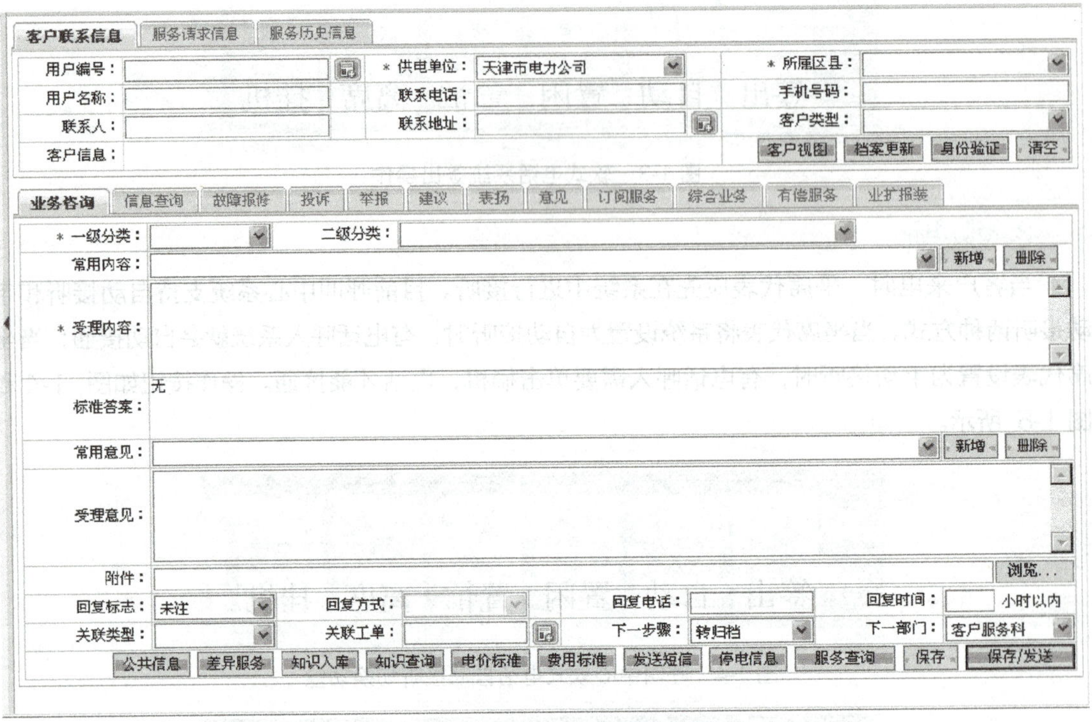

图 1-7　新建工单界面

4. 填写客户信息

新客户来电时，客户信息为空，则需要坐席代表询问客户的信息并进行填写，关键信息主要包括用户名称、联系电话、手机号码、联系人及客户信息备注等。所有标 * 的内容为必填项，其他为选填项，如图 1-8 所示。

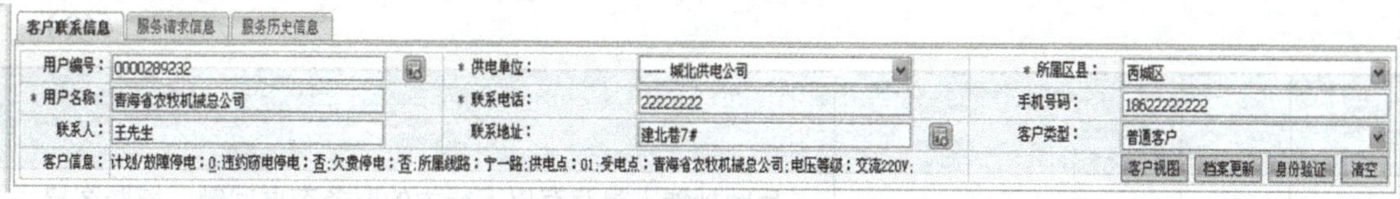

图 1-8　新建工单填写客户信息

5. 选择工单类型

根据客户沟通的内容，选择正确的工单类型，如图 1-9 所示。不同工单类型对应的要素与反馈渠道均不同，如选择错误的工单类型，会导致业务无法继续推进，客户的问题无法解决，严重的甚至会导致客户投诉，所以选择正确的工单类型是呼叫中心质检标准中的关键性项目，即一旦质检发现错误，则判定为该条录音不合格。

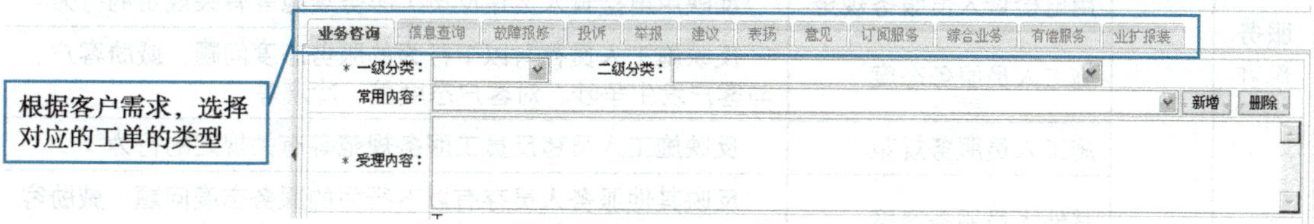

图 1-9　选择工单类型（电力行业案例）

6. 选择业务分类

填写工单要素首先应选择业务的一级分类和二级分类，如图 1-10 所示，可通过下拉框逐级选择业务类别。企业会根据自己的业务范围划定业务分类，提前设置在系统中，便于坐席代表快速选择。华唐电力呼叫中心投诉业务分类见表 1-1。

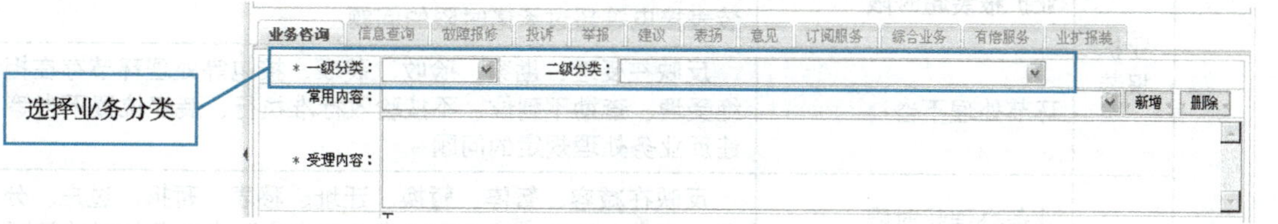

图 1-10　选择业务分类（电力行业案例）

表 1-1　华唐电力呼叫中心投诉业务分类

一级分类	二级分类	三级分类	分类定义
服务投诉	服务行为	营业厅人员服务态度	反映营业厅服务人员存有以下行为的服务态度问题：威胁客户、与客户发生争吵、对客户态度差、冷漠等
		营业厅人员服务规范	反映营业厅服务人员违反员工服务规范等有关规定的行为
		服务热线人员服务态度	反映服务热线人员存有以下行为的服务态度问题：威胁客户、与客户发生争吵、对客户态度差、冷漠等
		服务热线人员服务规范	反映服务热线人员违反员工服务规范等有关规定的行为

（续）

一级分类	二级分类	三级分类	分类定义
服务投诉	服务行为	抄催人员服务态度	反映抄催人员存有以下行为的服务态度问题：威胁客户、与客户发生争吵、对客户态度差、冷漠等
		抄催人员服务规范	反映抄催人员违反员工服务规范等有关规定的行为
		装表人员服务态度	反映装表人员存有以下行为的服务态度问题：威胁客户、与客户发生争吵、对客户态度差、冷漠等
		装表人员服务规范	反映装表人员违反员工服务规范等有关规定的行为
		用电检查人员服务态度	反映用电检查人员存有以下行为的服务态度问题：威胁客户、与客户发生争吵、对客户态度差、冷漠等
		用电检查人员服务规范	反映用电检查人员违反员工服务规范等有关规定的行为
		施工人员服务态度	反映施工人员存有以下行为的服务态度问题：威胁客户、与客户发生争吵、对客户态度差、冷漠等
		施工人员服务规范	反映施工人员违反员工服务规范等有关规定的行为
		其他人员服务态度	反映其他服务人员存有以下行为的服务态度问题：威胁客户、与客户发生争吵、对客户态度差、冷漠等
		其他人员服务规范	反映其他服务人员违反员工服务规范等有关规定的行为
	服务渠道	营业厅服务	反映营业厅提供的服务项目、营业时间没有达到要求或存在问题
		网站服务	反映网站服务不及时、无答复或答复内容不规范、不准确等情况
营业投诉	业扩报装	业扩报装超时限	反映在供电方案答复、设计审查、中间检查、竣工验收、装表接电等超过承诺时限的问题
		环节处理不当	反映在受理、勘察、验收、装表、接电等处理环节存在拒绝受理、查勘不到位、不按验收标准执行、装表位置不当等违反业务处理规定的问题
	用电变更	业务办理超时限	反映在减容、暂停、暂换、迁址、移表、暂拆、过户、分户、并户、销户、改压和改类等用电变更中业务超时的问题
		环节处理问题	反映在受理、勘察等处理环节存在拒绝受理、勘察不到位，或对未有明确时限规定的用电业务或环节长期未响应等违反业务处理规定的问题
	抄表催费	抄表质量	反映未抄、错抄、估抄、漏抄等抄表差错的问题
		催缴费	反映未按规范发放催费通知单、催错费或通知错等违反业务处理规定的问题
		欠费停复电	反映欠费停错电、未按规定或未及时停电、缴费后未按规定及时复电等违反业务处理规定的问题
	电价电费	电费	反映电费计算、收取差错、未按规定提供发票、电费违约金收取不合理等违反业务处理规定的问题
		电价	反映执行电价错误或违规改变电价标准等违反业务处理规定的问题

（续）

一级分类	二级分类	三级分类	分类定义
电网建设	供电设施	输电设施	反映电力企业输电设施建设及安全隐患未得到有效解决的问题
		配电设施	反映电力企业配电设施建设及安全隐患未得到有效解决的情况
		供电能力	反映电力企业供电无法及时按照客户诉求提供供电电源的情况
	噪声污染	噪声污染	反映电力企业输配电设备及附属设施出现噪声，对客户正常生活带来影响的问题
		电力施工作业	反映供电企业施工过程中噪声过大的问题

7. 填写工单内容

客户来电反映单位电表因打火导致短路停电，要求工作人员上门维修。根据客户的描述，坐席代表判断该业务为故障报修，需要本地的电力维修站进行上门维修。所以结合所学的业务知识，坐席代表选择了故障分类，选填了部分故障原因，记录下客户的情况，将工单派发给了对应区域的工作组处理。故障报修工单如图 1-11 所示。

1）受理信息：通过简练的文字描述客户的问题。

2）受理意见：通过简练的文字描述坐席代表给予客户的解决方案。

3）下一步骤和下一部门：可分配工单给其他部门，无须分配订单直接选择本部门存档即可。例如图 1-11 中的故障报修工单，就需要转派发给“城北勘察班”处理。

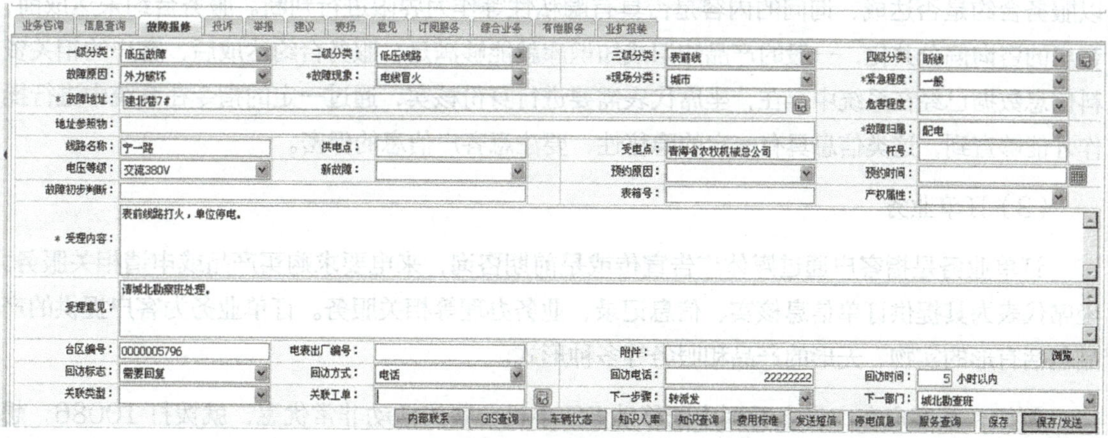

图 1-11　故障报修工单

必备知识

1. 呼叫中心主要业务类型

呼叫中心创建之初的主要目的是为了帮助客户解答问题，所以多数呼叫中心都包含呼入业务，主要包括业务咨询、业务查询、订单处理（业务受理）、技术支持、客户投诉等。为了大家更好地理解各类业务的区别，下面以中国移动 10086 呼叫中心业务进行举例说明。

（1）咨询业务

咨询业务是指坐席代表为客户提供产品信息、业务资讯、公共信息等相关内容的解答服务。

例如：5G 时代来临，很多客户跃跃欲试，想要了解中国移动 5G 套餐。某天客户拨打 10086，咨询 5G 套餐的内容、资费及办理方法等。坐席代表在回答客户问题的过程中判断该客户业务类型是咨询业务，并同时建立业务咨询工单。

（2）查询业务

查询业务是指呼叫中心人员为客户提供基于业务、产品质量、产品服务、客户资料、服务记录等信息的查询服务。

例如：随着抖音、快手等短视频 App 的火爆，很多移动客户使用手机在线浏览视频文件，造成话费超额而导致号码停机、无法正常使用。这时客户会拨打 10086 查询停机原因，或查询话费明细。为了确保客户的信息安全，查询业务时需要求客户主动提供手机号码、机主姓名、服务密码等信息，以便核对机主身份。信息核实正确后，坐席代表在查询系统中录入客户手机号码并进行查询，告知客户查询结果。该业务为查询业务，需要建立查询工单。

咨询业务和查询业务的界限比较模糊，很多呼叫中心的企业内部也会对二者混淆。可以以服务合约是否达成、询问的内容是否具有隐私性等作为界限进行判断。服务合约未达成前，客户的咨询偏公共化，一般的产品知识或知识库就能够满足；服务合约达成后，客户的相关资料信息数据已经在系统中存在，坐席代表需要进行身份核实，通过一定的指令在系统中进行操作才能够查到，这类信息具有一定的隐秘性，要注意客户信息的保密。

（3）订单业务

订单业务是指客户通过媒体广告宣传或是前期咨询，来电要求购买产品或申请相关服务。坐席代表为其提供订单信息核实、信息记录、业务办理等相关服务。订单业务为客户提供的产品包括有形的实物、无形的产品和服务等多种形式。

例如：某客户在广告上看到中国移动 5G 手机套餐的活动非常优惠，就拨打 10086，想要购买 5G 手机并办理配套的 5G 套餐。此时，坐席代表会记录客户的姓名、地址、联系方式、办理套餐的内容、购买手机的型号等信息，与客户核对付款方式后填写工单，分配给后续部门进行配货、派送及上门收款、核对信息等。该业务即为订单业务。订单业务不仅需要坐席代表如实进行记录，还需要其他部门相互配合才能完成。客户的关键信息是后续业务正常开展的基础，一旦填写错误就有可能导致订单无法正常完成。

（4）技术支持业务

技术支持类业务是指坐席代表为用户提供售后服务的一种形式，帮助用户诊断并解决其在使用产品过程中出现的由产品导致的技术问题。

例如：客户收到新款 5G 手机后非常满意，当天就换了新手机来使用，但在设置热点和移动网络时无法正常操作，导致客户无法使用移动网络和 Wi-Fi。客户阅读说明书无果后，拨打 10086 咨询具体的操作方法，该业务可视为技术支持业务，需填写业务支持工单。技术支持业务主要体现在以硬件产品销售为主的售后服务，常见于销售计算机、打印机、服务器等相对复杂精密设备的企业。

（5）投诉业务

投诉业务是指坐席代表处理客户通过电话或其他渠道反映其对服务或产品质量不满或建议的一种呼入业务。

例如：客户的新手机使用不久后发生故障，咨询客服后到维修网点进行检修，维修网点要求客户支付 500 元的维修费，客户认为新手机购买没有超过 2 个月，应享受三包政策，要求维修网点进行免费维修（三包政策是零售商业企业对所售商品实行“退货、更换、维修”的简称）。双方争执不下，客户非常不满产品的售后服务质量，拨打 10086 进行投诉。投诉内容包括手机质量和服务人员的服务态度。该业务即为投诉业务，需填写投诉工单。

大多数的投诉往往是因为客户对产品本身的不满意而引起，但在处理过程中，由于某些坐席代表的服务态度不佳、业务水平欠缺等原因，引发客户对工作人员的不满，导致有些客户会在投诉产品问题的过程中进一步投诉坐席代表。

以上几种类型为常见的呼入业务类型，但由于呼叫中心应用的广泛性，每个企业都会有自己的业务分类，所以进入呼叫中心企业就业时，企业也会针对新员工进行产品及工单系统操作的培训，但核心的技能要求是一致的，即务必根据业务类别选择对应的工单格式，认真准确地填写相关内容，确保信息传递的正确性和及时性。

2. 呼叫中心工单填写常用语

为了便于部门间工单的流转和问题的及时处理，坐席代表填写工单时应选择规范的语言。掌握常用语也可以提高工单录入的速度和准确率。

1）请：请贵部了解、请及时查看、请及时处理、请及时回复等。

2）望：望贵部支持、望贵部配合、望贵部派人协助、望及时安排等。

3）和：×× 部门和 ×× 部门合作。

4）谢谢：谢谢、谢谢配合。

5）角色：商户、客户、消费者、内部组织部门。

6）问题总结：反映、表示、建议。

任务拓展

1. 实训任务：请根据客户服务案例，正确地填写工单。

2. 任务形式：两人一组，每个人独立完成后进行互评。

3. 任务时限：10 分钟。

4. 任务要求：

1）熟读背景资料，了解资料中企业的经营模式、业务类型、业务范围等。

2）阅读客户服务案例，结合通话内容选择正确的工单类型，如图 1-12 ~图 1-14 所示，并将通话内容填写到工单的对应位置。

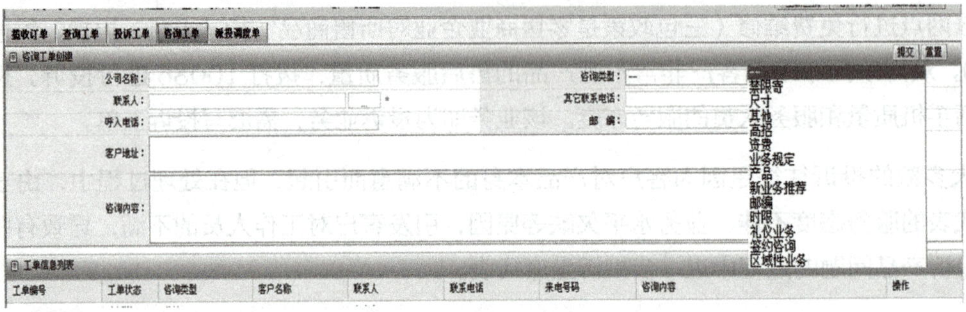

图 1-12　华唐速递咨询工单

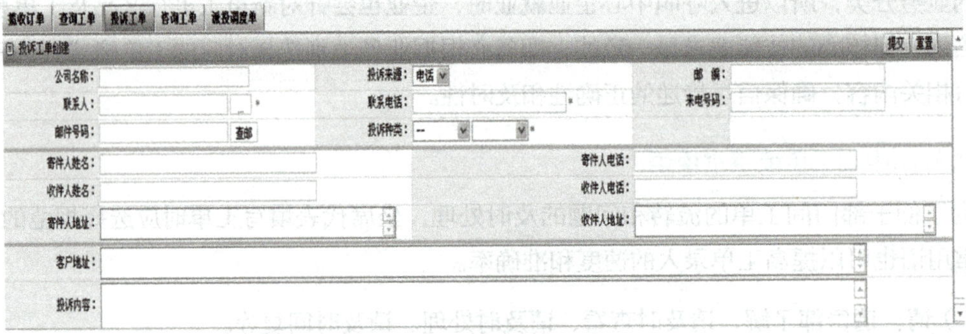

图 1-13　华唐速递投诉工单

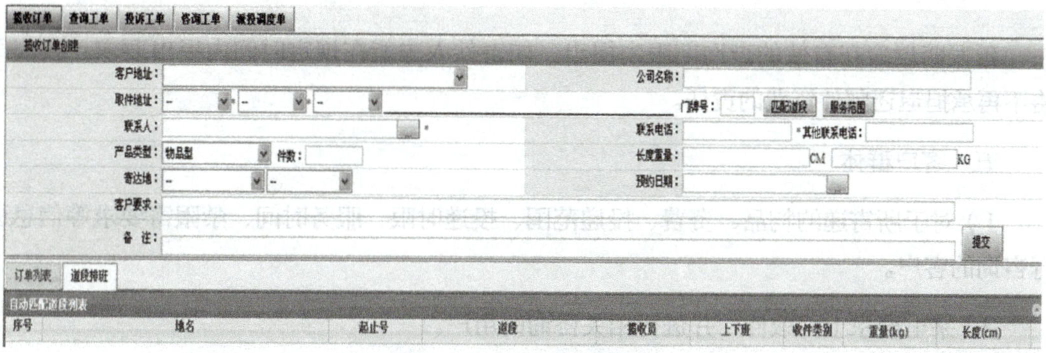

图 1-14　华唐速递揽收工单

背景资料

一、企业资料

华唐速递物流股份有限公司（简称华唐速递物流）是经国务院批准，于 2010 年 6 月联合各省邮政公司共同发起设立的国有股份制公司，是我国经营最久、规模最大、网络覆盖范围最广、业务品种最丰富的快递物流综合服务提供商。华唐速递物流在国内 31 个省（自治区、直辖市）设立全资子公司，并拥有邮政货运航空公司、中邮物流有限责任公司等子公司。

二、国内特快专递时限承诺服务

国内特快专递（AMS）时限承诺服务是指华唐速递物流对纳入承诺范围的城市间互寄特快专递标准型邮件，向客户承诺全程时限；对超过承诺时限的邮件，用户可以要求退还已支付的邮件资费。这是华唐速递物流推出的一项兼具时效性和稳定性的高品质速递服务。

三、服务内容

多渠道的查询方式：公司网站（www.11189.com.cn）、全国统一坐席电话 11189。通过邮件跟踪与查询服务，可以实时了解邮件的全程信息。

承诺时限：按照从邮政编码到邮政编码的方式计算承诺时限。

延误赔偿：因公司原因造成邮件时限延误的，可退还已收取的邮件资费。

四、使用说明

交寄邮件时请在详情单填写正确的交寄及寄达地址和邮政编码。

要了解承诺时限或查询交寄邮件的详细信息，请登录公司官网或拨打全国统一客户服务电话 11189 查询。查询时应提供的基本信息：交寄日期、交寄地城市名称、交寄地邮政编码、寄达地城市名称、寄达地邮政编码。

延误赔偿应在有效的查询期限内提出，如寄件人未能在规定时间内提出要求，我公司将不再承担退还邮件资费的责任。

五、客户群体

1）对于所寄递的物品、资费、投递范围、投递时限、服务时间、禁限寄要求等信息进行咨询的客户。

2）来电要求上门取件，并进行相关咨询的用户。

3）邮件已寄出，来电要求查询邮件当前位置及投递结果的用户。

4）邮件未投递成功，出现延误、丢失、错投、拒收等特殊情况时来电查询或投诉的用户。

六、客服热线

11189 呼叫中心首先负责受理速递物流专业客户服务问题，处理客户揽收、咨询、深度查询及客户投诉工作，承担派揽派投调度，揽投工单处理质量督办工作；其次负责客户网上订单受理、重点客户维护以及呼入客户资源的采集、维护、分析及反馈等工作。

市内 20 分钟内上门取件，上门收件人员配备手持终端 PDA，能够实时查询邮件情况，及时反馈邮件信息给客户。

七、坐席代表

作为华唐速递物流客户联络中心的坐席代表，工作目标是确保呼叫中心的服务质量及客户满意度。主要工作内容如下：

1）客户咨询时，积极为客户做好参谋工作，推荐公司的优势业务。

2）客户发货时，根据客户提供的取件信息，认真记录客户的信息并提交揽收工单。

3）客户查询时，按系统中现实的结果直接答复客户，若货物有异常情况，需要如实进行判断，及时提交对应工单，为客户及时处理。

4）客户投诉时，简单投诉可直接处理，若不能处理时，应记录投诉工单并及时升级处理。

5）受理客户委托后，督促调度及时安排取货，并跟踪办理结果。

6）当客户需要与公司长期合作或扩大合作时，有责任将客户需求及时反馈至各分公司，并及时提交咨询工单。

7）积极向客户推荐保险，务必说明货物一旦破损或丢失，有保险与无保险的处理区别，并写好保险登记表，及时将保险登记表转到保险理赔科。

8）对客户委托的物品进行禁寄、限寄的审核判断，对于不符合寄递要求的物品要及时告知客户禁寄原因及限寄要求。

9）当接到客户来电指定要求某位坐席代表接听电话时，应先问清客户的需求再主动为客户处理业务，避免电话的转接。

10）按正常程序正确使用各种办公系统，严格按照“客户服务代表规范用语”与客户沟通。

八、特别提示

我公司所承诺的全程时限依据交寄地和寄达地的邮政编码进行计算。为了确保您的权益，交寄承诺服务邮件时，请务必提供交寄地和寄达地的正确地址和邮政编码，对没有提供邮政编码以及超出承诺邮政编码范围的，我公司将不提供时限承诺服务。

对于因不可抗力等非我公司原因造成的邮件时限延误，我公司将不承担赔偿责任。

客户服务案例

坐席代表：您好，有什么可以帮您？

客户：您好，上午我打过电话。我的邮件信息，您给查了吗？到底是哪位签收的？

坐席代表：您叫什么？

客户：李春泰。

坐席代表：您是要查一下邮件寄到哪里了，还是？

客户：您帮我问一下吧，到底是谁接的电话，她说帮我查到底是谁签收的，她说查完了给我来电话，现在都两三个小时了，一直没给我答复啊。

坐席代表：您说一下您的邮件号可以吗？我帮您查一下。

客户：我上午已经都说了，她说马上给我答复，现在都两三个小时了，也没给我答复！

坐席代表：是这样的，李先生，您订单的电话号码是多少呢？

客户：133××××××××。

坐席代表：好的，我帮您查询一下。

客户：嗯。

坐席代表：李先生，您好！系统没有查询到您的来电记录和邮件信息，请您再核实一下。

客户：你们怎么这样啊，通过你们寄的快递，现在收不到，打电话也没有记录，你们到底要干什么，我要投诉！

坐席代表：李先生，实在抱歉，给您带来不便，我这边先帮您记录一下信息，请问您的邮件是从哪里寄出的？寄件人是您本人吗？

客户：是我本人寄的，8 月 20 日快件从北京市海淀区清华科技园 A 座 ×××× 寄出的。

坐席代表：好的，请您提供一下收件人的姓名和地址，好吗？

客户：收件人是王晓松，地址是辽宁省沈阳市大东区和睦路小学，之前查说是门卫签收了，可收件人没有收到通知啊。

坐席代表：好的，请您提供一下邮件号码，可以吗？

客户：邮件号码是 EC1234567890。

坐席代表：好的，李先生，实在抱歉我们的服务没有让您满意，我这边提交投诉工单，尽快由上级部门核实邮件情况，与您联系可以吗？

客户：好吧，你们快点啊，我都打过好几次电话了，你们的服务也太差劲了。

坐席代表：非常抱歉，李先生，您的工单我会帮您跟踪，3 个小时之内无论是否有回复，我都会电话通知您，可以吗？因为涉及邮件核实派送路径，可能需要较长时间，请您理解。

客户：好吧好吧，你这么说我才安心一点，务必要尽快告诉我啊！

坐席代表：好的，李先生，请问还有什么可以帮您的吗？

客户：没有了。

坐席代表：好的，感谢您的来电，请您稍后对我的服务进行评价，谢谢！

……

投诉工单类型

- 邮件延误：邮件从收寄到投递过程中发生的不及时问题。
- 投递质量：邮件投递过程中发生的投递未入户、未按址投递、自取不满等情况。
- 虚假信息：系统显示信息与实际情况不符，比如，邮件录入了妥投信息但客户未收到；上门揽收成功信息与实际上门取件情况不符等。
- 服务态度：邮政工作人员的服务态度出现的问题。
- 邮件丢损：邮件出现丢失、破损及内件短少等情况。
- 揽收质量：未及时上门收件、多收邮费等情况。
- 其　　他：涉及其他服务质量方面的问题。

任务 2 录入客户关键信息

任务情景

花花：师傅，您好！在上一节课我学习了呼叫中心工单系统的使用，但是在练习时发现要在沟通过程中同步录入客户的信息是一件很有挑战的工作。我经常会出现录入错误的情况。

糖糖：是的，能够精准地录入客户关键信息到呼叫中心系统，是坐席代表的一项最基本的素质和技能。

花花：师傅，我也体会到了这一点，那我应该如何满足这项必备技能呢？从哪些方面入手呢？

糖糖：下面我们就来学习录入客户关键信息的技巧和必备知识。

任务分析

呼叫中心的工单系统又称为工单管理系统，是根据不同的组织、部门和外部客户的需求，有针对性地进行管理、维护和追踪等一系列的问题和请求。呼叫中心工单系统一般被广泛应用于客户帮助支持服务、客户售后服务、企业 IT 支持服务、综合性呼叫中心，用来创建、挂起、解决客户及用户提交的事务请求，进行规范化、统一化和清晰化的处理和管理。

一般来说，一套完整的工单系统需要配套一个帮助文档知识库，里面包含客户的一些常见受理问题的相关信息、常见问题的处理方式和一些其他的帮助文档。一个工单系统就像一个追踪器，用于追踪与服务客户。

在工单录入中，对于呼叫中心坐席代表来说，一个重要的必备技能就是能够准确、快速地录入客户的关键信息。因为在与客户即时对话沟通的过程中，时间非常短暂，并且只能在正常的语速下进行。在此场景下，能够有效、快速、精准地录入客户的相关信息是后续对客户进行追踪和服务的基础。

本任务将对坐席代表与客户的电话记录进行准确录入客户信息的练习。

任务实施

录入客户关键信息要求坐席代表先倾听并能够理解客户的主要需求，再通过询问、核实并同步录入信息来完成工单录入。

1. 倾听理解并提供最佳解决方案

对于呼入业务来说，坐席代表的首要责任是听客户说话、理解客户需求，并在此基础之上为客户提供最佳选择或者多种选择方案。例如，客户要预订一张从广州到上海的机票，主要的诉求是低折扣机票。那么理解了这个主要诉求后，坐席代表就可以在此基础上询问需要了解的关键信息，进行录入，并为客户提供最佳选择，以便客户确认。

2. 快速准确录入客户关键信息

在客户陈述需求的过程中，有的关键信息是客户自己表达出来的，但很多情况下，也需要坐席代表根据所需要录入的关键信息去引导客户进行回答。

另一方面，在一些客户投诉类业务中，并不需要客户提供特别详细的身份信息，只需要记录客户的姓名和联系方式即可，对于身份信息的录入来说并不是很复杂。但是对于坐席代表来说，在能够准确理解客户的投诉原因和诉求之时，同步利用简短的文字精准、快速地记录客户投诉的原因及诉求，需要坐席代表具备良好的书面文字表达能力，并且要不断提高快速打字录入的能力。

3. 核实客户信息

在呼叫中心呼入业务中，很多业务涉及客户姓名、身份证、地名等信息的录入，因此要求坐席代表在完成录入后，还要进行复核，以保证录入信息准确无误。

4. 提交工单

在完成客户信息的准确录入后，就可以提交工单，在电话中对客户表示感谢或者相应的承诺之后结束通话。

必备知识

1. 业务工单系统中的关键信息

业务工单系统中需要客户录入的关键信息主要有：

1）客户联系信息类：姓名、性别、通信地址、电话及其他联系方式。

2）工单系统的基础选择信息：这类信息主要是工单系统中的基础设置选项，如产品分类、业务分类、故障类型等。

3）客户投诉原因：对于投诉类电话，一般来说客户关于投诉原因的陈述可能会比较冗长，需要坐席代表快速记录投诉的关键原因。

2. 快速录入方法

对于快速准确录入客户信息来说，除了准确理解客户意图、熟悉操作系统之外，最重要的一项必备技能就是快速打字并减少打字失误。因此提高打字能力、掌握标准的键盘打字指法是非常必要的。

目前沿用的是一种通用的标准键位键盘，这种键盘的键位是有排列标准的，配合比较科学的指法，将有效地提高打字的速度和准确率。标准的打字指法其实就是一种被广泛认为比较科学、合理的手指分工和击键方式，可以实现各手指与键位的最佳配合，从而快速准确地进行打字输入。

所谓打字指法，就是把键盘上的键合理地分配给 10 个手指，并且规定每个手指敲击哪几个键，这些规定基本上是沿用原来英文打字机的分配方式，如图 1-15 所示。

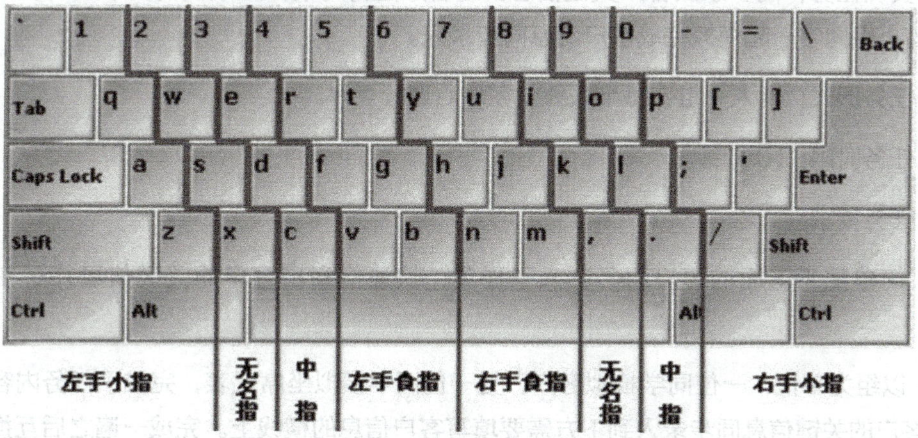

图 1-15　打字指法图示（各手指与对应的键位）

在键盘上，第 3 排键中的 <a><s><d><f> 和 <j><k><l><; > 这 8 个键称为基本键，也叫基准键。基本键是除拇指外的 8 个手指常驻的位置，其他键都是根据基本键的键位来定位的。在打字过程中，每个手指只能击打指法图上规定的键，不能击打规定以外的键，不正规的手指分工对后期速度提升是一个很大的障碍。

空格键由两个大拇指负责，左手击打完字符键后如果要添加空格，就用右手拇指击打空格键，右手击打完字符键后如果要添加空格，就用左手拇指击打空格键。

<Shift> 键是用来进行大小写及其他多字符键转换的，如果是左手的字符键需要转换，就用右手按 <Shift> 键，反之则用左手按 <Shift> 键。

3. 客户关键信息核实技巧

在呼入业务中，一般采用提问和重复信息的方式来进行核实。

（1）提问核实法

在客户沟通中经常需要核对姓名信息，有的客户会说明姓名的准确写法，有的客户则不会提供，这就要求坐席代表通过提问来确认。例如，“是弓长张吗？”，以这样的方式来确认客户姓氏。

（2）重复信息核实法

客户在沟通中已经提供了相关信息，但是为了保证信息的准确，坐席代表一般在最后还需要重复提问和确认。例如，客户已经提供了姓名、电话、通信地址等关键信息，在最后结束通话之前，为了保证信息的准确，将客户的联络信息再复述一遍，让客户进行最终确认。

任务拓展

1. 实训任务：同步录入客户关键信息。对客户进行对话，检索出需要录入的客户关键信息，并与小组同学一起模拟完成客户信息同步录入。

2. 任务形式：两人一组，每个人独立完成后进行互评。

3. 任务时限：10 分钟。

4. 任务要求：

1）简单熟悉下面的客户服务呼入子任务，快速检索出客户的关键信息并写在下方横线处。

2）以组为单位，一位同学模拟客户，另一位同学模拟坐席代表，完成子任务内容，坐席代表将客户的关键信息同步录入到下方需要填写客户信息的横线上。完成一遍之后互换角色进行重复模拟。

子任务1

在模拟对话过程中，请在 1 分钟内将你认为的客户关键信息写在下方横线处。

____

____

____

____

____

子任务2

在模拟对话过程中，扮演坐席代表的一方同步将客户信息录入到下方工单文本中。

华唐航旅业务工单系统

客户姓名:____________

身份证号:____________ 联系电话（手机）:____________

通信地址:____________

航班号:____________

出发地:____________ 目的地:____________

订单金额:____________

客户要求送达时间:____________

任务 3 掌握客户关键信息常识

任务情景

花花：师傅，在前一阶段的学习中，我们学习了使用工单系统以及如何准确快速地录入工单，我发现客户会提供各式各样的信息，坐席代表要具备快速录入能力，也就要具备相应的快速反应能力。

糖糖：是的，但是想要具备快速反应能力，先要具备广泛的基础知识，否则就无法体现到快速录入能力上。比如，有的姓氏你都不会写，怎么能够快速录入呢?

花花：师傅，那应该掌握哪些客户信息常识呢?

糖糖：下面我们就学习需要掌握的客户关键信息常识。

任务分析

现今是一个信息社会，充分并合理地利用信息是在竞争中获得成功的关键。对于一个坐席代表来说，必须掌握客户关键信息常识，及时准确地录入客户关键信息，从而提升客户服务中心的服务能力以及客户的满意度，并进一步提高企业响应客户请求的速度，提高生产效率和管理水平。

本任务要求坐席代表掌握客户关键信息常识，具体内容包括：掌握我国百家姓、常见姓氏的拼写方法；掌握我国主要城市的名称和常用道路命名方法；掌握常用邮箱的组成规则和常用邮箱的名称拼写。

通过本任务的学习，可以了解姓氏传统、地理知识，提升文化涵养，增强民族自豪感；培养收集客户关键信息的能力；增强实践操作的能力，从而提高胜任呼叫中心呼入业务岗位的能力。

只有掌握了常用的客户信息常识，才能在沟通中具备快速的反应能力，并能够准确记录客户的相关信息。

任务实施

1. 客户姓氏录入

无论是呼入业务还是呼出业务，无论是电话销售还是电话投诉、业务咨询类的电话，一般情况下都需要与客户核实信息，将客户姓名录入系统。一般来说，坐席代表要熟悉百家姓，除了一些生僻字之外，在遇到一般的客户姓名时，能够快速录入，并能够利用拆字的方法进行核实。

图 1-16 为一个工单系统录入界面，在客户联系信息的界面中，要求录入用户名称、联系人、联系电话等关键信息。

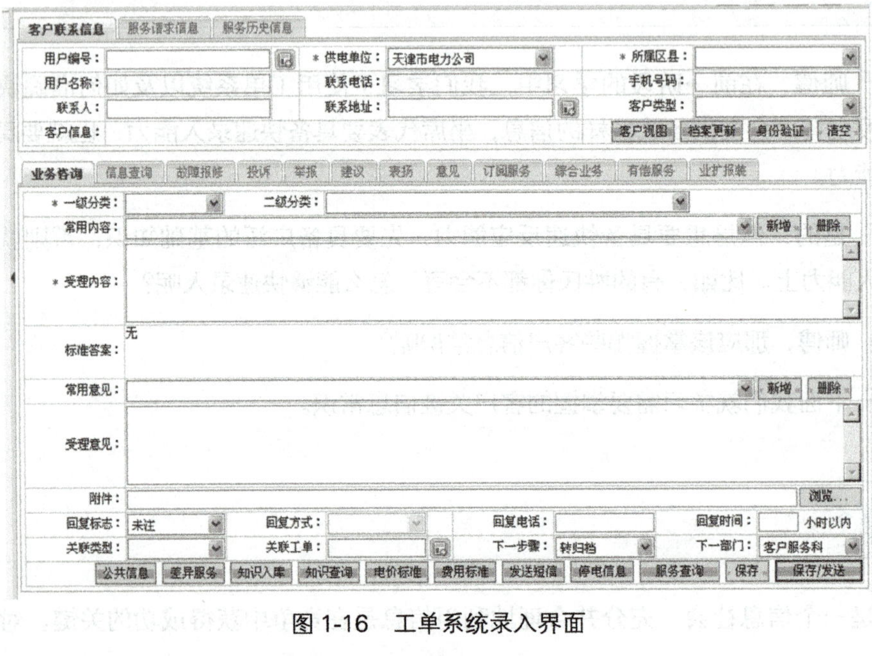

图 1-16　工单系统录入界面

2. 地名录入

在客户基础信息中，经常要询问客户的通信方式，这就避免不了录入客户的所在地。所在地除了城市信息之外，还经常要录入街道、小区、门牌号等信息。这就要求坐席代表要了解比较多的城市地名，除了一、二线城市之外，三线城市的地名也要多了解，避免出现不会写城市地名的情况。

3. 电子邮箱地址录入

现在通常是以电子通信为主，除非是一些合同类等重要的纸质材料需要纸质文件。一般来说，客户服务人员不会直接寄送纸质材料给客户，大部分时候都是核对电子邮箱地址。因此坐席代表需要掌握电子邮箱地址的书写方式以及常用的电子邮箱拼写方法。

在电子邮箱地址核实录入过程中，要注意两个方面：一方面是要去核实客户邮箱的前缀信息。由于前缀信息都是汉字，客户可能设计五花八门的前缀名称，如果是遇到客户姓名的汉语拼音还会比较简单，但是大部分时候客户都会用英文名或者昵称名来设定邮箱前缀，这就对坐席代表进行英文字母的信息核对提出了要求，必须具备标准的发音，确保前缀名称无误。另一方面，邮箱后半部分是由“@”+邮箱后缀组成，因此需要坐席代表掌握国内常用邮箱的后缀拼写方式。这样就避免了核实后缀拼写方式的过程，从而节省时间，提高效率。

必备知识

1. 我国百家姓常见的拼写方法

掌握百家姓及其拼写方式，就可以在与客户核对姓氏信息的时候提高效率。表 1-2 是易错姓氏的拼写方法。

表 1-2　易错姓氏的拼写方法

易错姓氏	拼写方法
A	
艾（ài）	艾草的艾
B	
贲（bēn）	愤怒的愤去掉竖心旁
薄（bó）	厚薄的薄
C	
岑（cén）	山今岑，山字下面加今天的今

（续）

易错姓氏	拼写方法
单于（chán yú）	简单的单，干勾于
晁（cháo）	日兆晁
谌（chén）	言字旁加甚至的甚
褚（chǔ）	衣者褚
淳于（chún yú）	淳朴的淳，干勾于
啜（chuò）	口字旁加四个又字
D	
笪（dá）	元旦的旦加竹字头
钭（dǒu）	金字旁加斗争的斗
E	
鄂（è）	鄂伦春的鄂
G	
皋（gāo）	白本皋
郜（gào）	告诉的告加右耳刀旁
戈（gē）	戈壁滩的戈
赓（gēng）	庚下加贝字
公冶（gōng yě）	大公无私的公，冶金的冶
缑（gōu）	喉咙的喉，口字旁换成绞丝旁
H	
扈（hù）	启发的启字下加巴字
J	
姬（jī）	蔡文姬的姬
嵇（jī）	禾尤山嵇
蓟（jì）	草字头下鱼字旁加立刀
郏（jiá）	皮夹的夹加右耳刀旁
蹇（jiǎn）	寒冷的寒下面的两点换成手足的足
翦（jiǎn）	剪刀的剪下面的刀换成羽
K	
阚（kàn）	门敢阚，门里加勇敢的敢
蒯（kuǎi）	草字头下面朋友的朋再加立刀旁
邝（kuàng）	广大的广加右耳刀旁
夔（kuí）	两点夔，首都的首，左边加停止的止，右边加巳时的巳，下面加八和反文
隗（kuí）	槐树的槐，木字旁换成左耳刀旁
蒉（kuì）	贵州的贵加草字头

（续）

易错姓氏	拼写方法
L	
闾丘（lǘ qiū）	门里加双口吕，丘陵的丘
雒（luò）	名佳雒
M	
宓（mì）	宝盖头下加必要的必
乜（miē）	也字中间少一竖
缪（miù）	绞丝缪，未雨绸缪（móu）的缪，多音字
万俟（mò qí）	万岁的万，埃及的埃土字旁换成单人旁
牟（móu）	三角牟，牟利的牟
N	
佴（nài）	单人旁加耳朵的耳
O	
区（ōu）	地区的区，多音字
P	
逄（páng）	升降的降字去耳刀旁加走之旁
邳（pī）	丕字加右耳刀旁，江苏邳县的邳
溥（pǔ）	厚薄的薄去掉草字头
Q	
綦毋（qí wú）	关系的系上撇换成其，宁缺毋滥的毋
覃（qín）	西早覃，水潭的潭去掉三点水
仇（qiú）	仇恨的仇，读作“求”
瞿（qú）	双目瞿
蘧（qú）	康字上面加草头，下面加走之旁
S	
佘（shé）	人示佘，佘太君的佘
厍（shè）	水库的库，上面少一点
莘（shēn）	辛勤的辛加草头
殳（shū）	没有的没去掉三点水
粟（sù）	西米粟
T	
仝（tóng）	人字下加工人的工
庹（tuǒ）	温度的度下面又字换成尺寸的尺
W	
毋（wú）	母亲的母，中间的两点改成一撇

（续）

易错姓氏	拼写方法
X	
冼（xiǎn）	两点水加先后的先，冼星海的冼
解（xiè）	解放的解，读作“谢”
Y	
铫（yáo）	金字旁加兆
尹（yǐn）	伊去掉单人旁
庾（yǔ）	广字头的庾字
尉迟（yù chí）	蔚蓝的蔚去掉草字头，迟早的迟
乐正（yuè zhèng）	音乐的乐，正确的正
恽（yùn）	竖心旁加军队的军
Z	
昝（zǎn）	处字下加日字
臧（zāng）	西藏的藏去掉草字头
查（zhā）	树木的木下加元旦的旦字，读作“扎”
翟（zhái）	羽隹翟
仉督（zhǎng dū）	单人旁加几个的几字，督促的督
颛孙（zhuān sūn）	山而页颛，子小孙
訾（zī）	如此的此字下加言字
子车（zǐ jū）	儿子的子，车马的车，车读作“居”

2. 主要城市及简称常识

（1）省（自治区、直辖市）级行政区名称的命名

①地理位置命名：如河北、河南、山东、山西、湖北、湖南、西藏、海南、陕西、云南、江西、广东、广西等。

②古代官府名称或辖区名称命名：如安徽、甘肃、江苏、福建、四川等。

③赋予一定纪念意义的命名：如重庆、天津、新疆、宁夏、辽宁等。

④以境内中心城镇命名：如吉林、上海、北京等。

⑤以境内河湖名称命名：如浙江、青海、黑龙江等。

⑥与民族名称相关的命名：如内蒙古等。

⑦其他：如贵州、香港、澳门、台湾等。

（2）省（自治区、直辖市）级行政区简称的命名

①以历史名称命名：如沪、渝、桂、冀、晋、鲁、豫、鄂、粤、琼等。

②以境内河湖山脉名称命名：如赣、湘、浙等。

③以全称中的一或多个字命名：如蒙、新等。

④综合上述几类情况命名：如闽、皖、黔、滇、黑、辽、青、藏、甘等。

3. 城市道路命名常识

我国的城市道路命名中存在一些共性和规律，例如，有的按照城市方位所对应的全国各个省及城市的名称来命名；有的以方位、数字命名；有的命名表示奋斗、道德观、祝福等意愿；有的命名记载城市历史印记或是体现民族精神等。其规律如下：

（1）以省名命名

例如，上海、重庆、贵阳的陕西路等；上海的四川路、西藏路；天津的山西路；乌鲁木齐的河北路、河南东路、河南西路等。

（2）以市名命名

例如，上海、广州、乌鲁木齐、昆明、南昌等的北京路；南京、乌鲁木齐的杭州路；上海、广州、沈阳、南宁的南京路；杭州、乌鲁木齐的延安路、太原路；咸阳、石家庄、天津、呼和浩特、长沙、哈尔滨、武汉、贵阳、重庆、兰州等的中山路；上海的福州路、乌鲁木齐路、昆明路、柳州路、桂林路、平凉路、大连路、邯郸路、大同路等。

（3）以方位命名

路名中使用“东、西、南、北、中”方位词，如哈尔滨的东直路、南极街；东莞的东、西正路，南城路；深圳的南山大道、西乡大道；广州的体育西路、江南西路、环市中路；太原的北大街、滨海东路等；北京的中关村大街，南、北长街，崇文门东大街，北纬路，东、西长安街；西安的东、西关正街，东、西、南、北大街，友谊东、西路，团结东、西、中、北路，雁塔南、北路，西七路；昆明的西昌路、东拓路、西坝路；咸阳、宝鸡、呼和浩特、郑州、广州等的东风路；西宁的南山路、阳西路；海口的南沙路、西沙路；兰州的南河路、东岗西路；乌鲁木齐的西北路、西宏路等。

（4）以数字命名

几乎每个城市都有使用，如北京的东十四条，各环路；武汉的一元路、二曜路、三阳路、五福路、六合路等。

（5）以水域命名

使用不同水域作为道路名称，如乌鲁木齐、哈尔滨、南京、天津的珠江路；乌鲁木齐的扬子江路、黑龙江路、钱塘江路；天津、南宁、合肥、哈尔滨、西宁、乌鲁木齐等的长江路等。

（6）用“×× 大道”“×× 大街”命名

如武汉的发展大道、建设大道、中山大道、友谊大道、和平大道、鹦鹉大道；深圳的西乡大道、工业大道、南港大道、深南大道、宝安大道、滨河大道；广州的工业大道、临江大道、江南大道、芳村大道、龙溪大道、黄埔大道等。

（7）表示奋斗、道德观等意愿

西安的大庆路、自强路、尚勤路、尚德路、尚俭路、尚爱路等；哈尔滨、长春的革新路、文明路，哈尔滨的奋斗路、先锋路；天津、石家庄的跃进路，天津的勤俭路等。

（8）表示健康、幸福等美好意义

如南京、重庆、兰州的健康路；西安、乌鲁木齐、哈尔滨的幸福路；西安的万寿路、吉祥路、永乐路；武汉的五福路等。

（9）以体现民族精神命名

如西安的团结路、友谊路、互助路；武汉、南宁、重庆、拉萨、银川、石家庄的民族路等。

（10）记载历史印记，见证城市发展

如长沙、拉萨的八一路；合肥、西宁的五四路；太原、南宁、昆明的五一路等。

4. 常用邮箱的拼写

表 1-3 是国内常用的邮箱后缀名称。

表 1-3　国内常用的邮箱后缀名称

序号	名称	邮箱后缀名
1	搜狐	sohu.com
2	搜狐 vip 邮箱	vip.souhu.com
3	搜狗	sogou.com
4	新浪	sina.com
5	新浪 vip 邮箱	vip.sina.com
6	网易	126.com
7	网易	163.com
8	263 邮箱	263.net
9	教育行业	edu.cn
10	方正	founder.com
11	交通银行	bankcomm.com
12	招商银行	cmbchina.com

（续）

序号	名称	邮箱后缀名
13	长城集团	greatwall.com.cn
14	八亿时空	bayi.com.cn
15	华为	huawei.com
16	汉王	hanwang.com.cn
17	联想	lenovo.com

任务拓展

1. 实训任务：客户个人信息准确录入。

2. 任务形式：两人一组，每个人独立完成后进行互评。

3. 任务时限：20 分钟。

4. 任务要求：

1）双方角色扮演模拟背景资料中呼叫中心客户服务案例，补充完整后面横线处空缺的坐席代表的对话内容。

2）扮演坐席代表的一方，在模拟过程中完成工单关键信息的录入。

3）双方互换角色进行演练。

背景资料

小张是华唐旅行服务公司呼叫中心的一名坐席代表，每天的日常工作都要接听大量的酒店预订业务咨询电话，以下是她与客户王女士的电话服务过程。

小张：您好，这里是华唐旅行服务公司，请问有什么可以帮您？

艾女士：您好，我上个月通过你们公司预订了南京天元大酒店，但是退房后忘记开发票，酒店前台说发票是由你们公司代开，麻烦你们帮我开一张个人发票。

小张：好的，麻烦您提供您的姓名和手机号码，我帮您查询一下。

艾女士：艾文珊，电话是 139××××8567。珊是珊瑚的珊。

小张：好的，艾女士，那我核实一下您的姓名信息。＿＿＿＿＿＿＿＿＿＿？

艾女士：是的，是这个艾字。

小张：艾女士，查到您在上个月 23、24 日入住南京天元大酒店大床房，480 元一晚，共消费 960 元。

艾女士：是的，可以帮我开发票并邮寄吗？

小张：好的，麻烦您提供您的邮寄地址。

艾女士：北京市海淀区中关村科技大道 2 号梨园小区。

小张：北京市海淀区中关村科技大道，后面麻烦您再重复一下。

艾女士：科技大道 2 号梨园小区。

小张：是“梨树”的“梨”吗？________________？

艾女士：是的，梨园小区。

小张：好的，那我再重复一下您的信息。________________________________

________________________________，以上信息有遗漏吗？

艾女士：没有了，谢谢。麻烦您尽快邮寄。

小张：好的，艾女士，我这边马上处理，预计下周可以邮寄。还有其他可以帮助您的吗？

艾女士：好的，没有了，谢谢。再见。

小张：祝您生活愉快，再见。

酒店预订业务受理工单

客户姓名：

发票抬头：

联系电话：

通信地址：

其他业务需求描述：

项目综合实训

1. 实训目的

了解业务工单中的客户关键信息要素和考核要求，掌握快速录入的标准指法，掌握客户关键信息核实的技巧。

掌握我国百家姓、常见姓氏的拼写方法，掌握我国主要城市的名称和常用道路的命名方法，掌握常用邮箱的组成规则和常用邮箱的后缀拼写。

2. 实训要求

要求在规定时间内快速准确地记录下系统录音中播放的客户信息，包括客户姓名、联系地址、联系电话、邮政编码、电子邮箱。需完成20条客户关键信息记录。

3. 评价标准

本任务完成时间要求控制在20分钟以内，请合理控制时间。

4. 评价标准

听打录入评价标准见表1-4。

表1-4 听打录入评价标准

评价内容	评定方法	评分标准	单项分值	总分值
听打录入	系统自动评分	以系统计时20分钟之内完成的有效字数为评分依据	20	20
		统计不计算空格、标点符号的正确录入字数（包含中文、英文、数字及特殊字符）		
		考核系统根据“实际完成的正确字数/应完成的实际字数”得出该选手准确率，小数点后保留2位数字		
		根据选手的“准确率 ×20”计算得出该项得分，小数点后保留2位数字		

5. 系统操作

（1）打开系统页面单击“登录”按钮，如图1-17所示，并输入对应的账号信息进行登录，如图1-18所示。

图 1-17　系统登录入口

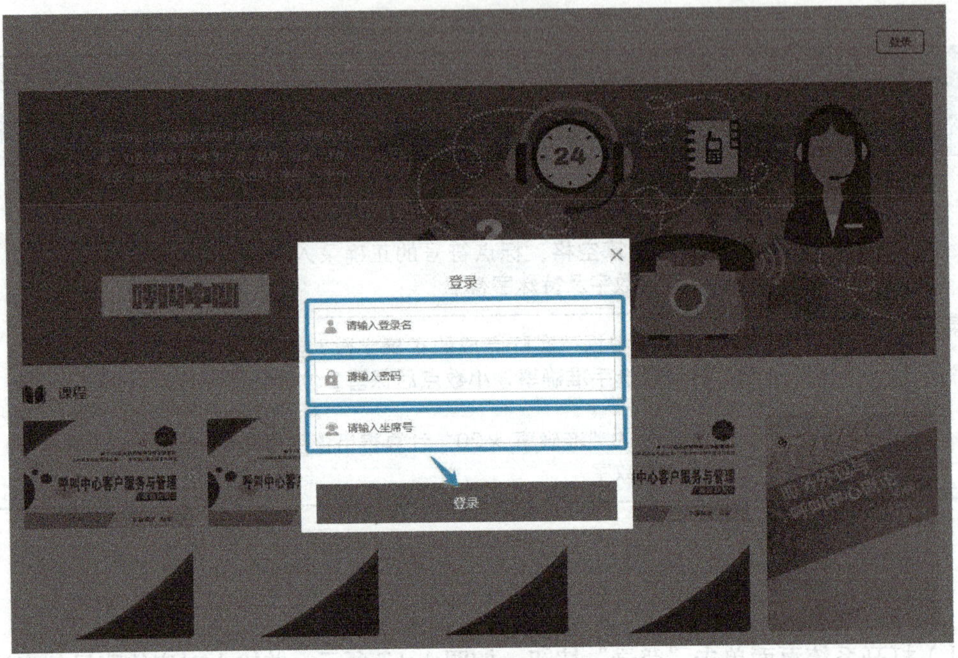

图 1-18　账号输入登录

（2）进入系统页面单击“考试管理”下方的“点击进入”按钮，开始项目实训，如图 1-19 所示。

图 1-19　项目实训入口

（3）选择对应的“初级技能考核”，单击“开始考试”按钮进入，如图 1-20 所示。

图 1-20　项目类型选择

（4）在“01-听打录入”模块中单击“开始考试”按钮，进入项目训练，如图 1-21 所示。

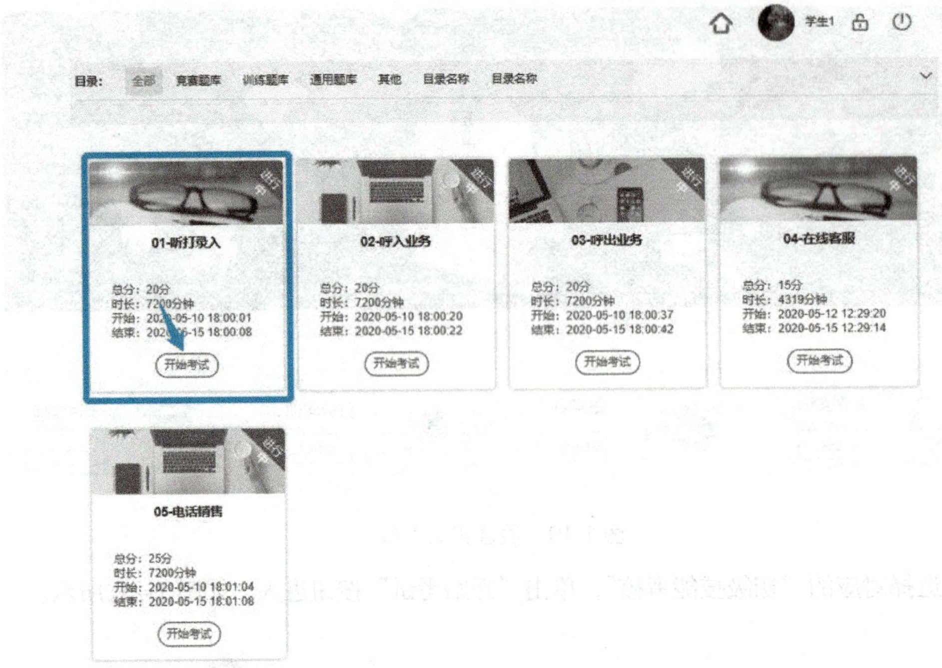

图 1-21　项目训练入口

（5）进入项目训练页面后，需单击“答题要求”按钮，根据要求进行答题，如图 1-22 所示。确保了解答题要求后，单击“确定”按钮，开始答题，如图 1-23 所示。

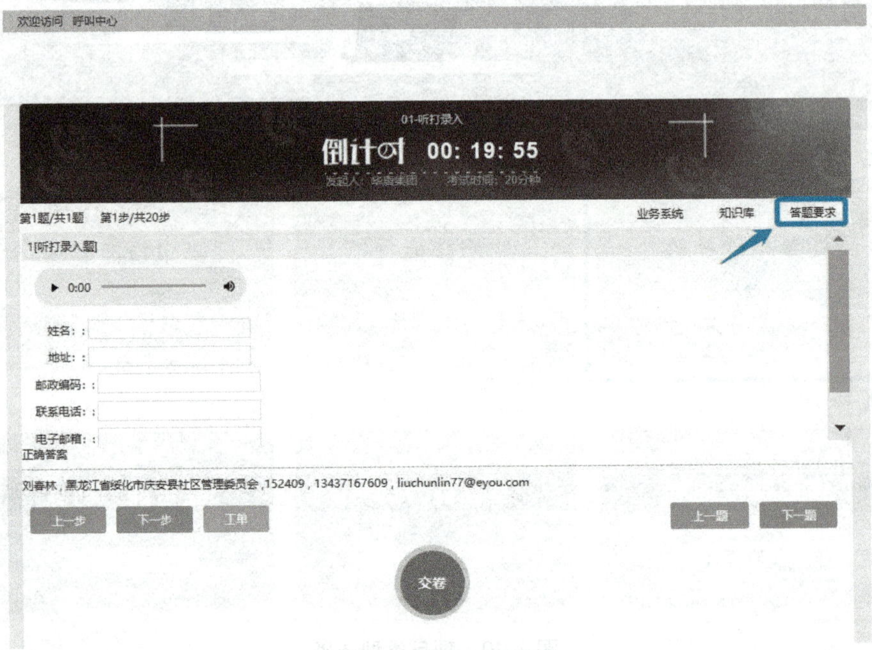

图 1-22　了解答题要求

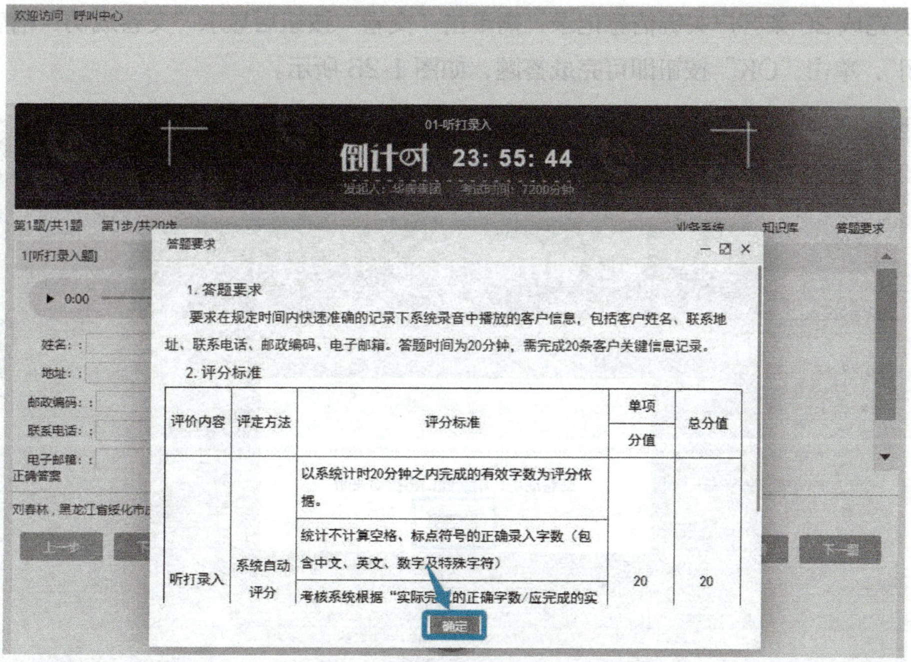

图 1-23　阅读答题要求

（6）请单击“播放”按钮，根据系统录音中播放的客户信息，包括客户姓名、联系地址、联系电话、邮政编码、电子邮箱完成录音下方客户信息的录入，完成后单击“下一步”按钮，继续答题，如图 1-24 所示。

图 1-24　系统答题操作

（7）完成20条客户关键信息记录，需单击“交卷”按钮后显示“交卷成功！稍后窗口将自动关闭”，单击“OK”按钮即可完成答题，如图1-25所示。

图1-25　完成答题交卷

Project 2

项目 2

呼叫中心呼入业务

项目描述

只有了解呼叫中心常见的业务类型及处理流程，才能在工作的过程中得心应手。按照电话是主动拨打还是被动接听，可以将呼叫中心的业务分为呼入业务和呼出业务。呼入业务即坐席代表被动地接听来自客户的电话进行业务处理；呼出业务即坐席代表主动给客户拨打电话进行业务处理。

呼叫中心的呼入业务包含的内容十分广泛，基本的呼入业务主要包括电话咨询业务、技术支持业务、网络咨询业务、订单业务和客户投诉业务等。作为呼叫中心的坐席代表，了解呼叫中心客户服务的业务类型是执行呼叫中心各种项目和业务的基础。

项目内容

电话咨询业务受理

技术支持业务受理

订单处理业务受理

客户投诉业务受理

任务 1 电话咨询业务受理

电话咨询业务是呼叫中心坐席代表的一项重要业务内容。通常来讲，客户来电咨询一般是对企业有所需求，在客户的眼里，第一次接触最能表明企业能否满足他们的需求，也是决定之后交往的关键。因此，电话咨询业务是企业客户服务工作的重要环节。

同时，想要成为一名优秀的坐席代表，扎实的电话咨询业务知识和良好的服务技巧不仅会提高客户满意度，更重要的是可以为企业带来更多的效益。因此，电话咨询业务是企业客户服务工作的重要环节，学习和掌握电话咨询业务的基础知识及其在各行业的应用，对客户服务人员来讲是十分重要的。

任务情景

花花：师傅，我们是不是要从今天开始学习电话咨询业务的受理了？

糖糖：是啊，随着我们公司业务的不断拓展，各类咨询电话随之增加，我们要做好呼入电话的业务咨询工作啊。

花花：师傅，我想成为一名优秀的坐席代表，做好电话咨询业务，这个业务应该很简单吧。

糖糖：相比很多投诉类业务来说，电话咨询业务相对简单，挑战不是很大，但是想要做得非常优秀也是需要下一番功夫的。你首先要热情、礼貌、耐心地接听每一位客户的来电，准确、详细地解释业务内容，用自己的专业和服务来树立自己的形象、维护公司的形象。其次，你还要注意收集关于公司概况、新产品动态、产品性能、技术服务、促销活动等相关内容的资料，以便迅速、准确地为客户的咨询提供解答。

花花：原来作为一名坐席代表还需要掌握这么多知识啊。

糖糖：那当然了，让我们一起来努力吧。

任务分析

电话咨询业务包括业务流程的咨询、活动的咨询、政策的咨询以及业务办理的咨询等内容，简单来说，只要客户有疑问或者因为对产品（服务）不了解而需要解答帮助的时候，客户就会打电话去咨询坐席代表。不管客户咨询何种信息，坐席代表都应该热情地回复，并能够专业地解答客户的咨询。这是坐席代表需要具备的基本素质。优秀的坐席代表还应该在与客户的对话过程中，通过倾听和提问的方式挖掘客户需求，一方面可以为客户解决问题做到有的放矢，另一方面还可以为公司争取到二次销售的机会。

在本任务中，主要掌握通过呼叫中心客户管理系统查询咨询业务的相关知识信息、咨询业务的受理流程以及电话咨询业务的服务指标，通过学习和实训来提高电话咨询业务的受理质量和效率。

任务实施

受理一般的电话咨询业务，作为坐席代表，一要掌握受理电话咨询的一般话术和流程，二要熟练应用呼叫中心业务查询系统迅速查找相关客户咨询的相关信息。

1. 电话咨询业务话术应答的一般流程

（1）问候语 / 开场白

尽管在呼入型通话中，客户是发起沟通的人，他们知道在与谁（客服中心）通话，也知道呼叫的具体原因，但是坐席代表仍要礼貌地问候客户、介绍公司和自己，让客户知道是在与谁（坐席代表）通话，并为通话营造一个友好、信任的气氛。通话的最初几秒钟对建立一个良好的人际关系至关重要。所以要通过问候语告知客户自己的姓名或工号、公司名称、部门和所能提供服务的特点等。

电话咨询业务中坐席代表可使用的问候语有：

"欢迎致电 ×× 客服中心，我是 ××，请问有什么可以帮您？"

"您好，欢迎致电 ×× 客服热线，坐席代表 ×× 很高兴为您服务，请问您需要什么帮助？"

"早上 / 中午 / 下午好，×× 公司，我是坐席代表 ××，请问有什么可以帮您？"

"新年好！ ×× 客服中心，请问有什么可以帮您？"

（2）倾听与回应

在客户打电话进来的时候，应该先了解客户的问题，让客户感受到我们在听他们诉说。一旦了解了来电原因后，就可以通过发问的技巧，让客户慢慢跟着我们的节奏走，直到最后提出解决方案，并得到客户认可。

在客户表达自己的问题时，可以对客户所讲述的事情适时地进行回应或复述，让客户感觉到你在用心地听他说话，并且理解了他的意思，这样有利于建立融洽和谐的沟通氛围。当然，当客户喋喋不休没有重点时，你也可以有技巧地适时打断，对客户所描述的事情进行总结和重复，使业务能顺利进行下去。

坐席代表可使用的语言有：

“先生，如果我的理解是正确的，您是否需要……”

“先生，现在让我们来确认一下，您之前打来电话反映过，但没有收到回复，您现在需要我们尽快为您办理，是吗？”

“您的意思是您无法上网了，是吗？”

“听起来您对我们今天可以完成您的要求感到很高兴。”

（3）提出合适的问题

在客户服务工作中，需求分析通常就是寻找客户需求的具体内容，并把产品或是服务的好处与这些需求紧密结合。

提出恰当、即时和相关的问题能帮助你建立与客户的信任关系，因为他们看出你对他们的具体问题很关心。如果你不提问题，客户就会感觉你在勉强为他们想出一个一般性的解决方案，而没有真正考虑他们的想法。因此，通过恰当的提问找到信息至关重要。呼叫中心客户服务咨询代表可以通过一些简单的问题来找到客户的需求。

坐席代表可使用的语言有：

“请问您考虑的是哪方面呢？”

“您希望我们什么时间完成呢？”

对于结果固定的问题，你可以说：

“您是否依然要买……”

“我现在为您下单可以吗？”

（4）给出解决方案

客户的需求一旦得到确认，下一个步骤就是寻找并给出相应的解决方案。由于呼叫类型不同，因此解决方案也有相应的不同形式。在这里方案可以是对客户提问的简短回答，可以是对复杂技术问题的诊断和解决，也可以是对产品的购买建议等。

根据在需求分析中了解的情况，向客户解释解决方案，有助于客户接纳建议，从而有利于坐席代表挖掘新客户、巩固老客户。

（5）核实信息

当坐席代表确认所服务的客户的所有问题都已经解决，这时需要再次核实客户的主要信息以确保整个服务过程的完整性。

坐席代表可使用的语言有：

“先生，方便留下您的联系方式，以便以后为您提供更好的服务吗？”

“女士（视情况说“对不起”），我不太了解您名字的写法，您能具体说一下吗？”

“赵女士，帮您核实一下，您的邮寄地址是……”

“请问还有什么可以帮助您？”

“请问您还有其他的问题需要解决吗？”

“还有什么是我可以为您做的？”

（6）结束通话

通话结束前，坐席代表首先应核实与客户所谈的相关事宜，询问客户是否还需要其他帮助，避免出现不必要的信息错误。其次，要对客户的来电表示感谢，让客户感受到你的诚意。

坐席代表可使用的语言有：

“感谢您致电 ×× 公司，请您记下您的订单号码，以便将来我们可以迅速地查到您的资料。”

“非常感谢您对我们工作的支持。”

“您是否还需要一些其他的服务呢？”

“谢谢您与 ×× 公司的合作，祝您工作顺利，再见。”

“感谢您使用我们的服务，祝您生活愉快，再见。”

2. 快速查询呼叫中心业务系统

客户咨询电话，大部分都是咨询和产品、服务相关的内容，有的问题需要坐席代表即时通过呼叫中心业务系统进行查询，并提供方案给客户，供客户选择。例如，在商旅行业中，客户来电要求预订机票或者酒店，那么坐席代表就要立刻查询客户要求的酒店或机票信息，并为客户在线做出预订。

在接听客户来电咨询的同时，边讲话边查询系统，要求坐席代表具备快速听打录入能力，熟练掌握呼叫中心系统的功能和业务查询操作流程。例如，图 2-1 所示是机票预订查询系统，客户在要求坐席代表订机票的时候，坐席代表就要快速打开机票查询系统，录入客户要求的始发地、目的地以及起飞时间，如果客户还有特殊需求，比如折扣机票、航空公司等信息，还要快速检索出符合客户条件的信息并告知客户，在与客户再次核实信息后进行在线预订，并将机票预订信息发送给客户。

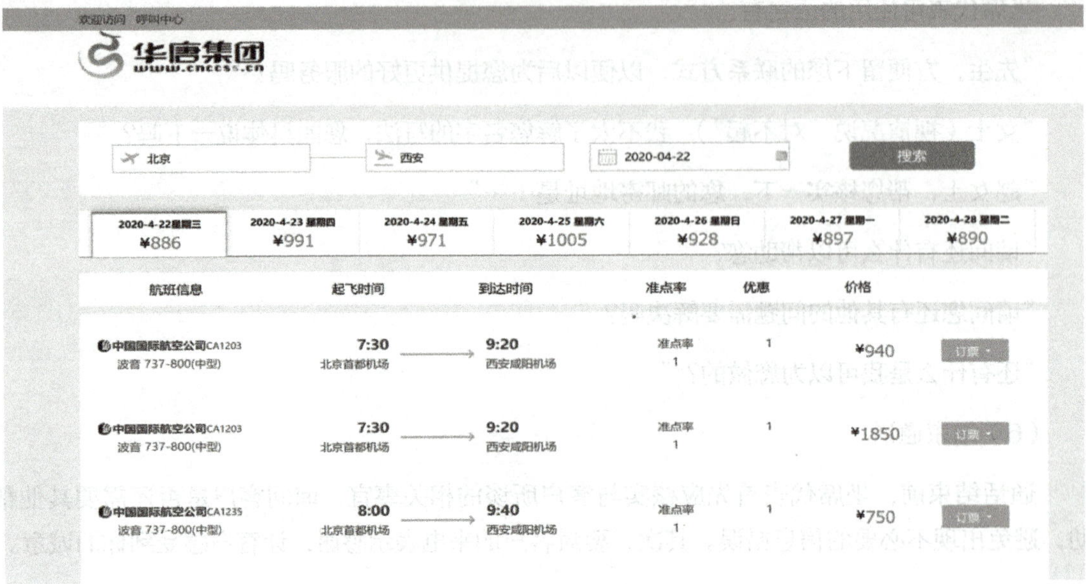

图 2-1　机票预订查询系统

必备知识

1. 了解呼叫中心知识查询系统

呼叫中心知识查询系统是为坐席代表能够快速、高效地解答客户问题而在企业和客户之间搭建的一座信任桥梁。试想如果客户遇到问题，坐席代表总是找不到解决问题的办法，说话吱吱呜呜没有自信，那么，客户就会产生不满和郁闷的情绪，慢慢失去安全感。所以，呼叫中心知识查询系统就显得尤为必要了。同时，在客户心中塑造一个专业、自信、工作高效的良好企业形象符合当今企业追求的目标。

除此之外，呼叫中心知识查询系统具有如下特点：

（1）实现服务信息化、网络化

呼叫中心查询系统，是充分将电信通信技术、计算机应用技术及网络技术相结合，多功能集成化的综合信息服务系统，利用现代通信手段，有效地为客户提供高质量的服务。

（2）知识库功能为决策服务

呼叫中心知识库可以说是共享的常见问题归集，系统在建设前期及运行期间添加大量信息数据形成结构化的业务应答知识体系；可通过查询检索方式，为坐席代表受理和解答问题，提供更为全面、专业、及时的储备资料，从而进一步提高应答效率和服务质量；并可依据知识库的更新情况来调整业务决策服务。

2. 掌握咨询业务的知识查询方法

在呼叫中心中，无论是呼入还是呼出，其业务核心的本质都是信息的传递、知识的解答。它承担的作用是把产品和服务相关的信息传递给客户，同时又要把客户的需求、疑问和建议反馈给产品的生产者，以便坐席代表能够专业、高效地解答客户的问题，它是企业提高客户满意度和忠诚度的关键。作为给坐席代表强大支撑作用的知识库，可以支持知识搜索和查询功能，支持对知识正文、关键字的搜索，支持对附件文档内容的搜索，协助坐席代表快速找到信息。下面介绍几种咨询业务的知识查询方法，如图 2-2 所示。

（1）目录定位查询

坐席代表通过知识库目录进行分类查询，利用主要及次要分类逐层打开，分门别类地查询浏览知识条目。目录查询因为内容较多、知识范围的关联等原因，一般需要坐席代表二次定位，相对而言就会延长整个检索的时间，影响工作效率。

（2）关键字查询

一般而言，知识库在上传时，系统会自动在每个文档中添加“关键字”字段，非常便于查询。另外，系统对存在相似或者内容相关联的知识，支持知识关联功能，关键字录入的时候也可以进行关联查找。

（3）重要信息查询

重要信息查询需要坐席代表清楚客户所要解决的关键问题，然后针对性地输入相对应的问题类别、产生问题的想象，并检索出正确、有效的解决方法。

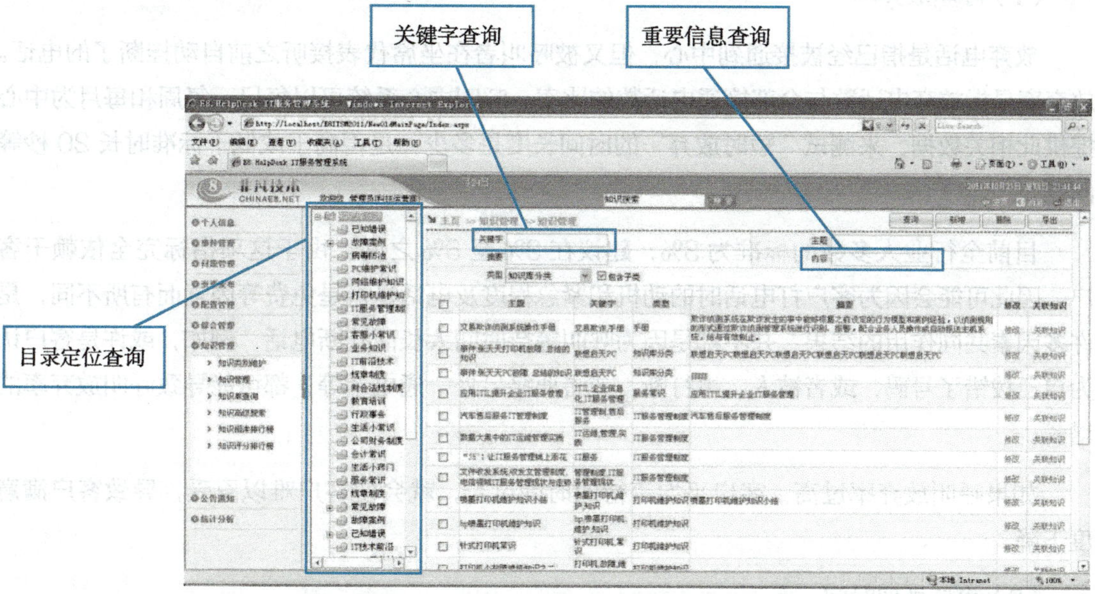

图 2-2　咨询业务的知识查询方法

3. 了解呼叫中心服务指标基本概况

在呼叫中心领域中，所谓服务指标就是 KPI（Key Performance Indicator），即指关键绩效指标，是通过对组织内部某一流程的输入端、输出端的关键参数进行设置、取样、计算、分析，衡量流程绩效的一种目标式量化管理指标，是把企业的战略目标分解为可运作的远景目标的工具，是企业绩效管理系统的基础。KPI 可以使部门主管明确部门的主要责任，并以此为基础，明确部门人员的业绩衡量指标。

建立明确的、切实可行的 KPI 体系，是做好绩效管理的关键。因此，在呼叫中心，服务指标起着非常关键的作用。

第一，作为公司战略目标的分解，KPI 的制定有力地推动了公司战略在各部门的执行；

第二，KPI 使各层级人员对职位工作职责和关键绩效要求有了清晰的共识，确保了各层级人员努力方向的一致性；

第三，KPI 为绩效管理提供了透明、客观、可衡量的基础；

第四，作为关键经营活动绩效的反映，KPI 帮助各职位员工集中精力处理对公司战略有最大驱动力的工作；

第五，通过定期计算和回顾 KPI 执行结果，管理人员能清晰地了解经营领域中的关键绩效参数，并及时诊断存在的问题，采取行动予以改进。

常见的电话咨询业务中常用的服务指标如下：

（1）呼叫放弃率

放弃电话是指已经被接通到中心，但又被呼叫者在坐席代表接听之前自动挂断了的电话。放弃率是指放弃电话数与全部接通电话数的比率。呼叫中心系统可以每日、每周和每月为中心提供此相关数据，来测试“短时放弃”的时间长度是多少，是否高于或低于标准时长 20 秒等问题。

目前全行业大多数的标准为 3%，建议在 3% 至 5% 之间。由于这项指标完全依赖于客户，因此可能会因为客户打电话时的动机和紧急程度及电话是否是免费等因素而有所不同，是许多因素共同作用的结果，并不都是因为呼叫等待时间太长而挂断电话，例如，或许是客户认为自己拨错了号码，或者被人／事打断，或者要接另外一通电话等，都可能导致呼叫放弃率的增长。

如果呼叫放弃率过高，客户平均等待的时间过长，就会使客户难以忍受，导致客户满意度下降。

（2）事后处理时间

事后处理时间是指一次呼叫电话接听完毕，坐席代表完成与此呼叫有关的整理工作所需要的时间。这个指标是按班组和个人来进行统计，制成日表、周表和月表，与过去的记录进行比较。呼叫中心行业中的事后处理时间的行业平均时间为 60 秒，可供参考或建议目标时间是 30 ~ 60 秒。

4. 运用以上服务指标提高咨询业务受理速度

（1）降低呼叫放弃率

提高咨询业务受理速度和呼叫放弃率之间是负相关的关系，也就是说呼叫中心呼叫放弃率越低，一定程度上意味着咨询业务的受理速度会有所加快。由于呼叫放弃率受客户的影响比较大，是一个不能够完全控制的数字，因此，在考虑呼叫放弃率的时候就应该结合平均等待时间和平均通话时间等几项指标，综合定位。

一般而言，在坐席代表基本素质与业务能力都充分发挥的条件下，如果一个呼叫中心电话咨询业务的呼叫放弃率太高，有如下两种情况可供参考：一、证明坐席代表岗位数量短缺，可以适当增加咨询员。增加咨询员就会增加呼叫中心的运营成本，这是所有呼叫中心最不愿意看到的结果，但是，如果一定程度的成本付出可以换来低的呼叫放弃率，那这个对企业而言也是值得采取的措施。二、通过检查放弃的数目及没有拨通的情况的排队时间，看是否存在呼叫者拨不进来的情况，来检测坐席代表的利用率。

（2）缩短事后处理时间

事后处理时间与提高咨询业务受理速度之间同样是负相关的关系，显而易见，如果事后处理时间越长，那坐席代表系统显示忙的状态时间就越长，这势必会影响咨询业务的受理速度。

针对以上情况，有如下措施可供参考：①加强演练，通过缩减没必要的程序来减少事后处理时间。例如，可以让每一个坐席代表把呼叫结束后处理所需的动作都做一遍，认真观察并评价每个动作，看是否所有程序都必须，如果存在可有可无的小程序或者小习惯，建议减去或改掉；②鼓励坐席代表在谈话时做好信息处理。一般情况下，坐席代表将数据录入到客户账户中时，通话会在客户断开后继续。如果能够在通话过程中录入数据，坐席代表就不必在通话结束之后花费大量时间确保数据被记录了，这样就能相对减少事后处理时间。

任务拓展

1. 实训任务：电话咨询业务受理。

2. 任务形式：两人一组，每个人独立完成后进行互评。

3. 任务时限：20 分钟。

4. 任务要求:

1）小组成员熟悉背景资料，两人一组完成客户和坐席代表的电话咨询业务受理。

2）模拟客户的同学请按照背景资料提出的与产品或服务有关的问题，模拟坐席代表的同学熟悉资料后要求快速、准确地回答客户咨询的相关问题。

3）一组扮演结束后进行总结评价，并在时间允许的情况下互换角色进行模拟实训练习。

背景资料

企业资料

华唐短租

华唐短租是中国领先的短租民宿预订平台，致力于为家庭出游提供一种全新的住宿方式。为满足用户“个性化”的住宿需求，华唐短租平台上的房源类型包括独栋别墅、酒店式公寓、民宿、客栈、四合院、木屋、树屋、房车、帐篷等。华唐短租在中国300多个城市及旅游目的地拥有30多万套房源。2016年是华唐短租向“品质安心”发力的一年：2月推出“优质住宿计划”，从房源品质、房屋设施、房东服务3个维度细致拆分，涉及9个标准，27个细节。华唐短租将“品质高”“设施全”“服务佳”的优质房源标记为“出游优选”，方便房客快速找到优质且满意的房子。10月又推出“房客安心计划”，该计划包括预订、入住、客服3个环节，涉及9个标准、16条细则，旨在国内建立短租行业服务保障新标准。“房客安心计划”是继“优质住宿计划”后，华唐短租为进一步给用户提供全方位服务保障的又一次行业首创。为了让用户更放心地预订短租房，“房客安心计划”制定了一套极为严格的服务保障体系，其中理赔标准甚至高于酒店行业。

华唐短租特色

1. 家庭出游新选择

1）自驾游、自助游住宿首选，尤其适合家庭游、闺蜜游、团建等群体的旅游住宿；

2）独栋别墅、酒店式公寓、民宿、客栈、四合院、木屋、树屋、房车、帐篷等多种房型；

3）“一站式”旅行服务，景点门票优惠及代买、接送机、租车、本地导游等；

4）“私人定制”旅行攻略，房东推荐只有当地人才知道的特色餐馆，只有当地人才会去的度假景区，令您的自由行与众不同；

5）超乎想象的性价比，1套短租房=2间酒店房间，比同等酒店便宜50%，花一半的钱，住更舒适的房。

2. 方便快捷的预订方式

1）“临海房”“主题公园房”“周边游房”“毕业旅行房”等各种专题房源，通过专题入口能轻松地选到满意的房源；

2）“一键选房”，房客一键发布房源需求，系统自动推送给符合条件的房东，坐等一大波好房来供您选择；

3）如果对房源细节还有疑惑，可通过手机客户端与房东随时沟通。华唐短租为优秀房东开通电话直拨功能令沟通更方便；

4）支付方式自由选，信用卡、储蓄卡、微信、支付宝均可支付。

3. 住宿安全华唐来保障

1）30 分钟内答复客诉结果，24 小时内完成客诉处理；

2）到店无房赔付首晚，房源实际与描述不符赔首晚，恶意涨价补差价；

3）为确保资金安全，房客在线支付的房款会由华唐短租先行保管，待正常入住后，华唐短租才会按天支付给房东；

4）华唐短租为房东房客免费上财产险、意外伤害险，保障双方权益。

房客指南

可以通过搜索找到满足您要求的房屋租住。房客预订房间时经过房东确认、支付订金，即可看到双方的联系方式并进行入住。订金会在每天入住完成后支付给房东，以确保您的利益。用住旅店的价格享受星级酒店的待遇，给您家一般的住宿体验。

房东指南

可以将自己的房间发布到华唐短租进行出租，在享受缤纷生活的同时还可以获得不错的经济回报，何乐而不为？并且相比于传统的长租，网上操作免去了您带房客看房的辛苦，价格上更有优势，短租形式将为您带来更多的经济回报。

坐席代表资料

你是华唐短租客户服务中心的一名坐席代表，入职已经半年多的时间，主要的工作职责有：

- 负责为客户提供来电咨询、业务办理等服务工作；
- 负责收集客户意见，提供客户服务业务流程的优化改善意见和建议；
- 负责受理各类客户投诉，根据客户投诉发生的原因选择相应的解决措施，及时解决客户问题。

客户资料

你叫梁军，由于工作需要，你被公司派往外地出差 1 ~ 3 个月，具体时间要根据工作情况确定。由于出差时间较长，你觉得在酒店住宿的成本太高了。你听说华唐短租房源多、设施全，不仅价格较低，还能提供厨房。所以你想具体了解一下价格、如何办理入住、支付方式以及续租的方法。

任务 2 技术支持业务受理

任务情景

花花：师傅，上一节课学习了电话咨询业务的受理，呼入业务中还有哪些业务类型呢？

糖糖：接下来我们学习另外一种典型的呼入业务，技术支持业务受理。

花花：师傅，技术方面的问题一线坐席代表能处理吗？听上去好像有一些难度。

糖糖：一些大型企业的产品，都有一般故障问题处理的标准化步骤，一线坐席代表主要解决客户遇到一些故障，这类故障或者产品问题由一线人员按照一般的故障解决办法通过电话指导客户解决。这就减轻了企业中工程师的一半以上的工作。其余解决不了的问题，应该是比较复杂的故障问题，就转交给公司技术工程师处理。

花花：这样的话一线坐席代表真的是发挥了很大的作用啊。

糖糖：是的，今天我们就来学习技术支持业务受理的相关知识和技能实训。

任务分析

技术支持类业务是指产品公司为其产品用户提供售后服务的一种形式，帮助用户诊断并解决其在使用产品过程中出现的由产品导致的技术问题。客服人员在实际工作中常会遇到技术支持类业务来电，这就需要我们正确地了解与认识技术支持类业务，以便更好地处理此类业务。

这类技术支持业务的产品一般是面向 C 端（用户）的消费群体，C 端消费群体数量庞大，产品有一点小故障、小问题不可能都找企业的技术工程师去解决。例如，联想电脑、苹果手机这样的大型电子产品企业，用户非常多，产品在有故障问题后客户就会拨打客服售后电话进行咨询，坐席代表会根据产品故障类型帮助客户进行解决。50% 以上的问题都可以由坐席代表解决。

本任务将学习技术支持类业务的一般流程及服务规范。

任务实施

技术支持业务受理的一般流程与电话咨询业务流程差异不是很大，都需要明确客户所咨询的问题，不同在于，由于咨询的是技术类问题，需要坐席代表非常熟悉产品故障类解决手册里提供的解决方案，能够在客户咨询问题的第一时间去指导客户排除故障、解决问题，而不是现场翻阅解决办法。当然，坐席代表也可以在非常了解知识库的情况下，快速地检索到相应故障问题的知识库位置，按照提示步骤去指导客户完成，但是反应一定要非常迅速。对于坐席代表无法解决的问题，就转交到公司其他技术部门去解决，并承诺客户回复的时间。

技术支持类业务的一般流程如图 2-3 所示。

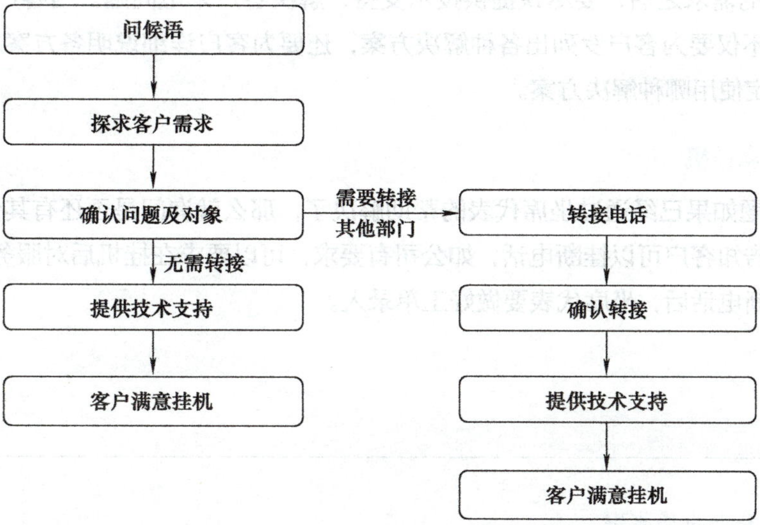

图 2-3　技术支持类业务的一般流程

1. 规范播报问候语

向来电客户致欢迎语、问候语、自我介绍并询问客户的来电需求。

例如，“您好，我是联想公司 022 号客户专员，请问有什么可以帮您？”

2. 探求客户需求

在问候语之后，客户会告知坐席代表诉求，无论面对什么样的客户，一定要学会认真倾听，并快速地整理出客户的主要诉求。有的客户因为产品出了问题而心焦气躁，说话重点不突出，或者带着抱怨来陈述问题。这个时候坐席代表一定不要被客户的情绪给带跑，可通过安抚、重复客户问题来确认客户所陈述的重点问题，以明确客户所陈述的产品主要问题。

3. 确认问题及对象

确认客户来电问题，判断客户问题应由哪个部门负责解决。如果坐席代表可以解决，则迅速为客户提供解决方案，如果已超出坐席代表的技术范围，则告知客户需要转接相关人员或部门。

4. 转接电话及确认转接

当客户所咨询的问题不在你的服务范围之内，在征得客户的同意后可以为其转接电话。将客户电话进行转接时需要注意：要向客户解释转接电话的原因，以及将电话转接至哪里，并且要确保转接的电话有人接听，同时将客户的姓名和电话内容一起转接过去。

5. 提供技术支持

了解客户的需求之后，要尽快提供技术支持，解决客户来电问题。当客户的问题有多重解决方案时，不仅要为客户罗列出各种解决方案，还要为客户详细说明各方案之间的优缺点，最终由客户决定使用哪种解决方案。

6. 客户满意挂机

客户的问题如果已经通过坐席代表的帮助解决了，那么就询问是否还有其他需要帮助的，如果没有，就告知客户可以挂断电话，如公司有要求，可以要求在挂机后对服务进行满意度评价。在客户挂断电话后，坐席代表要做好工单录入。

必备知识

1. 技术服务类业务流程

（1）明确客户需求

1）获取基本信息的询问。探询客户需求时，首先需要获得一些基本信息，如客户的需求产生的原因、与产品应用有关的环境和信息等，以便更好地理解客户的需求，如：

“请问，您的计算机目前状态是否为蓝屏？”

“您的手机是否接触过水？”

“您的电视长期摆放的位置周围是否有其他家用电器？”

2）引发现有问题的询问。在获得客户的基本信息之后，还需要知道客户对现有产品的应用或质量等方面的态度，这样有助于进一步激发客户明确需求，如：

“您是不是觉得每个季度都需要重新下载安装杀毒软件很麻烦？”

“观看直播时，是否感觉不流畅，有延迟现象？”

“对现有系统您最不满意的地方在哪里？”

3）激发需求的询问。当发现客户对现状不满时，可通过提出激发需求的问题，将客户的不满扩大，从而引起客户高度重视，提高客户解决这类问题的紧迫性，如：

“您的计算机的开机速度怎么样？”

“您的计算机的杀毒软件是正版的吗？”

“我想更多地了解您的需要。您能告诉我您理想中的计算机是什么样子吗？”

“您是已经有了一个产品配置呢，还是需要我为您推荐？”

“您希望得到对计算机哪些方面的技术支持？为什么这对您很重要？”

“您准备如何用这台计算机？”

4）引导客户解决问题的询问。当客户已经意识到现在所面临问题的严重性后，通过引导，让客户看到解决这些问题后可以给他带来的积极影响，从而促使客户下决心行动。如：

“这些问题解决以后对您有什么有利的地方？”

“目前您最需要尽快解决的产品问题是什么？”

（2）确认客户需求

客户的需求往往是多方面的、不确定的，需要我们去分析、引导。当客户已经购买了产品，对产品的功能、具体用途不了解时，我们应该详细地询问客户的具体需求，重复客户的需求点并给予确认。如：

“您要求我们对产品进行升级，对吗？”

“您确定已经将手机内重要文件进行了备份，并且要求我们将系统刷机，对吗？”

“您需要我们帮您做产品的硬件维护，对吗？”

（3）受理客户问题

1）提出解决方案。了解客户的需求后，要尽快提出相应的解决方案。

2）提供技术支持。了解客户需求，如果知道技术解决方案，要立即为客户提供技术支持。

3）联系相关部门。无法解决客户提出的问题时，要先安抚客户，然后及时联系相关部门给出支持方案。

4）确认客户满意

工作人员给客户提供了解决方案或技术支持后，要与客户确认是否已经帮助其解决问题，并询问满意度。

2. 技术支持类业务特点

（1）受理途径多样

1）通过接听客户咨询或投诉电话，对客户做技术指导或问题解答，为客户提供硬件维护或软件支持。

2）通过网络工具、计算机数据库、操作手册、相关函件或其他内部资源帮助客户解决问题。

3）通过电子邮件、内网工具等方式及时将客户反应的技术问题上报给技术支持组长。

（2）支持类型多样

技术支持包括电话技术支持、上门服务技术支持等。领域不同，技术支持工作性质也不相同，如软件领域中的技术支持可分为售前技术支持和售后技术支持，且此领域对技术支持的技术要求较高，要随时进行更新。

（3）技术专业过硬

技术支持的坐席代表就像“医生”，每天都要面对各种“疑难杂症”。任何一种产品在使用过程中都可能会出现问题，客户首先想到的就是通过热线电话找技术支持人员。这就要求技术支持坐席代表经验丰富，且能解决大多数问题。同时，还要负责向产品生产和研发部门提供反馈信息，为产品技术更新提供第一手资料。

任务拓展

1. 实训任务：技术支持业务受理。

2. 任务形式：两人一组，每个人独立完成后进行互评。

3. 任务时限：20 分钟。

4. 任务要求：

1）小组成员熟悉背景资料，两人一组完成客户和坐席代表的技术支持业务受理。

2）客户根据背景资料中提供的产品故障处理办法进行提问，坐席代表根据背景资料内容完成技术支持业务的受理。

3）一组扮演结束后进行总结评价，并在时间允许的情况下互换角色进行模拟实训练习。

背景资料

企业资料

华唐科技有限公司本着“引领科技发展，追求非凡生活”的品牌精神，拥有全球顶尖的科研团队，为追求科技与时尚的前端用户，提供智慧终端产品和服务。产品范围包括智能手机、笔记本计算机、平板计算机、智慧屏、穿戴设备等多款电子产品。

华唐电话客服中心技术支持部始终坚持“把客户需求放在首位”的原则，为一站式解决客户的问题而持续努力。

坐席代表资料

你是华唐电话客服中心技术支持部的一名坐席代表，入职已经半年多的时间，主要的工作职责有：

- 帮助客户了解产品，包括：查看产品使用手册、常见问题、软件及驱动，提供服务查询、维修支持，了解产品相关服务活动等；
- 帮助客户进行维修相关服务，包括：查询产品保修期及权益、备件价格，申请寄修、预约等维修服务等。
- 其他常见问题的处理，如查找常见问题、帮助客户快速定位故障、提供有效的解决方案等。

客户资料

你叫陈明，在前两个月刚购买了一部华夏牌笔记本计算机，最近经常出现计算机没有声音、运行中频繁死机的问题。于是你拨打了计算机厂商的客户服务电话进行咨询。

产品资料

笔记本计算机一般故障处理指南

1. 笔记本计算机不加电（电源指示灯不亮）

1）检查外接适配器是否与计算机正确连接，外接适配器是否正常工作。

2）如果只用电池作为电源，检查电池型号是否为原配电池；电池是否充满电；电池安装是否正确。

3）检查 DC 板是否正常。

4）检查、维修主板。

2. 电源指示灯亮但系统不运行，LCD 也无显示

1）按住电源开关并持续 4 秒钟来关闭电源，再重新启动检查是否启动正常。

2）检测外接 CRT 显示器是否正常显示。

3）检查内存是否插接牢靠。

4）清除 CMOS 信息。

5）尝试更换内存、CPU、充电板。

6）维修主板。

3. 显示图像不清晰

1）检测调节显示亮度后是否正常。

2）检查显示驱动安装是否正确；分辨率是否适合当前的 LCD 尺寸和型号。

3）检查 LCD 连线与主板连接是否正确；检查 LCD 连线与 LCD 连接是否正确。

4）检查背光控制板工作是否正常。

5）检查主板上的芯片是否存在冷焊和虚焊现象。

6）尝试更换主板。

4. 无显示

1）通过状态指示灯检查系统是否处于休眠状态，如果是休眠状态，按电源开关键唤醒。

2）检查连接了外接显示器是否正常。

3）检查是否加入电源。

4）检查 LCD 连线两端连接正常。

5）更换背光控制板或 LCD。

6）更换主板。

5. 电池电量在 Windows 98 / Windows Me 中识别不正常

1）确认电源管理功能在操作系统中启动并且设置正确。

2）将电池充电 3 小时后再使用。

3）在 Windows 98 或 Windows Me 中将电池充放电两次。

4）更换电池。

任务 3 订单处理业务受理

任务情景

花花：师傅，上一节课学习了技术支持类业务的受理，您上次说呼入业务中有好几类典型的业务，还有哪些业务类型呢?

糖糖：接下来我们学习另外一种典型的呼入业务，订单业务受理。

花花：订单业务是不是需要后台操作很多订单数据呢?

糖糖：订单业务在呼叫中心领域也占据着重要份额。在呼叫中心行业，订单业务大致分为网上订单业务和电话订单业务两种。而订单业务的类型有订单查询业务、订单修改业务、取消订单业务等内容。

花花：那就是说在一个客户下了订单后，有关订单后续的咨询、支持等相关业务都由呼叫中心坐席代表来处理?

糖糖：是的，也不一定是订单下单之后的工作，有的客户在下订单之前可能就需要支持和帮助，但都是围绕订单展开的。

花花：我明白了。那我们继续学习一些有关订单业务的知识吧。

任务分析

订单业务在呼叫中心领域占据着重要份额。在呼叫中心行业，订单业务大致分为网上订单业务和电话订单业务两种。当客户购买产品时，也就是下订单时，呼叫中心坐席代表需要迅速受理。这种类型的服务较为多见，如机票酒店的预订、旅游度假产品的预订、网上商品的订购等。坐席代表主要对来自客户的电话、传真、书面订货等进行记录，并对其需求的产品机型、数量、价格、配送方式、交货日期等进行处理。

订单处理既是业务的开始，也是服务质量得以保障的根本。订单业务的相关服务都会由一线坐席代表操作完成。因此，在本任务中主要学习订单业务的一般流程以及订单咨询、订单查询、订单修改、订单取消等服务内容。

任务实施

1. 呼叫中心订单业务受理流程

呼叫中心订单业务流程，也是为了高效率、集约化地处理大量的订单而产生。在当今的互联网时代，尤其是在移动互联网时代，很多个人消费者的订单都是在电子商务网站上产生，每个人随时随地都可以拿起手机下一个订单。现在已经有着非常成熟的电子商务模式，如果一个消费者在手机上下了订单，没有意外情况，这个订单可以顺利完成并快递到消费者手中。但是，往往由于快递滞后、退换货、质量缺陷、退款等问题，需要呼叫中心客户服务人员介入来协调解决，并跟踪一个订单的处理结果。还有一类订单是在客户打入呼叫中心之后，在与客户服务人员沟通的同时生成了订单。因此，每一个企业无论是线上或是线下订单，都会有规模不同的呼叫中心来作为后台服务，制定标准的订单服务处理流程，来提高订单处理的效率。

图 2-4 是常规呼叫中心坐席代表受理订单业务的基本流程图。

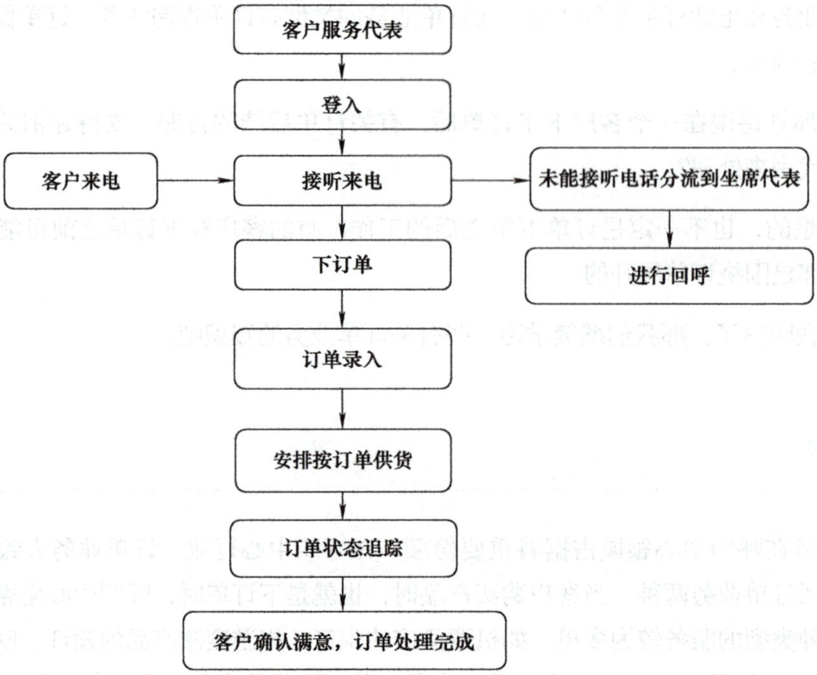

图 2-4　呼叫中心订单业务受理流程

订单处理是企业的一个核心业务流程，是实现企业客户服务目标最重要的影响因素。改善订单处理过程，缩短订单处理周期，提高订单满意率和供货的准确率，提供订单处理全程跟踪信息，可以大大提高服务水平与客户满意度，也能够降低库存水平，同时降低物流总成本。

从整个订单业务受理流程来看，可以分为 3 个主要流程，包括：①订单呼入电话受理，也就是电话接入阶段；②订单录入，按照客户的订单处理需求，进行订单录入或订单操作；③订单追踪，在订单生成之后所产生的订单状态查询、订单取消、订单修改等相关内容，都属于订单追踪业务。

2. 订单呼入电话受理

有些企业会产生很多电话订单，坐席代表通过接听客户打进来的业务电话进行下单操作，帮助客户完成订单。有的客户已经确定好了购买意向，这时坐席代表只要帮助客户完成购买流程就可以了。坐席代表不用对客户再进行推介，而应快速准确地将交易程序完成。另外，当客户来订货时，会说出产品的名称或编号、要货或取货时间等信息，这时，坐席代表不仅要将这些仔细记录下来，还应该向对方复述一遍，以确认信息无误。

【案例】

票务预订客户服务中心

（某票务预订客户服务中心，电话铃响起）

坐席代表："您好，这里是 ×× 票务，请问有什么可以帮您？"

客户："您好，能预订电影票吗？我想订两张电影票。"

坐席代表："可以的，先生，请问您想订什么票呢？"

客户："情人节快要到了，我想订两张 2 月 14 日晚上的，情节比较温馨，适合情侣看的电影，不知道有没有合适的？"

坐席代表："您是希望情人节晚上和心爱的人一起看一场温馨的电影，是吧？最近刚上映的《我要嫁给你》收视率就不错，而且很适合在情人节这样浪漫的日子里观看，票价也不贵，两张 80 元，您看可以吗？

客户："嗯，这个电影前段时间还看到宣传，还有大牌明星加盟，应该挺不错的。那我要两张，给我选两个位置吧，那怎么付款呢？"

坐席代表："您好先生，是这样的，北京地区可以送票上门，实行票到付款，五环以内 100 元起免运费，不足 100 元收取 8 元快递费。五环以外的视距离远近进行收费。外省市的可根据自身情况，选择快递、送交、留票自取三种方式进行取票。"

客户："好，我住在北四环，就加 8 元钱吧。"

坐席代表："好的，先生，那请您提供一下您的家庭住址、姓名和联系方式，以便我们及时安排送票。"

客户："北京市海淀区北四环城府路 56 号清华小区 ××，邮编是 100086。我姓李，叫李军，电话是 186××××6789。"

坐席代表："好的，李先生，我重复一下您的订票信息。您订的是 2 月 14 日晚上 8 点爱情剧《我要嫁给你》电影票两张，总票价 80 元，不含邮费。您的地址是北京市海淀区北四环城府路56号清华小区××，邮编是100086。收票人是李军先生，您的联系电话是186××××6789，您看对吗？”

客户："嗯，没错。"

坐席代表："好的，李先生，您看您还有其他问题需要咨询吗？"

客户："没有了，谢谢。"

坐席代表："好的，李先生，非常感谢您对××票务的工作支持，祝您生活愉快、工作顺利，再见！"

以上案例就是一个客户通过电话直接产生订单的过程。这类电话受理需要坐席代表有良好的倾听能力，有熟练使用业务查询和操作系统为客户生成订单的能力。

3. 订单录入/操作

订单录入指在订单实际履行前，也就是订单商品在实际发出之前所进行的各项工作。这个工作一般是坐席代表在接听电话时以及电话挂断之后操作完成的。主要包括：

（1）核对订货信息的准确性

一般在客户提出订购需求之后，坐席代表需要在结束电话之前重新核实一遍订单信息，包括商品名称与编号、数量、价格等，以及订单的发件地址、收件人身份等信息，以确保订单内容能准确无误地到达客户手中。

（2）检查所需商品是否可得

当客户提出订单信息时，作为一线坐席代表首先要快速查询业务系统里的库存情况，以免产生库存不足而导致给客户的承诺不能兑现的情况。如果发现库存不足，要及时告知客户暂时缺货或者到货时间可能延迟等实际情况。

（3）订单录入

在确定订单生成时，录入订单产品信息、客户信息、地址等。

（4）其他需要备注的订单信息

除了在系统中录入标准信息之外，很多时候客户还有一些额外的个性化需求，如送货时间要求等，都需要以备注的形式录入系统，以便线下人员在订单发送和配送时满足客户需求。

4. 订单追踪

订单处理过程的最后环节，要不断向客户报告订单处理过程中或货物交付过程中的任何延迟，确保优质的客户服务。具体包括：在整个订单周转过程中跟踪订单、与客户交换订单处理进度、订单货物交付时间等方面的信息。订单受理流程如图2-5所示。

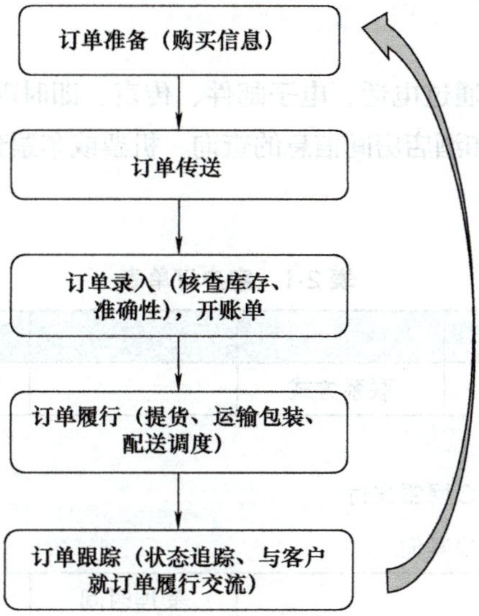

图 2-5　订单受理流程

必备知识

1. 了解呼叫中心订单业务的类型

（1）电话订单业务

所谓电话订单业务，就是企业坐席代表接听客户通过企业对外公布的电话号码，进行相应的业务受理。电话订单业务在 5 年以前，占据了呼叫中心订单业务一半以上的比例。例如，肯德基、麦当劳的外卖服务有统一的订餐电话，坐席代表接听客户来电，知悉客户的购买需求，并及时进行受理。不过随着近几年移动互联网的快速发展，过去大部分电话订单业务都变成了网上下单，呼叫中心坐席代表主要是接听客户对产品的咨询以及订单的后续处理服务工作。

（2）网上订单业务

所谓网上订单业务，是指企业坐席代表受理客户通过登录企业网站进行网上预订商品、退订商品等业务办理。在这个过程中，企业坐席代表通过计算机接收客户订单，开具发货单，并将发货单送交物流部。

总的来讲，订单业务类的坐席代表主要负责以下 3 个方面的工作：①售前支持：主要是通过对公司产品的介绍，引导并说服客户达成交易的工作；②售中跟踪：主要是对客户订单的发出、物品的发货以及物流状况的跟进工作；③售后服务：主要是对客户反馈的信息或问题、客户的投诉及退换货处理工作。

2. 了解订单业务内容

在呼叫中心领域，常规的订单业务大致包括以下两个方面。

（1）订单查询业务

客户下了订单之后，可通过电话、电子邮件、传真、即时聊天等方式向呼叫中心坐席代表就订单信息进行查询。比如酒店房间信息的查询、机票或车票预订信息的查询等。客户订单表见表 2-1。

表 2-1　客户订单表

订单号		品类		数量	
客户姓名		联系方式		下单日期	
支付方式	客户选择： ○货到付款　○网银支付 ○银联支付　○其他				
受理人员			受理时间		

（2）订单处理业务

当客户下了订单之后，发现需要对订单信息进行修改，甚至取消订单。这时，客户可通过电话、电子邮件、传真、即时聊天等方式向呼叫中心坐席代表寻求帮助，坐席代表受理客户所申办的各类业务，生成派单并转发相应部门进行处理。等处理结果通过网络返回到企业呼叫中心后，坐席代表以电话、传真、短信、电子邮件等方式回复客户。

3. 了解常见订单业务的话术脚本

（1）催单话术

坐席代表：“您好，很高兴为您服务，请问有什么可以帮您？”

客　　户：“我刚才来电话要你们过来收件的，但到现在都没有来”。

坐席代表：“请您提供一下当时来电的电话号码。”

客　　户：“……”

坐席代表：“与您确认一下，您的取件地址是陕西省西安市武阳区朝阳路 56 号，对吗？”

客　　户：“对。”

坐席代表：“好的，我马上为您处理，请问还有什么可以帮您？”

客　　户：“没有了，谢谢！”

坐席代表：“感谢您对我们工作的支持，祝您工作顺利，请您先挂机。”

（2）改单话术

坐席代表：“您好，很高兴为您服务，请问有什么可以帮您？”

客　　户："我刚才来电话要你们过来收件，我想换个地方。"

坐席代表："请您提供一下当时来电的电话号码。"

客　　户："……"

坐席代表："与您确认一下，您的取件地址是陕西省西安市武阳区朝阳路 56 号，对吗？"

客　　户："是的，没错。"

坐席代表："好的，请告诉我您的新的取件地址。"

客　　户："陕西省西安市光明区新建路 89 号。"

坐席代表："好的，我马上为您申请，如有问题，稍后将有工作人员与您联系，请问还有什么可以帮您？"

客　　户："没有了，谢谢！"

坐席代表："感谢您对我们工作的支持，祝您工作顺利，请您先挂机。"

（3）销单话术

客　　户："我刚才来电话要你们过来收件，现在不需要了，你们取消吧。"

坐席代表："请您提供一下当时来电的电话号码。"

客　　户："……"

坐席代表："与您确认一下，您的取件地址是陕西省西安市武阳区朝阳路 56 号，对吗？

客　　户："是的，没错。"

坐席代表："好的，请问是否方便告诉我取消订单的原因？"

客　　户："……"

坐席代表："好的，我已经为您取消了，请问还有什么可以帮您？"

客　　户："没有了，谢谢！"

坐席代表："感谢您对我们工作的支持，祝您工作顺利，请您先挂机。"

任务拓展

1. 实训任务：订单业务受理。

2. 任务形式：两人一组，分别担任角色 1 和角色 2，每个人独立完成后进行互评。

3. 任务时限：30 分钟。

4. 任务要求：

1）小组成员熟悉背景资料，两人一组完成客户和坐席代表的技术支持业务受理。

2）现有一批日常消费饮料要运往 A、B、C、D 4 家公司，其中包括名称、外包装规格、单位、数量、金额等基本涉及项，由于配送超出了配送时间，客户来电咨询订单情况。坐席代表要完成订单的核实并确认订单。

3）扮演结束后进行总结评价，并在时间允许的情况下互换角色再进行模拟练习。

背景资料

武汉某物流配送中心，主要为其加盟店企业提供商品配送服务。该中心目前有加盟店 4 家，分别为 A、B、C、D 公司。订货方式有两种：一种是各加盟店每周一次或两次向相应的配送中心订货；另一种是联合订货，即各加盟店在指定日期（一般为每周一次或两周一次）通过计算机系统直接向各供应商订货，供应商将各连锁店的订货情况进行汇总后，定期将货物送往相应的配送中心，各配送中心在统一验收入库后将货物分发至各加盟店。

通常加盟店下了订单以后，按照流程都能准确无误地送达，可是随着订单量的不断增加，经常会出现一些本来是发给 A 公司的货，却发给了 B 公司，本来是发给 C 公司的货，却发给了 D 公司，这让管理者非常头疼，客户的满意度也开始下降。

公司订单

A 公司订单

订单编号：O2010415C01

业务单号：F20100504-01

订货方编号		K05t001	订货单位名称		A公司	
订货单位联系人		张水方	货单位联系电话		80××××88	
公司地址		武汉市武昌区人和镇东华工业区华盛南路105号				
序号	名称	外包装规格（mm）	单位	数量	单价（元）	金额（元）
1	农夫山泉	330×200×230	箱	13	28.00	364.00
2	百事可乐	450×250×280	箱	12	52.00	624.00
3	雪碧	330×240×240	箱	23	48.00	1104.00
4	脉动饮料	542×341×521	箱	4	45.00	180.00
总计	人民币大写：贰仟贰佰柒拾贰圆整					2272.00
经办人：				部门主管：		

B 公司订单
订单编号: O2010415C02
业务单号: F20100504-02

订货方编号		K05t002	订货单位名称		B公司	
订货单位联系人		李洪斌	订货单位联系电话		80××××88	
公司地址		武汉市武昌区裕华东路江山花园406号				
序号	名称	外包装规格(mm)	单位	数量	单价（元）	金额(元)
1	农夫山泉	330×200×230	箱	15	28.00	420.00
2	百事可乐	450×250×280	箱	10	52.00	520.00
3	雪 碧	330×240×240	箱	14	48.00	672.00
4	冰红茶	400×300×240	箱	12	54.00	648.00
总计	人民币大写：贰仟贰佰陆拾圆整					2260.00
经办人：					部门主管：	

C 公司订单
订单编号: O2010415C03
业务单号: F20100504-03

订货方编号		K05t003	订货单位名称		C公司	
订货单位联系人		王强国	订货单位联系电话		80××××88	
公司地址		武汉市江岸区江岸路12号				
序 号	名称	外包装规格(mm)	单位	数量	单价（元）	金额(元)
1	农夫山泉	330×200×230	箱	10	28.00	280.00
2	百事可乐	450×250×280	箱	18	52.00	936.00
3	雪 碧	330×240×240	箱	15	48.00	720.00
4	脉动饮料	542×341×521	箱	5	45.00	225.00
总 计	人民币大写：贰仟壹佰陆拾壹圆整					2161.00
经办人：					部门主管：	

D公司订单
订单编号：O2010415C04
业务单号：F20100504-04

订货方编号		K05t004	订货单位名称		D公司	
订货单位联系人		赵力平	订货单位联系电话		80××××88	
公司地址		武汉市中山大道1388号				
序 号	名称	外包装规格（mm）	单位	数量	单价（元）	金额(元)
1	农夫山泉	330×200×230	箱	10	28.00	280.00
2	百事可乐	450×250×280	箱	9	52.00	468.00
3	雪 碧	330×240×240	箱	6	48.00	288.00
4	冰红茶	400×300×240	箱	13	54.00	702.00
总 计	人民币大写：壹仟柒佰肆拾捌圆整					1748.00
经办人：				部门主管：		

任务4 客户投诉业务受理

任务情景

花花：师傅，上一节课学习了客户投诉业务的受理，还有其他典型的呼入业务类型吗？

糖糖：是的，下面我们要学习一类最为典型和重要且有一些挑战性的呼入业务类型——客户投诉业务。

花花：客户投诉业务就是专门处理客户投诉问题的吧？为什么说具有挑战性呢？

糖糖：因为来电进行投诉的客户，基本上是对企业产品或者是服务已经产生了非常多不满，从而主动打客服投诉电话去解决问题的。因此，这个时候客户不仅要解决问题，还会有很多抱怨，这个时候对坐席代表来说，不仅要解决问题，还要安抚好客户的情绪。

花花：嗯，师傅，这样说来确实是很有挑战的。

糖糖：所以坐席代表面对投诉电话时一定要有一个清醒镇定的头脑，能够从客户不满的情绪和语言中，快速地理出客户所陈述的问题，并能够快速解决和处理。

花花：我明白了。师傅，那我们就来学习这一节课的内容吧。

任务分析

当客户对企业产品或服务不满意时，常会采取口头或书面的方式进行投诉。从行为学的角度看，投诉从来都是一种主动行为，是用具体的措施来表示不满。这种表示不满的行为一般都有明确的对象，而且必须有相应的结果来使这种不满得到释放和疏解，否则可能产生两种结果：一种是客户会采取更进一步的行动，使不满上升为更激烈的愤怒，从而出现更多的矛盾；另一种是客户消极地放弃，从而使企业在不知情的情况下遭受巨大损失。由此可见，以上两种结果都会对被投诉方产生不良的后果和影响。因此，对于来电进行投诉的客户，企业一定要非常重视，不管出于什么原因，对于这一类客户，企业还有挽回的机会。由此看来，恰当处理客户投诉事件对企业来讲尤为重要。

本项目主要针对客户投诉业务的相关知识进行介绍，通过本项目的学习，能对常见的客户投诉业务进行处理，了解客户投诉处理的基本方法和技巧，在面对客户投诉的危机处理时，能设身处地地为客户着想，提高客户的满意度，从而将客户培养成忠诚的客户。

任务实施

对于呼叫中心专业处理投诉业务的坐席代表来说，一要学会快速分析客户投诉的原因，二要非常熟悉处理投诉的流程，最后要掌握一些投诉处理的技巧。具备以上素质，才能够比较有把握地处理投诉业务。

1. 了解客户投诉的原因

通常情况下，导致客户不满并引起投诉的因素有以下几种类型：

（1）产品问题

由于产品问题引起客户投诉的事例种类比较多，一般可以归纳为产品质量、产品规范、销售和价格 4 个方面，这些方面都与产品的生产和提供过程有着密切的联系。

1）因产品质量引起的投诉

因产品质量引起的投诉包括：产品质量不符合要求，如客户在超市里购买了保质期内的牛奶，可在饮用时发现牛奶的味道已经变质；设计缺陷，如汽车厂商因为汽车系统的设计缺陷，使刹车管被轮胎磨损，在行驶中造成汽车刹车失灵；还有未按时交付，也属于因产品质量引起的投诉。

2）因产品规范引发的投诉

因产品规范引发的投诉包括：不符合规范要求，如饮用的纯净水因为在生产过程中没有按照国家规定的卫生检测标准进行成品检验，客户发现水桶内存有沉淀物；标准滞后，如儿童玩具没有按照国家最新安全规范的规定明确标明玩具的适用年龄和危险警示标志等。

3）因销售问题引起的投诉

因销售问题引起的投诉包括：虚假宣传，如广告中宣传的治疗失眠的特性药，客户使用后没有任何效果；销售承诺，如在销售时承诺不满意可以无条件退货，可是当客户对产品不满意时却附加了若干条件等。

4）因价格不合理引起的投诉

因价格不合理引起的投诉占比较少，一般来说在客户下单时就已经接受了价格，但是有些特殊情况是客户刚买完某产品后该产品马上降价等情况，也会引发客户的不满而产生投诉。

（2）服务问题

服务问题引起的投诉主要集中在服务质量、客户感受、服务保证、工作差错和商业欺骗等方面。

服务质量引起的投诉具体包括：服务不规范，如到银行办理开户手续时向银行交了相关资料，可3天后银行通知客户有两份资料需要重新提交，原因是在做资料审核时发现资料少了；业务不熟悉，如在申请电信业务时，客户询问营业厅服务人员该项新业务的具体功能，服务人员说不清楚等。

关于坐席代表不当服务，除了上面提到的语言表达方面，还包括其他问题，比如：

1）不管客户的需求和偏好，一味地推销产品；

2）客户长时间在电话音乐中等待，或即使有人接听，由于电话系统的混乱，使客户被转来转去；

3）不遵守约定，客户按约定时间来提货，产品并未准备好；

4）不愿回答客户提出的烦琐、冗长的问题。

【案例】

坐席代表：“您好，很高兴为你服务。”

客　　户：“我打电话问你们送快件的价格，说是10元，现在你们要收15元。”

坐席代表:“很抱歉，是我们新来的同事说错了。”

客　　户:“那我不管，我现在就要按你们报的价格 10 元付款。”

坐席代表:“很抱歉，那是不行的，你现在还想不想送这个快件呢？”

客　　户:“已经包好了，你说要不要送吗？”

坐席代表:“那你现在是什么要求呢？反正 10 元是不行的。”

客　　户:“是你们报错价格，还有理了，我要投诉！”

案例分析：这则案例主要反映的是由于坐席代表业务不熟练，而给客户报错价格，当客户反映此事时，坐席代表又一味地推卸责任并且态度傲慢，进而引起客户的厌烦和投诉。

2. 客户投诉处理流程

（1）常规客户投诉的一般流程

作为呼叫中心处理投诉电话的坐席代表，要非常熟悉企业内处理客户投诉的流程。每个企业虽然产品不同，但是都会遵循客户投诉处理的大致流程。

客户投诉处理的一般流程如图 2-6 所示。

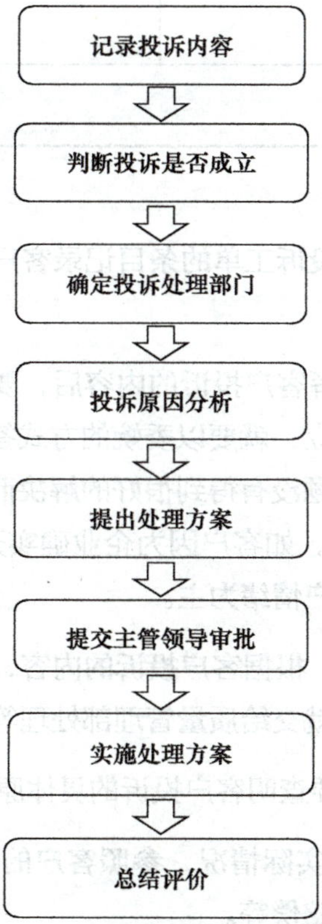

图 2-6　客户投诉处理的一般流程

（2）投诉工单的处理流程

工单的处理是客户投诉处理流程中一个非常重要的环节。投诉处理问题工单是指坐席代表制作客户投诉工单（见表 2-2）并转向相应的责任部门，责任部门分析客户投诉原因，提出处理方案并将写好处理意见的工单转回到坐席代表处，由坐席代表与客户取得联系，告知客户处理结果。

表 2-2　客户投诉工单

投诉客户名称			
投诉内容和客户要求			
客户联系地址和电话			
受理人意见	质检人员	销售人员	备注
业务主管签字			

1）记录投诉内容。根据客户投诉工单的条目记录客户投诉的全部内容，如投诉人、投诉时间、投诉对象、投诉要求等。

2）判定投诉是否成立。在了解客户投诉的内容后，要判断客户投诉的理由是否充分，投诉要求是否合理。如果投诉不能成立，就要以委婉的方式答复客户，以取得客户的谅解，消除误会。如果确实是因为遇到产品问题没有得到很好的解决而产生的投诉，那就要立即做出处理方案回复客户。对于不成立的投诉，如客户因为企业确实无法满足的原因而无理取闹发脾气，这种情况只能让坐席代表以安抚客户情绪为主。

3）确定投诉处理的责任部门。根据客户投诉的内容，确定相关的具体受理单位和受理责任人。例如，如果属于质量问题，就交给质量管理部处理等。

4）责任部门分析投诉原因。要查明客户投诉的具体原因及造成客户投诉的具体责任人。

5）公平提出处理方案。依据实际情况，参照客户的投诉要求，提出解决投诉的具体方案，如退货、换货、维修、折价、赔偿等。

6）实施处理方案。坐席代表在接到相关责任部门已经处理完成的工单后，应主动与客户取得联系，告知其投诉处理结果。如果客户对处理结果满意的话，坐席代表应再次向客户表达歉意，并表示公司对此次事件非常重视，以后会尽量避免此类事件的再次发生，并对客户表示感谢。如果客户对处理结果不满意，坐席代表应将客户意见再次记录到工单中，并将工单转给相关责任部门，由责任部门再次进行处理。

（3）编制投诉处理记录

完整的客户投诉处理记录是坐席代表为客户提供更好服务的基础。坐席代表通过记录查询，在客户致电的时候可以为其提供更加完善的服务，使服务过程更加愉快。

客户投诉处理记录表（见表 2-3）的编写可以像写记叙文一样，大致包括 6 个基本要素：时间、地点、人物、事情的起因、事情的经过以及事情的解决方案。对于客户在交流过程中所持的观点和态度，有必要的话也要进行记录，便于今后其他同事在为客户解决问题时避免因类似问题导致客户不满或激怒客户，也为了避免过多地让客户重复自己的观点。任何人在交流的时候都希望自己的解释和意见能够被别人理解。一般情况下，一则电话的完整记录应包括以下几个方面：

1）完整的客户信息，主要包括姓名、地址、联系方式等基本信息。

2）详细的服务记录，主要包括客户致电投诉的原因、询问的问题等信息。

3）可查询的客户服务合约内容、续约、到期等记录。

4）针对客户购买产品的零部件更换记录的管理。

客户投诉处理通知书见表 2-4。

表 2-3　客户投诉处理记录表

客户姓名		投诉日期	
投诉原因			
客户联系方式		客户联系地址	
解决方案			
受理人员		受理时间	
投诉结果		审核人	

表 2-4 客户投诉处理通知书

客户名称		单位	
订单编号		问题发生单位	
订购年月日		制造日期	
索赔个数		制造号码	
索赔金额		订购数量	
再发率		处理期限	
发生原因调查结果：		客户希望 ○换新品 ○退款 ○打折扣 ○其他	
公司对策：		公司对策实施要领	
		对策实施确认	
审核人签字			

3. 坐席代表处理客户投诉的关键步骤

（1）客户发泄，充分道歉

在客户发泄的过程中，坐席代表需要细心聆听，发现对解决问题有效的信息。也许此时客户更多表达的是自己的感受和观点，但同样对解决问题有一定的参考价值。

当客户发泄时，坐席代表可以采用以下几种方式回应客户：

✧ “我理解您的感受！”

✧ “我明白您的意思！”

✧ “是的，谁遇到这种情况都不会开心。”

✧ “王先生，对不起让您感到不愉快了，我非常理解您此时的感受。”

（2）收集信息，转移客户注意力

有些坐席代表被客户的情绪牵着走，客户愤怒，他也愤怒，结果只能更糟。你越能把客户的注意力转移到事实上来，你就越不容易被卷入情感的漩涡，问题才能得到解决。因此，坐席代表可以这样表达：“先生，您好，我很愿意继续听您说话，但为了尽快地解决问题，您需要提供给我一些必要的信息。”

通过提问的方式，可以收集足够多的相关信息，以便解决客户的问题。类似的提问还有：

✧“请告诉我您的姓名和电话号码。”

✧“为了便于我尽快找到您的购买记录，请告诉我您的订单号。”

✧“请描述一下，当您打开机器时发生了什么情况？”

✧“机器不运转了？是机器没有按照说明高速运转，还是机器在不该停的时候停下来了？您指的机器不运转是哪方面呢？”

（3）明确客户问题

当坐席代表明确了客户的需要后，还要确认你的理解和客户所表达的是否一致。因此，坐席代表可以这样说：

✧“您觉得……”

✧“如果我没理解错的话，您的意思是……对吗？”

✧“我想确认一下，您刚才说的意思是不是……”

（4）协商解决，处理问题

在实际工作中，有时可以通过重开订单、去掉零头、完善维修或者更换产品等措施来解决客户投诉。但是有些时候遇到客户投诉的情况会复杂一些，当你提出的解决方案未能得到客户的认可时，可以采用以下几种方法解决：

1）征询客户的意见。通过征询客户的意见，按照客户的要求去解决投诉问题，基本上客户的需求都是可以满足的。个别客户的要求可能难以满足，如果超出了你的岗位权限，则需要移交主管或客户服务经理处理；如果在自己的权限范围之内，则应该尽自己最大的努力满足客户的要求，即使错在客户。常用的客户服务语言有：

✧“您看怎样做才会让您满意？”

✧“您觉得怎么处理会比较好呢？”

✧“您看除了刚才您提到的两点以外，还有没有我们双方都能够接受的建议呢？”

2）适当给予补偿。为了弥补公司操作中的一些失误，可以在企业规定的职权范围内解决客户问题时给客户一些额外补偿。通常情况下成功的企业在处理完客户投诉事件后，往往会采取一些补偿性的措施。需要注意的是，坐席代表在提出补偿性措施时不要承诺自己送不了的东西，承诺时留点余地，兑现诺言时尽力而为。

3）答复客户。经过客户与企业双方协商、共同努力，将投诉处理完毕后，坐席代表应该给客户一个明确的回复。答复客户的方式是多种多样的，如面对面的答复、电话答复、电子邮件答复等。无论是哪种方式都应该包括对处置结果的说明以及表示对客户的感谢之意。

4）跟踪服务。跟踪服务的形式有打电话、发电子邮件或发信函等。通过跟踪服务，向客户了解解决方案是否得到执行、是否有用、是否还有其他问题、是否满意等。

如果坐席代表与客户联系后发现他（她）对解决方案不满意，就需要继续寻求一个更可行的解决方案。在对客户的跟踪服务中，无论是打电话，还是发邮件和信件，都应遵循一定的要求。

跟踪服务可以强调公司对客户的诚意，以打动客户并给客户留下深刻的印象，所以要善于运用跟踪服务，而不仅是在投诉中处理问题。

必备知识

1. 客户投诉的心理期望

在客户投诉中，往往因投诉内容不同，客户的心理需求也存在差异，只有正确把握客户投诉的心理期望，坐席代表在处理投诉时才能树立起自信，处理任何类型投诉才会变得游刃有余。常见的客户投诉的心理期望大概有以下几种：

（1）期待问题解决

如果客户期待问题尽快解决，这意味着客户心理尚未达到信任危机的状态，只要相关部门密切配合，在客户可以容忍的时限内解决了问题，那么客户的满意度和忠诚度就不会受到影响。所以，把握住“客户期待问题尽快解决”的心理后，应马上采取行动。

在呼叫中心，如果是常见的可控问题，就应该给客户承诺，提出一个解决问题的期限来安抚客户。当然，如果是不可控的问题或者需要进一步确认的问题，那么应灵活地对客户表示呼叫中心会尽快地为他（她）解决问题，并会及时与他（她）联系，也欢迎和感谢客户的主动沟通。

（2）渴望得到尊重

自尊心的一个重要表现是不愿意听到别人说自己的缺点。客户总希望自己的投诉是对的、有道理的，他们最希望得到的是同情、尊重和重视。处理投诉的工作人员要及时向其表示歉意，承诺进一步追查，并感谢客户的建议和支持，这是化解客户因为自尊心理受损而导致不满的有效途径。

（3）希望得到补偿

一般来说，客户希望得到适当补偿的心理越急切，而又无法得到补偿时，其投诉升级的可能性就越高。投诉升级后，客户满意和忠诚度都会严重下降，而且导致客户离开的可能性也极大。因而，从一开始把为什么没有补偿、在何种情况下可以得到补偿、怎么补偿等问题向客户解释明白，远比处理投诉升级来得快捷、有效。

任何企业都不可能确保自身产品和服务不发生任何差错。对坐席代表的工作来说，一旦出现差错，就意味着服务失败。服务失败对“口碑传递”影响极大，而“口碑传递”又是影响服务组织（呼叫中心）经营的极其重要的一环。

客户投诉时心情十分急切，打客服投诉电话就是希望很快有人能意识到问题的存在并解决问题。因此设计服务补救系统时，应当有适当程度的员工授权。对于小的投诉问题，一线员工就能解决；对于大问题，也必须有一个迅速传递信息的渠道，使有权处理者能迅速解决客户问题。

（4）发泄不满情绪

客户在带着怒气和抱怨进行投诉时，有可能只是为了发泄不满情绪，让郁闷或不快的心情得到释放和缓解，来维持心理上的平衡。直接发泄不满意的情况多见于重复投诉，在处理具有这类心理的客户时，接待人员的耐心尤为重要，要以恰当的措词以及和善的语气安抚客户，并需要及时与相关部门联系确认问题所在，分清责任后再给予客户合理的解释。

面临抱怨、投诉时，坐席代表采取什么样的心态来对待十分重要。撇开新员工缺乏服务素养和服务技巧不谈，领班和主管在处置抱怨、投诉时，应从有效解决问题的角度来分析问题、排除阻碍，与客户达成共识，取得客户的谅解，赢得客户的好评和尊重，忌将个人情绪化的思维带进处理过程中。

坐席代表在处理投诉时，如果能够有效地维护客户的尊严，使之受到礼遇，挽回客户的面子和尊严，那么危机就会变成机遇，就能将流失的客户变成忠实客户。因此，彻底摒弃指责，用积极的、乐观的心态看待客户所要的理想结果，解决投诉的过程就会顺畅得多。

当客户发泄不满情绪时，客户服务人员可以采用以下几种方式回应客户：

“我明白您的意思。”

“我能明白您为什么觉得是这样。”

当客户不满的时候，他只想做两件事：表达他此时的心情和迅速将问题解决。而坐席代表需要做的就是鼓励客户发泄。因为客户只有在发泄完，才会听坐席代表说话。

在客户发泄的过程中，坐席代表需要细心聆听，发现对解决问题有效的信息。也许此时客户更多表达的是自己的感受和观点，但同样对解决问题有一定的参考价值。另外，坐席代表还需要控制自己的脾气。客户此时发泄并不是针对谁，只是想一吐心中的不快，所以，坐席代表千万不要一时控制不住自己，心里产生同客户对抗的情绪。

2. 处理客户投诉技巧

一般说来，求发泄、求尊重、求补偿，是顾客投诉的 3 种心态，相应的，坐席代表可用

LSCIA 模型处理客户投诉，具体介绍如下：

1）倾听（Listen）：当客户提出异议及反映产品及问题时，坐席代表首先要学会倾听，收集数据，作好必要的记录。然后要弄清问题的本质及事实，切记不要打断对方的谈话。在倾听的过程中不妨多运用提问的技巧，比如，发生什么事？这事为什么会发生？您是如何发现的？这样将会有助于了解事情的真相。

2）分担（Share）：基本弄清问题的本质及发生原因后，坐席代表可以采用分担的方式，例如，“您讲得有道理，我们以前也出现过类似的事情。”总之，不管是产品本身，还是客户使用不当等原因，都不能责备客户。这样，客户会感受到他已被重视。

3）澄清（Clarify）：根据上述的两种方法已基本了解客户异议的本质及动向，此时应对问题加以定义，是产品本身原因还是客户使用不当？如果是产品本身，应立即向客户道歉，并以最少的时间给客户解决；若是客户使用不当，要说明问题的实质。

4）陈述（Illustrate）：应立即帮助客户解决问题，说明产品正确的使用方法（性能、特点、特性），并用鼓励的话语感谢客户提出的异议，必要时予以精神及物质奖励。

5）要求（Ask）：在客户异议基本解决后，要问客户还有没有其他要求，以诚恳的态度告诉客户，假如客户还有其他问题，请随时致电呼叫中心，并感谢客户提出的宝贵意见和建议。

3. 客户投诉受理的基本原则

在受理客户投诉业务时，掌握客户投诉的受理原则是十分必要的，主要有以下几点：

（1）积极面对原则

很多坐席代表在面对客户投诉的时候总是有很大的压力和抵触情绪，好像客户来投诉就是和他们过不去。这是因为坐席代表没有一个良好的心态，存在着心理的障碍。保持积极、主动、热情的心态对解决客户投诉起着非常重要的作用。坐席代表在面对客户时不仅代表自己，更是代表企业的形象。所以，坐席代表应保持良好的心态，以积极的态度为客户服务。坐席代表要牢记一点：客户不是永远都是对的，但是客户永远都是第一位的。

（2）迅速处理原则

客户在投诉的时候往往都带着怨气，他们最大的希望就是能够快速、简便地解决问题和得到补偿。这个时候的客户在心理上是很脆弱的，如果出现服务不佳、推卸责任或是耽误延办等问题，都会带来客户不信任和抱怨升级的隐患，这样客户将彻底离开企业。

因此，对于现场能够立即处理的情况，坐席代表应当场答复客户，并快速、简捷地处理客户投诉。对于一些因涉及多部门、多个环节流程复杂的投诉，当场不能解决的，坐席代表也要向客户做出合理的解释，具体处理步骤见表 2-5。

表 2-5　迅速处理客户投诉的步骤

序号	当场解决客户投诉的受理答复	当场不能解决客户投诉的受理答复
1	感谢客户的投诉	感谢客户的投诉
2	询问客户还有什么不满意及需要改进的意见	阐明处置投诉的方针
3	阐明处置投诉的方针和服务宗旨	说明投诉处置的流程和方法，告诉客户需要的时间、联系人、联系电话等，一定别忘记说声"对不起"，以及处置客户投诉的服务承诺

（3）以诚相待原则

处理客户投诉的目的是为了获得客户的理解和再度信任，这就要求企业在处理客户投诉时必须坚持以诚相待的原则。诚信是处理客户投诉的必备条件，在日常经营活动中常有类似辜负客户期待、说谎骗人等行为。这些做法即使获得了暂时的利益，客户也不会再上门。另外，如果客户感觉到你对待投诉时是没有诚意的敷衍，他们不仅下次不会再来，而且还可能在外指责公司的服务不周，从而对企业的发展造成巨大的损失。因此，诚意是打动客户的"法宝"。

（4）换位思考原则

从某种程度上来讲，客户投诉一旦发生，客户的心理自然会强烈地认为自己是对的，并会要求店家赔偿等值的商品或道歉。但是作为卖方通常会将投诉不合理化，尽量把损失压至最低。基于买方和卖方两者各自的立场，双方往往互相较劲都不肯退让。对于卖方来说，和客户发生争执是一点好处都没有的。即使赢了，客户也不会再来第二次，从长远来讲，损失更大。

因此，在与客户交涉的过程中一定要避免发生争执。为了不使客户产生反感情绪，一定要站在客户的立场来考虑问题："如果自己是客户会怎么做？会不会也提出投诉？"通过这样的换位思考，才能拉近与客户之间的距离，让客户感受到你是真诚地为他们着想、为他们解决问题。

任务拓展

1. 实训任务：客户投诉业务处理。

2. 任务形式：两人一组，分别担任呼叫中心坐席代表与客户，对背景资料中描述所产生的投诉过程进行模拟。

3. 任务时限：20 分钟。

4. 任务要求：

1）小组成员熟悉背景资料，两人一组完成客户和坐席代表的技术支持业务受理。

2）根据公司规定，对于已经实际发生的资费，坐席代表没有办法为客户减免。

3）坐席代表运用所学的沟通技巧和投诉处理办法来处理这一起投诉。

4）模拟完成后请将所运用的处理技巧写在下方横线处并做分享。

背景资料

你是中国移动北京地区的坐席代表，刚才你接到了一个客户打来的投诉电话。其大致内容是这样的：他发现他本月的话费非常高，打客服电话查询话费后，发现在他不知情的情况下开通了语音信箱以及未接来电提醒业务，这为每个月增加了 50 元的话费开支。坐席代表告知已经产生话费，并且在系统中有开通记录。于是客户打了投诉专线，希望对此有一个解释。

作为坐席代表，你需要针对这位客户的投诉问题，运用你的专业知识和投诉服务技巧进行解决和处理。

投诉处理应用技巧：

____

____

____

____

____

____

项目综合实训

1. 实训目的

呼入业务所包含的内容十分广泛，基本的呼入业务包括电话咨询业务、技术支持业务、网络咨询业务、订单处理业务和客户投诉业务等。作为呼叫中心的坐席代表，熟悉掌握呼叫中心的客户服务业务流程及项目要求是呼叫中心各种项目和业务的基础。

2. 实训要求

根据拟定的情景，通过编写话术、复述录音、工单填写等多种形式完成客户呼入咨询业务、受理业务的电话处理流程。

1）单击“答题要求”按钮了解项目背景及活动资费详情。

2）根据客户问题按步骤提示以复述录音的形式解答客户问题。

3）完成呼入业务受理后，需单击“工单”按钮完成工单记录。

3. 答题时限

完成时间要求控制在 20 分钟以内，请合理控制时间。

4. 评价标准

呼入业务评价标准见表 2-6。

表 2-6　呼入业务评价标准

评价内容	评定方法	评分标准	单项分值	总分值
呼入业务	人工评分	正确使用服务用语	5	20
		声音表达清晰流畅	3	
		正确掌握呼入业务流程	5	
		业务知识解释恰当，运用合理	4	
		积极主动为客户提供服务	3	

5. 系统操作

1）参考前面任务步骤，登录系统后进入“考试管理”，选择“初级技能考核”。

2）选择“呼入业务”后，单击“开始考试”按钮，进入项目训练，如图 2-7 所示。

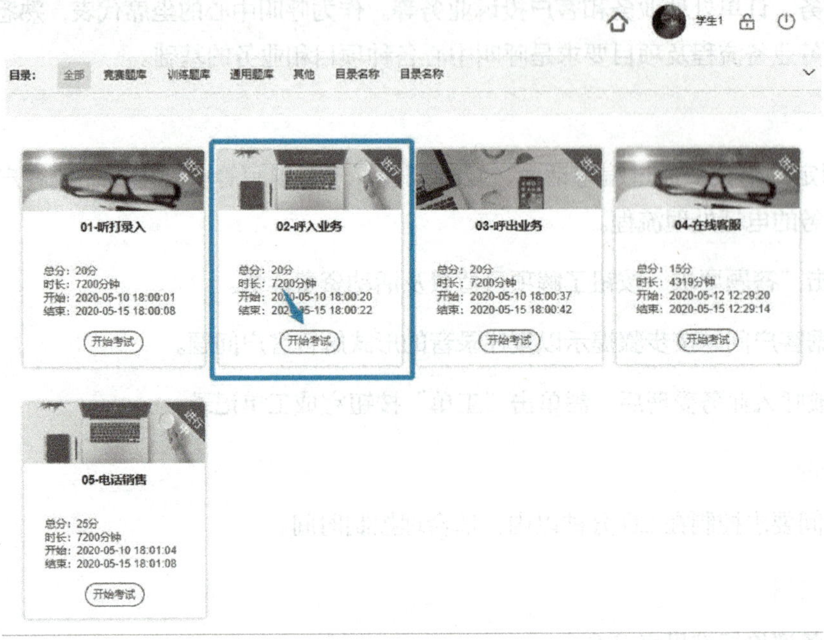

图 2-7　项目训练入口

3）进入项目考试页面后，需单击“答题要求”按钮，根据要求进行答题，如图 2-8 所示。确保了解答题要求后，单击“确定”按钮开始答题，如图 2-9 所示。

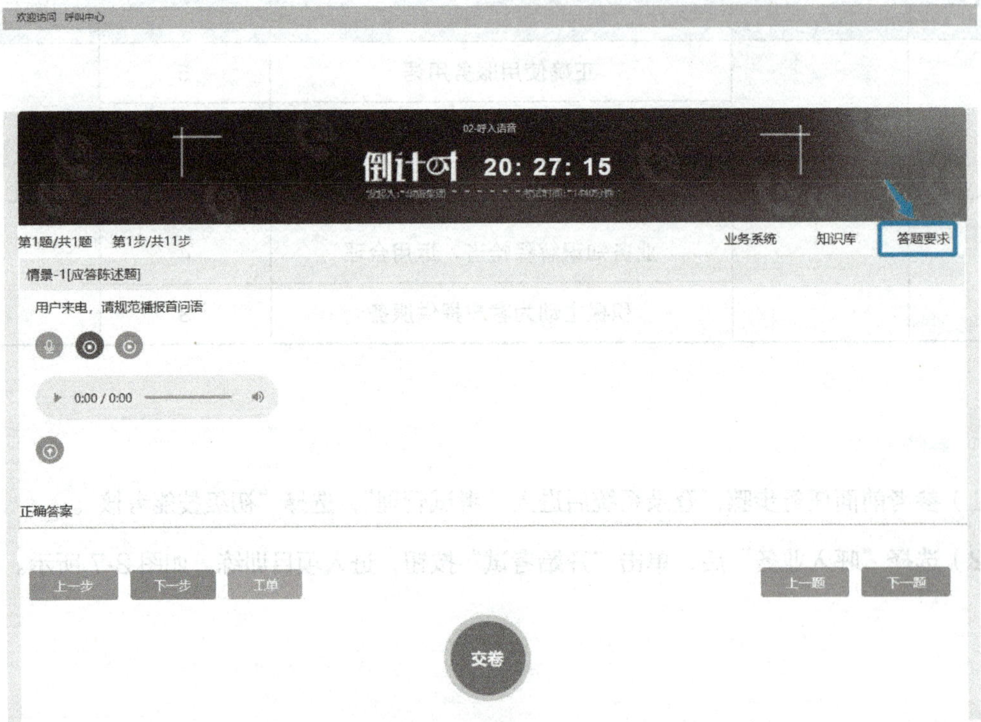

图 2-8　答题要求入口

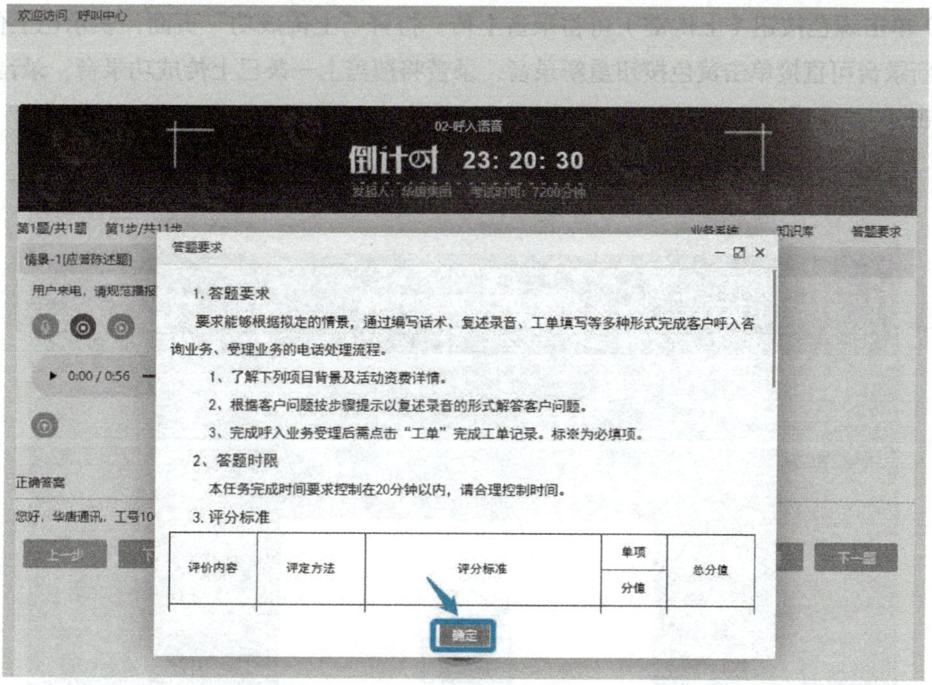

图 2-9　阅读答题要求

4）单击黄色按钮（录音键）进行语音服务，打开“正在录音”页面，即可开始录音，录音完成后单击“点击停止”按钮，即可完成录音，黄色按钮后面蓝色与绿色按钮为暂停及播放键，可单击听取已完成的录音。如图 2-10 所示。

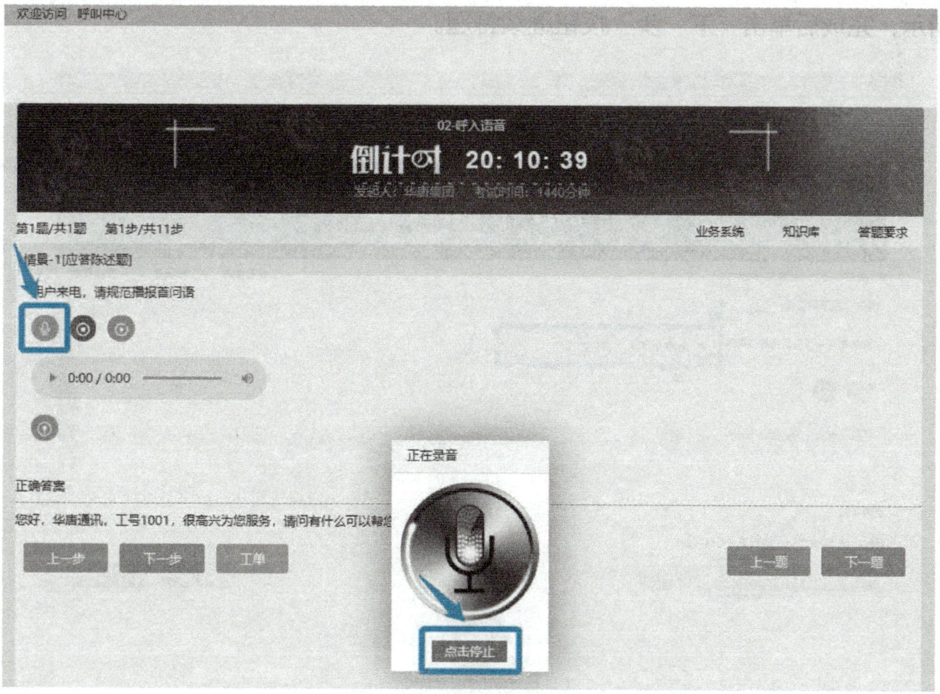

图 2-10　录制语音

5）单击绿色按钮（上传键）可将录音上传，打开“上传成功”页面，表示已上传完成，如需重新录音可直接单击黄色按钮重新录音，录音将覆盖上一条已上传成功录音，录音上传完成后单击“下一步”按钮继续答题，如图 2-11 所示。

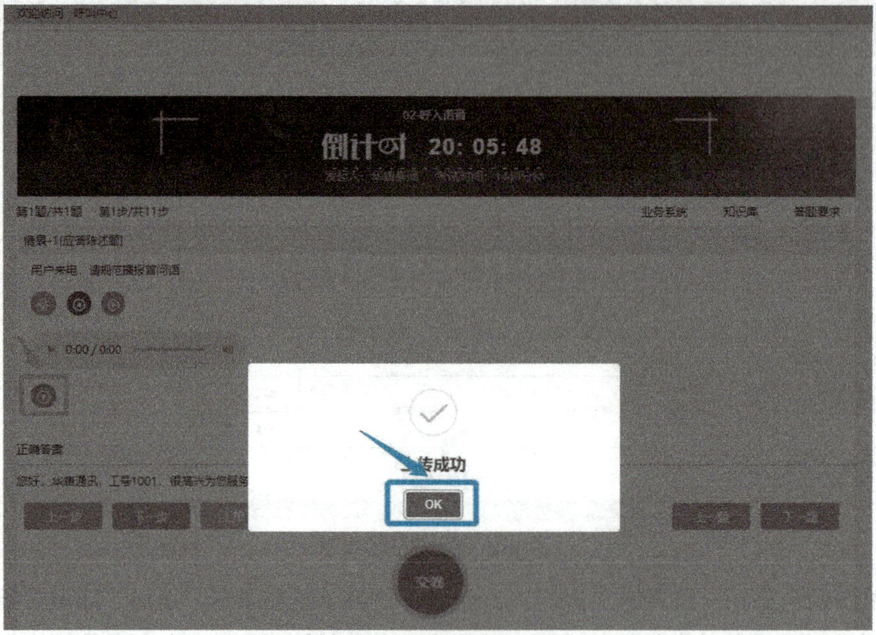

图 2-11　录音完成上传

6）单击播放键可听取客户语音，根据客户语音内容完成语音情景互动，录音及上传如图 2-12 所示，完成后单击“下一步”按钮继续答题。

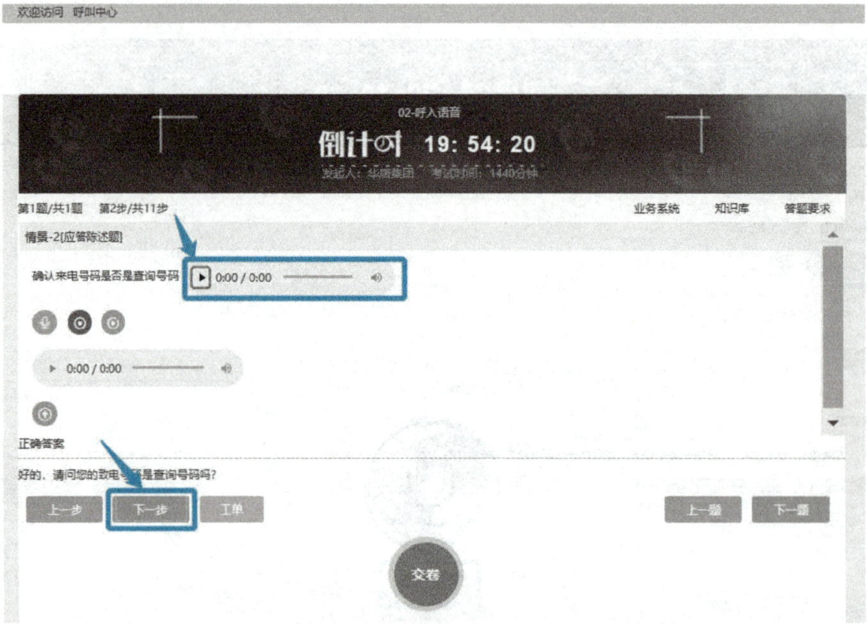

图 2-12　语音情景互动

7）根据呼入语音业务流程，完成答题后需记录客户工单，标“※”的均为需填写项，如图 2-13 所示。工单实时填写过程中需临时关闭工单时，请及时单击“确定”按钮，确保现完成工单内容已保存，避免工单清除，如图 2-14 所示。

来电客户工单记录					
坐席工号	1001	坐席归属	业务受理部	工单编号	2020050102
※进线手机号		客户姓名	刘峰	客户星级	白金用户
※原始资费	基础套餐	增值业务	增值业务	增值业务	增值业务
※变更资费	基础套餐	增值业务	增值业务	增值业务	增值业务
※电话类型（请在对应类型后点选√）	业务咨询（售前）		☐		
	业务受理（售中）		☐		
	业务处理（售后）		☐		
	异议处理（投诉）		☐		
	其他		☐		
※工单备注	（简要概括客户进线需求及处理结果）				
※工单流转（如需办理业务需标注√以表示工单流转）	后台业务办理		☐		

图 2-13　工单信息录入

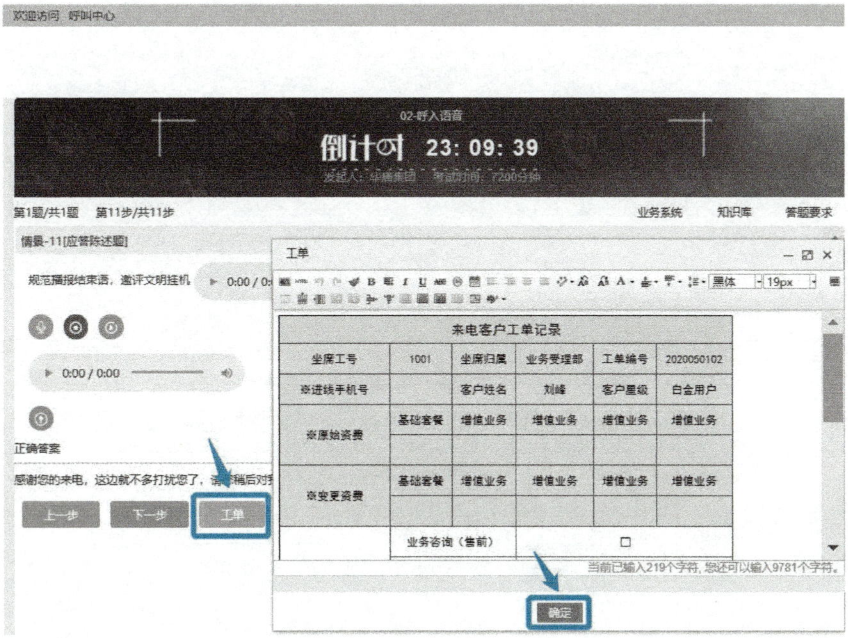

图 2-14　工单信息保存

8）完成答题后可单击“上一步”“下一步”“工单”等功能键，检查已完成答题内容，如没问题，可直接单击“交卷”按钮，显示“交卷成功！稍后窗口将自动关闭”，单击“OK”按钮，即可完成答题，如图2-15所示。

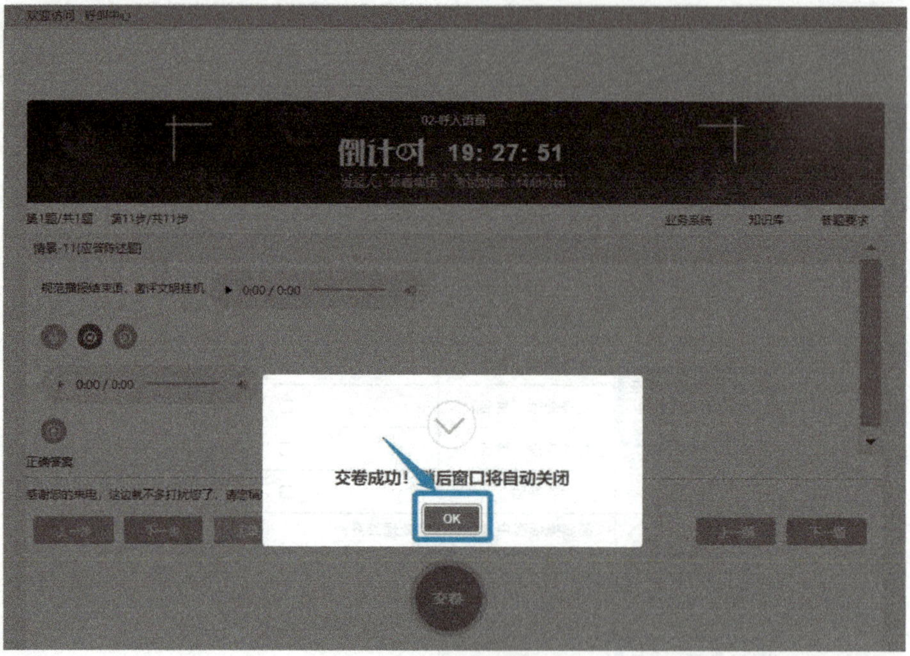

图2-15　完成答题交卷

Project 3

项目 3

呼叫中心呼出业务

项目描述

花花是华唐电力呼叫中心的一名坐席代表，通过前期基础知识的培训，已经走上了坐席代表岗位，接听客户的电话。一年半的实习工作已经结束，实习期间的业务都是呼入业务，现在公司承接了大量呼出项目，项目组重新划分。

呼出业务是一线坐席代表的必备工作任务，通过呼叫系统自动往外拨打用户电话，它是现代客户服务中心系统不可或缺的组成部分。呼出服务可以用于市场分析，例如，可以通过它按照名单自动拨通大量用户电话，进行业务需求、服务满意度的调查或者客户回访等活动。

本项目中，通过实施市场调研业务、电话邀约业务、满意度调查业务以及数据清洗业务 4 个实训任务，让学生掌握各种类型呼出项目的实施技巧和流程以及相关业务的话术及 FAQ（常见问题解答）的编写，能够运用所学沟通技巧及业务知识完成呼出业务。

项目内容

实施市场调研业务

实施电话邀约业务

实施满意度调查业务

实施数据清洗业务

任务 1 实施市场调研业务

任务情景

花花：师傅，最近我们要换项目类型了，我所在的项目组接到一个呼出项目，我感到心理压力有点大。

糖糖：那很好啊，为什么会感到心理压力大呢？

花花：呼入项目都是客户打来，感觉是客户需要我们。而呼出项目是我们主动去联系客户，会面对不同的客户类型，不知能否取得好的业绩。

糖糖：没关系，我们在项目开始之前，先要了解呼出项目的类型，学习呼出项目的流程和主要技巧，做到胸有成竹，呼出项目也没有我们想象的那么大压力。

花花：好的，师傅，那我最近就跟着您学习呼出项目的实施技巧和相关知识吧。

任务分析

近年来，随着企业对市场调研重视度的提高以及越来越多咨询调研公司的成立，电话调研业务在呼叫中心已成为典型的呼出业务，被广泛应用于各个企业的市场调研。电话调研工作通常是针对整个行业市场上的消费者，无论是否是自己企业的客户，都可以成为调研的对象，目的在于了解市场需求，为进一步开拓市场提供依据。

电话调研不仅是按部就班地对现有调研问卷通过电话形式进行调查，作为客户信息服务专业的学生来说，通过本项目的学习，还可以具备更专业的电话调研的素养和能力，熟练掌握电话调研的业务技能，为将来从事呼叫中心电话调研业务打下坚实的基础。

本任务要求坐席代表能够掌握电话调研的流程及电话调研各个流程中的常用话术，能够掌握电话调研的技巧，掌握市场调研的类型及相关理论知识，并能够将电话调研业务应用于各个行业的市场调研。

任务实施

进行电话调研呼出业务，不仅是简单地按照公司所提供的调研问卷或话术进行提问，在电话调研过程中，要取得良好的调研效果，还需要掌握比较全面的电话调研知识以及相关的电话调研技巧。

1. 电话调研的一般流程

电话调研的流程大致可以划分为 6 个阶段，具体如图 3-1 所示。

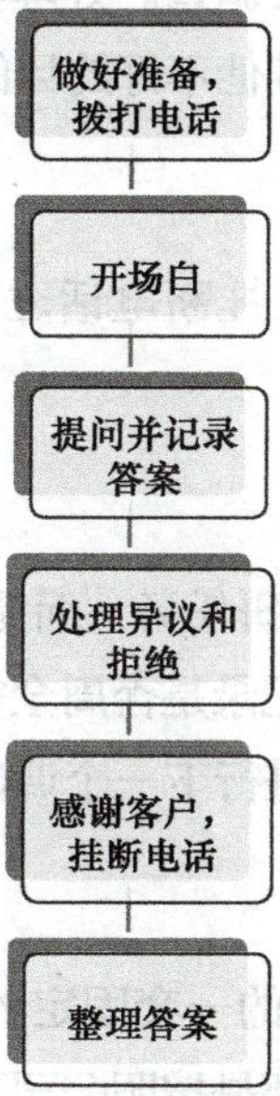

图 3-1　电话调研流程

（1）做好准备，拨打电话

呼出任何电话之前都需要做好充分的准备。首先了解调研项目和调研目的，这样便于整体理解调研问卷的内容，而不是机械地提问。了解调研项目和调研目的之后，对于客户提出的问题也可以自如灵活地应答。

由于会面对不同的客户，而客户的反应也会不同，有可能客户比较忙而不会配合电话调研，因此也需要做好话术准备，调整好心态，如准备好 FAQ、做好心理调整、降低周围的噪声、准备好纸笔等。

（2）开场白

开场白一般包含的信息有：自我介绍、打电话的目的、对占用对方时间表示歉意等。这部分内容最好能够吸引人并强调打电话的目的，否则很可能会使对方误认为是电话销售而主动挂断电话。

（3）提问并记录答案

得到对方的允许之后就要进行提问了。提问要严格按照问卷中的问题进行。而且要控制好提问的时间，一般在 10 分钟左右，超过 10 分钟的话会严重影响问卷调研的完成率。调研过程中不能跳题或者自己增加问题，也不应该根据个人喜好来影响被调研者的回答。在对方回答问题的时候要及时对答案进行记录。

（4）处理异议和拒绝

在提问之前以及提问的过程中都可能遭到客户的异议和拒绝，此时要根据事先准备好的 FAQ 来进行应答，使客户配合完成问卷调查。处理异议的原则是耐心、专业、礼貌、果断。不可让被调研者觉得不专业或者觉得有其他不好的目的。

（5）感谢客户，挂断电话

无论客户是否配合完成了调研，在挂断电话之前都应该向客户表示感谢，礼貌地挂断电话。

（6）整理答案

挂断电话后，不能直接结束本次调研任务，而是要仔细回忆通话过程，检查调研答案的记录是否准确以及一些开放问题的答案记录是否周全等。否则，一段时间之后再整理就很容易混淆记忆。完成这些工作之后，就可以进行下一个调研电话的呼出了。

2. 编写电话调研话术

调研话术是按照调研者的目的设计的一套固定的提问问卷。虽然对于一线的呼出坐席代表来说，在进行呼出调研的过程中一般都是按照公司项目提供的调研问卷来进行的，但是问卷所设计的问题或回答话术毕竟是有限的，而客户有可能在此过程中有不同的反应和问题，所以如果了解了项目调研背景又能根据经验去自己编写调研问卷，掌握编写调研问卷的关键技能，那么面对客户便可应对自如，而且对职业生涯的提升大有裨益。

一般来说编写调研话术主要包括以下几个部分：

（1）编写开场白

开场白需要包含的内容包括自我介绍和调查原因说明，有时候还需要征求对方的意见、寻问对方是否愿意配合调查。有的问卷在开场白中还需要确定对方的身份是否符合调查要求。

1）需要进行身份筛选的开场白。

这类开场白一般是面向一些特定用户，在不太确定调研对象符合调研条件的情况下，需要在开场介绍自己的身份之后用提问的方式来精准筛选客户。如：

“您好！我叫 ××，是 ×× 调研统计研究所的调研员，我有一些问题要询问那些拥有国产汽车的用户，请问您的汽车是国产的还是进口的？”

如果开场提问后客户反馈是进口汽车，则在表示感谢后结束访问。如果是目标客户，则进行调研。

2）不需要进行身份筛选的开场白。

一般不需要筛选的客户类型对应的调研问卷是面向大众消费群体，只要客户没有拒绝，在开场白表明身份和得到客户允许之后就可以进行调研问卷。如：

“您好！我叫××，是××调研统计研究所的调研员，我有一些关于房子装修的问题，想了解一下您的看法。打扰您了！”

在开场白的设计编写中，一般需要先表明自己致电的目的，很客气地说明想占用客户短暂的时间，并在得到客户允许后进行下一步的问卷内容。

【案例】

××县2019年度乡镇群众满意度电话调研问卷

（您好！我是××县社情民意调查中心的访问员，受××县县委、县政府的委托，想了解您对当地党委、政府2019年度工作情况的评价，占用您几分钟的时间，问您几个方面的问题，可以吗？）

（如果被访者有顾虑，请读出：请您放心，您的电话是计算机随机抽取的，您的电话号码等信息我们是不知道的。

如果被访者不愿接受访问，请读出：您的评价对我们了解当地乡镇党委、政府工作情况，进一步改进工作是很重要的，希望您配合一下，可以吗？）

谢谢您的支持与配合！

Q1.您对当地乡镇政府（街道办事处）增加农民收入采取的措施如何评价，您是感到满意、基本满意还是不满意呢？

满意——1　基本满意——2　不满意——3　不了解（访问员不读出）——4

Q2.您对当地卫生院、卫生所医疗水平和服务质量如何评价，您是感到满意、基本满意还是不满意呢？

满意——1　基本满意——2　不满意——3　不了解（访问员不读出）——4

Q3.您对当地中小学教育、幼儿园教育水平如何评价，您是感到满、基本满意还是不满意呢？

满意——1　基本满意——2　不满意——3　不了解（访问员不读出）——4

Q4. 您对当地环境保护采取的措施如何评价，您是感到满意、基本满意还是不满意呢？

满意——1　基本满意——2　不满意——3　不了解（访问员不读出）——4

Q5. 您对当地政府关心低保户、帮助困难群众、扶持弱势群体工作如何评价，您是感到满意、基本满意还是不满意呢？

满意——1　基本满意——2　不满意——3　不了解（访问员不读出）——4

Q6. 您对当地政府丰富群众文化生活工作如何评价，您是感到满意、基本满意还是不满意呢？

满意——1　基本满意——2　不满意——3　不了解（访问员不读出）——4

Q7. 您对当地社会治安状况如何评价，您是感到满意、基本满意还是不满意呢？

满意——1　基本满意——2　不满意——3　不了解（访问员不读出）——4

Q8. 您对当地干部工作作风如何评价，您是感到满意、基本满意还是不满意呢？

满意——1　基本满意——2　不满意——3　不了解（访问员不读出）——4

访问到此结束，谢谢您！祝您生活愉快！再见！

（2）根据调研目的编写问卷

问题是问卷的核心，在进行问卷设计时，必须对问题的提问方法和类别仔细斟酌，否则会使整个问卷产生很大偏差，导致结果没有效用。因此，在设计问卷时应对问题设计的方式有较清楚的了解，并善于根据调查的具体情况和调查目的选择适当的提问方式。

（3）编写结束语

无论被访者在甄别部分是否合格，结束时都要表示感谢。如“非常感谢您的配合，我们的工作已经结束，祝您生活幸福。”“我的访问结束了，感谢您的配合，祝您生活愉快，请您先挂机。”

（4）编写 FAQ

虽然在电话调研进行的过程中，一线呼出人员通常会拿着调研问卷进行电话沟通，但是由于客户类型、客户需求以及客户配合度的不同，客户也经常会提问一些在问卷之外的问题。为了应对这类情况，呼出人员需要预估出客户可能会提出的问题，作为 FAQ 补充在问卷后面，并且收集调研过程中产生的客户的其他问题，一并记录到 FAQ 中。这样对于一线呼出人员来说就具备了应对常见客户问题的能力。

常见的电话调研 FAQ 汇总

①【确认电话号码时】你怎么知道我家电话？

回答：您家的电话是我们的访问系统由 0 ~ 9 这 10 个数字随机抽取的，没有具体的针对性，请您放心。我们拨过很多空号，好不容易才接通这个电话，耽误您一点儿时间，请您帮个忙。

②【开场白】你是哪位？有什么事？

回答：我姓 ×，是 ×× 公司的访问员，我们正在进行一项关于 ×× 的研究，希望您能抽出一点儿时间，接受一个简短的访问。

③【被误会是电话推销】我不需要（不想买东西）。

回答：请您放心，在访问过程中和访问之后，我们都不会向您推销任何商品，我们只是听取您的意见。

④哪个公司委托你们做这次访问？

回答：我们是一家独立的市场咨询公司，我们不受任何公司的委托，是独立来做访问调查的。

⑤你们为什么要做这个访问？我有什么好处？

回答：我们收集消费者的意见和观点进行统计分析，然后反馈给相关企业，帮助他们改善产品和服务。作为消费者的您也会从中受益。

⑥参加这个访问有礼物吗？

回答:【如实告知】老实讲，本次调研是没有礼品赠送的，相信您也不会因为礼物而接受或拒绝我们吧。

⑦没有兴趣（没有时间），你找别人吧？

回答：您的电话是计算机随机选中的，您的意见很有代表性，我们希望能听取您的观点。麻烦您帮帮忙，抽出一点时间好吗？

⑧你们不会泄露我的私人信息吧？

回答：请您放心，我们会对您的个人资料绝对保密。我们会将您的回答与其他人的一起汇总分析，编写报告时，不包含任何识别个人身份的信息。

⑨对不起我现在在开会。

回答：那我几点再打给您合适呢？【如果被访者以此推诿不提供时间】那我明天这个时间打过来再试下可以吗？ 我在……（约定的时间）再联系您，请问您怎样称呼？

⑩我现在没空 / 不方便。

回答：我们的问题很简单，都是有关日常生活的，不会耽误您太久。

⑪太长了，我不想做了。

回答：剩下的问题不多了，我会尽快询问，能找到您这样的被访者很不容易，非常感谢您！

回答：如果现在中断访问，那我之前的工作就白费了，（现在问题也不多了【如果问题确实不多，可以强调这一点】）希望您可以帮我这个忙。

3. 实施电话调研

在做好电话调研的充分准备之后，就可以进行电话调研和呼出了。在呼出电话之前，调整好心态，可以将调研问卷演练几遍，并能够熟悉有可能遇到的常见客户提问的答案，做到胸有成竹。

通过自我介绍说明来意之后，需要得到客户的允许再开始提问，否则会显得很没有礼貌，客户挂断的概率也会提高。

在提问过程中，如果遇到客户出现不耐烦的情绪，尽可能安抚。高级的坐席代表在这个时候要学会用自己的沟通技巧去安抚客户情绪，而不是机械地要求客户配合后面的问卷调研。

最后在问卷结束后，给予客户非常诚挚的感谢。

问卷设计小技巧

设计问卷时的 10 个“不应该”

①问题不应该假设不明显存在的标准。

②问卷不应该超越应答者的能力和经历。

③问题不应该用特例来代替普遍状况。

④应答者只记得大致的情况，不应该询问过小的细节。

⑤问题不应该要求应答者通过判断来猜测。

⑥不应该过多询问无关的问题。

⑦问题中不应该使用夸张的词语。

⑧问题中不应该使用有分歧的词语。

⑨不应该将两个问题并为一个。

⑩不应该引导应答者回答某一特定答案。

必备知识

1. 市场调研类型介绍

（1）消费需求调研

对竞争对手的用户和自己的用户进行研究，摸清消费者的消费变动趋势，挖掘潜在需求，以采取更好的服务策略，并为产品和服务的创新奠定基础。

（2）竞争动态调研

对竞争对手的产品和服务进行研究，摸清竞争者的一些营销战略、战术以及营销政策、产品优劣势等。

（3）市场环境调研

一般必须对目标市场进行诸如国家政策、地方政策，特别是物价、城管、工商、行业监管部门、传播媒体、社区管理等市场环境进行充分调研。

（4）渠道通路调研

一般主要对目标市场的经销商网络、零售商网络等渠道通路进行充分调研；以确定自身产品的通路方向、渠道政策。

（5）市场轻重调研

主要对目标市场进行市场细分调研，以确定目标市场的轻重缓急。对消费者根据其习惯、所处区域和生活形态等方面进行细分是企业深层服务和延长产品生命周期的有效策略。

2. 了解电话调研问卷的格式

一份完整的调查问卷通常包括标题、问卷说明、被调查者的基本情况、调查内容、编码、调查者情况等内容。

（1）问卷的标题

问卷的标题就是为了让人一眼看清问卷的主题是什么，而且还能使被调查者对所要回答什么方面的问题有一个大致的了解。

（2）问卷说明

问卷说明是在正式进行问卷调研之前对被调研者做的关于本次调研的宗旨、目的、意义等的一个简要说明。

（3）被调查者的基本情况

指被调查者的一些主要特征，如在消费者调查中，消费者的性别、年龄、婚姻状况、文化程度、所在地区、收入、民族、家庭人口、职业、单位等。又如，对企业调查中的企业名称、所有制性质、地址、职工人数、主管部门、商品销售额（或产品销售量）等情况。根据问卷需要，此部分有时放在问卷的最后进行提问，因为很多时候被调查者比较排斥被询问自己的基本情况，容易产生抵触心理而不愿意配合。

（4）调查的主题内容

调查的主题内容是调查问卷中最重要的部分，这部分内容设计的优劣将直接影响整个调查的价值。

（5）编码

对调查的内容进行编码，这主要是为了最后的统计分析。编码的过程其实就是将问卷中的调查项目变成数字的过程，目前大多数市场调查问卷均需加以编码，以便于整理及进行计算机处理和统计分析。通常是在每一个调查项目的最左边按顺序编号，如①您的姓名；②您的职业；……。

3. 调研问卷的问题设计

调研内容（即问题）是问卷的核心，在进行问卷设计时，必须对问题的提问方法和类别考虑仔细，否则会使整个问卷产生很大的偏差，导致结果没有效用。因此，在设计问卷时应对问题设计的方式有较清楚的了解，并善于根据调查具体情况和调查目的选择适当的询问方式。

（1）问题的主要类型及询问方式

1）开放性问题和封闭性问题。

所谓开放性问题是指所提出的问题并不列出所有可能的答案，而是由被调查者自由作答的问题。开放性问题一般提问比较简单，回答比较真实，大多出自被调查者的真实感想和观点，但结果难以做定量分析，在对其做定量分析时，通常是将回答进行分类，例如，对某项政策持支持或反对的态度，在反对态度中对反对的理由再进行分类。

所谓封闭性问题是指已事先将各种可能的答案设计好，被调查者只能从中选定一个或几个现成答案的提问方式。封闭性问题由于其答案标准化，不仅回答方便，而且易于进行各种统计处理和分析。但缺点是回答者只能在规定的范围内被迫回答，有时候由于选项的局限性，无法反映其他各种有目的的、真实的想法。

2）直接性问题、间接性问题和假设性问题。

直接性问题是指在问卷中通过直接提问得到答案的问题。直接性问题通常给回答者一个明确的范围，所问的是个人基本情况或意见，比如，“您最喜欢的洗发水是什么牌子的？”“您的年龄”“您的职业”等，这些都可获得明确的答案。这种提问对统计分析比较方便，但遇到一些窘迫性问题时，采用这种提问方式可能无法得到所需要的答案。

间接性问题是指那些不宜直接回答而采用间接的提问方式得到所需答案的问题。通常是指那些被调查者因对所需回答的问题产生顾虑，不敢或不愿真实地表达意见的问题。例如，“您认为妇女的权力是否应该得到保障？”大多数人都会回答“是”或“不是”。而实际上许多人对妇女权力有着不同的看法。如果改问：

“A：有人认为妇女权力应该得到保障的问题需要得到重视。”

“B：另一部分人认为妇女权力问题并不一定需要特别提出。”

您认为哪些看法更为正确？

对 A 种看法的意见：

①完全同意；②有保留的同意；③不同意。

对 B 种看法的意见：

①完全同意；②有保留的同意；③不同意。

采用这种提问方式会比直接提问收集到更多信息。

假设性问题是先假设某一情景或现象存在，然后询问被调查者对这种情景或者现象的看法或者意见。例如，“有人认为目前的饮食安全问题已经到了一个非常严重的程度，您的看法如何？”“如果在购买住宅和汽车中您只能选择一种，您可能会选择何种？”这些语句都属于假设性提问。

3）事实性问题、行为性问题、动机性问题、态度性问题。

事实性问题是要求被调查者回答一些有关事实性的问题，其主要目的是为了获得有关事实性资料。例如，“您通常什么时候看电视？”

行为性问题是对回答者的行为特征进行调查。例如，“您是否做过 ×× 事？”“您是否拥有 ×× 物？”

动机性问题是为了解被调查者行为的原因或动机问题。例如，“您为什么做 ×× 事？”“您为什么购买 ×× 物？”等。

态度性问题是关于对回答者的态度、评价、意见等问题。例如，“您是否喜欢 ×× 牌子的自行车？”

以上是从不同的角度对各种问题所做的分类。应该注意的是，在实际调查中几种类型的问题往往是结合使用的。问卷设计者可以根据具体情况选择不同的提问方式。

（2）问句的答案设计

在电话调研中，无论是何种类型的问题都需要事先对问句的答案进行设计。在设计答案时，可以根据不同的情况采用不同的设计形式。

1）二项选择法：是指提出的问题仅有两种答案可以选择，一般是“有”或“无”、“是”或“否”、“好”或“坏”等。这两种答案是排斥的、对立的，被调查者的回答非此即彼，不能有更多的选择。例如，您是否喜欢海飞丝的广告？

①喜欢；　　　　②不喜欢。

这种方法的优点是易于理解和可迅速得到明确的答案，便于统计处理，分析也比较容易。但对于回答者选择这种选项的原因还不能进行深入了解。

2）选择法：是指所提出的问题事先预备好两个以上的答案，回答者可任选其中的一项或几项。

例如，您至今没有上网的主要原因是（可选多项）：

①家里没有计算机；　　　　②工作太忙，没时间上网；

③担心孩子受不好的影响；　　　　④对上网不感兴趣；

⑤计算机不够好，速度跟不上；　　　　⑥上网费用太贵；

⑦家里没安装宽带；　　　　⑧不知道怎么用；

⑨其他（请说明）________________。

由于所设答案不一定能表达出填表人的所有看法，所以在问题的最后通常可设“其他”项目，以便被调查者表达自己的看法。

这个方法的优点是答案有一定的范围，也比较便于统计处理。但采用这种方法时，设计者要考虑以下两种情况：

第一，要注意答案的排列顺序。如果把那些最有可能被选择的选项放在前面可能会导致很多回答者根本不考虑后面的选项就选择前面的。此外，如果答案较多则往往容易使回答者无从选择而产生厌烦。一般这种多项选择答案应控制在 8 个以内。

第二，要考虑到全部可能出现的结果及答案可能出现的重复和遗漏。

3）顺位法（排序题）：是列出若干项目，由回答者按照自己的意愿决定先后顺序，具体排列顺序则由回答者根据自己所喜欢事物和认识事物的程度等进行排序。

例如，您选购空调考虑的主要因素是（请将所给答案按重要顺序 1，2，3……填写在□中）：

价格便宜□　维修方便□　外形美观□　牌子有名□　噪声低□　经久耐用□

制冷效果□　其他□

顺位法调查项目不宜过多，特别是在电话调研中，回答者无法亲眼看到题目，只能由调研者来读题和选项，选项太多的话回答者往往只能记住最后的两三个，这样就很难再做出排序了。这种方法适用于对答案有先后顺序要求的问题。

4）填空式：填空式也是很常见的答案设置方法。例如：

您的职业________________。

您的文化程度______________。

您的出生年月______________。

这种题型一般适用于填写被调查者的一般信息。

5）比较法：采用对比提问方式，要求被调查者做出肯定回答的方法。

例如，请比较下列不同品牌的可乐，哪种更好喝？（在各项您认为好喝的牌子的方格□中画√）

黄山□　天府□　奥林□　百事□

比较法适用于对质量和效用等问题做出评价。应用比较法要考虑被调查者对所要回答问题中的商品品牌等项目是否相当熟悉，否则将会导致出现空项。

6）列举式：一般也称回忆式，是让回答者自己通过回忆列举出答案。

例如，请列举您所知道的出版社的名称________、________、________。

7）矩阵式：这种形式的题型一般适用于想同时了解回答者对多种同级项目的评价。例如，您对 ×× 品牌的洗衣机的评价（请在相应选项打√）：

项目	非常满意	比较满意	一般	不满意	很不满意
功能					
价格					

8）开放问答题：是指回答者可以自由发表意见，并无已经拟定好的答案。

例如，“您觉得易拉罐包装的啤酒有哪些优、缺点？”“您认为应该如何改进小学教育？”……这种方法适用于那些不能预期答案或不能限定答案范围的问题。

任务拓展

1. 实训任务：调研问卷及 FAQ 设计。

2. 任务形式：两人一组，每个人独立完成后进行互评。

3. 任务时限：45 分钟。

4. 任务要求：

1）根据提供的项目背景描述，设计一份关于大学生隐形眼镜使用情况的调研问卷。

2）根据已经给出的大学生服装消费情况调研问卷，写出调研问卷的 FAQ。

3）小组两人进行模拟扮演，然后谈一谈感受和心得。

背景资料

最近，华唐呼叫中心承接了两个电话调研项目，一个是关于隐形眼镜在大学生中的市场前景的电话调研，另一个是关于大学生服装消费的电话调研。为了尽快熟悉电话调研业务、提高呼叫中心团队的业务技能，你作为华唐呼叫中心的项目主管，同时负责这两个项目的开展。

你决定将这两个电话调研项目同时进行，并分派给呼叫中心的两个小组开展业务。小组 1 进行隐形眼镜的问卷调研项目，小组 2 进行大学生服装调研项目，下面是这两个项目的背景材料。

（一）隐形眼镜问卷调研项目背景

调研目的：隐形眼镜使用最为广泛的 5 大品牌与价位，了解价位并用于精准销售。

调研群体：隐形眼镜用户。

调研数据：北京 50 所眼镜店的隐形眼镜购买者数据。

根据以上背景写出一个调研问卷，并进行模拟练习。

（二）大学生服装消费调研问卷 FAQ 编写

关于大学生服装消费的调查问卷

您好！我们是 ×× 公司的市场调查员，我们正在进行一项有关于大学生服装消费的市场调查，现在耽误您几分钟的时间配合我们做一份问卷，您的答案将对我们很有帮助。非常感谢您的配合！

1. 您在最近是否购买过服装？

A. 是　　B. 否

2. 您觉得比较能接受的服装价位是（　　）。

A. 100 元以内　　B. 100 ~ 200 元以内

C. 200 ~ 300 元以内　　D. 300 元以上

3. 在购买服装时，您是否会受产品品牌的影响？

A. 完全没有影响　　B. 有一定影响

C. 有较大影响　　　　　　　　D. 完全由品牌影响

4. 您购买服装的主要原因是（　　）。

A. 赠送礼品　　B. 追求潮流　　C. 一时冲动

D. 生活要求　　E. 其他________

5. 请问您一般选择在什么时候购买服装?

A. 新品上市　　B. 促销打折　　C. 换季打折

D. 节假日　　E. 随意（无所谓）

6. 在选择品牌服装时，你最重视哪些因素?（多选）

A. 品质　　B. 价格　　C. 服务　　D. 款式

E. 体现个性　　F. 品牌形象　　G. 流行性　　H. 其他________

7. 您购买服装的频率是（　　）。

A. 不固定　　B. 一个月购买一次　　C. 一个季度购买一次

D. 一年购买一次　　E. 其他________

8. 您购买前的信息来源主要是?（多选）

A. 亲友介绍　　B. 媒介广告宣传　　C. 网络资料　　D. 销售人员的介绍

E. 个人经验　　F. 逛街偶尔发现　　G. 其他________

9. 在选择品牌服饰时，你最重视哪些因素?（多选）

A. 款式　　B. 价格　　C. 流行性　　D. 舒适程度

10. 您最喜欢哪种风格的服饰设计?

A. 凸现个性　　B. 清新自然　　C. 传统雅致

D. 时尚动感　　E. 其他________

11. 您最经常购买的服装品牌是（　　）。

A. 阿迪达斯　　B. 真维斯　　C. 耐克　　D. 李宁

E. 森马　　F. 无固定品牌

12. 哪些促销推广方式吸引您?（多选）

A. 折扣促销　　B. 赠品促销　　C. 特价促销　　D. 累计消费返现

E. 有奖销售　　F. 贵宾卡促销　　G. 其他________

13. 请问您认为选择以下哪种人士作为服饰的品牌代言人比较合适？

A. 影视明星　B. 歌星　C. 模特　D. 成功人士

E. 体育明星　F. 其他________

14. 您认为最易令您留下深刻印象的广告是什么？（多选）

A. 电视广告　B. 户外广告　C. 车身广告　D. 报纸、杂志广告

E. 广播　F. 服装展览会　G. 互联网广告　H. 店铺广告

I. 其他________

15. 请问您通常在以下哪个场所购买服饰？

A. 品牌专卖店　B. 普通服装店铺　C. 百货商场

D. 服装批发市场　E. 网店　F. 其他________

16. 请问您选择该购买地点的主要原因是什么？（多选）

A. 周边环境　B. 购物方便　C. 从众心理　D. 店铺装潢

E. 服务水平　F. 个人习惯或喜好　G. 其他________

17. 请问您每个月的生活费是（　　）。

A. 400 ~ 500 元以内　B. 500 ~ 600 元以内

C. 600 ~ 800 元以内　D. 800 ~ 1000 元以内

E. 1000 元及以上

18. 您平均每月用于购买服饰的金额大概是（　　）。

A. 100 元以内　B. 100 ~ 200 元以内

C. 200 ~ 300 元以内　D. 300 元及以上

19. 您的性别是（　　）。

A. 男　B. 女

再次感谢您的配合！再见！

就以上电话调研问卷，小组合作写出尽可能多的 FAQ。每组将本组的 FAQ 进行展示，看看哪一组写得多、回答得好。请教师予以点评。

任务2 实施电话邀约业务

任务情景

花花：师傅，我们呼叫中心最近接到一个电话邀约项目，这类项目的要点您能否给我介绍一下呢？

糖糖：电话邀约也是呼出项目的一种重要业务类型，主要适用于大型的会议邀请、大型的人力资源招聘面试邀约。一般来说有两个特点：一是邀请参与对象的人数规模较大，一般的企业人员无法在短时间内完成大规模的电话邀请；二是电话邀请的内容比较简单，一般的邀请不会直接产生销售和订单，而是通过电话邀请客户参与活动来为销售活动做准备或者促进销售。

花花：那是不是对我们一线坐席代表来说，电话邀约项目相对比较简单呢？

糖糖：也不能这么说，如果要达到比较高的邀请成功率，还是要具备一定的技巧，我们的工作毕竟是与人在沟通。如果只是按照话术去读完全可以用语音机器人来代替，而我们作为坐席代表，可以理解话术的意图，这样客户产生异议的时候就可以与他灵活沟通从而达到成功邀约的目的。

花花：嗯，那我理解了。

任务分析

电话邀约业务是呼叫中心典型的一种呼出业务，一般来说是为了公司的市场活动、销售活动而产生的邀请客户参与公司大型活动的项目。电话邀约主要的应用领域是电话销售，根据邀约对象的不同，电话邀约在电话销售行业的主要应用可以分为两种：一种是营销电话邀约，在会议营销之前通过电话进行邀约，邀请客户参加公司会议，这一类邀约通常被称为“会议邀约”，这类电话邀约业务也是最为常见的一类电话邀约业务。除此之外，还有一些电话邀约项目，邀请客户参与产品试用、产品体验、免费试听课程等。无论是邀请客户参与会议还是参与其他活动，都是为了公司的销售市场活动而展开的，因此电话邀约项目有时也被归并为电话销售业务的一个分类。

本任务要求坐席代表能够掌握电话邀约的主要应用分类，并针对特定类型的邀约业务进行具体的电话邀约，要求坐席代表能编写邀约话术并能够依据实施过程中存在的问题进行话术优化，学习邀约业务实施过程中所需的相关理论知识。

任务实施

目前电话邀约应用到的最主要的领域之一是会议营销。会议营销是指寻找特定客户，通过产品说明会和亲情服务的方式来销售产品。会议营销的实质是对目标客户的锁定和开发，以专家顾问的身份对意向客户进行关怀和隐藏式销售。一般在会议之前需要收集消费者名单，将适合自己产品功效的消费者名单通过不同渠道收集到手，要求名单真实、实用；收集完名单后，确定时间、地点来进行会议营销中间部分的准备工作，如现场布置、控制与实施，之后，将名单根据不同的状况进行分类处理，然后通知消费者到会议现场，这种通知工作就是电话邀约。例如，电话邀约客户参加展会、大型会议、课程免费试听，有的电话邀约项目也会邀请客户参加一些线上的活动等。

需要了解的是，无论何种电话邀约内容，都是围绕一个企业的市场和产品来展开的，所以在电话邀约项目中，最重要的就是要了解邀约活动的内容、目的以及和邀约活动相关的产品等关键信息，编写好会议邀约话术，通过电话形式成功邀请到客户，为后续销售活动做好铺垫。

1. 电话邀约的目的

很多坐席代表都是拿着一份电话邀约话术机械地和客户沟通，并没有对项目背景进行了解。机械沟通最大的问题就是成功率会非常低，经常会遭到客户的拒绝。客户提出来的问题也无法很好地解答，只有对邀约的目的、活动内容、产品的相关信息了解得越多，才会有更多机会去获得客户的认同和同意，才会提高成功率。

当然，电话邀约最重要的目的是邀请客户参加活动、会议和见面，因此如果客户对活动感兴趣并已经成功邀约了，就不要再谈话术以外的问题。坐席代表也要掌握好自己的职责范围，虽然了解了一些产品信息和活动信息，但是作为一线坐席代表毕竟了解有限，也要注意拿捏好度，对于自己无法回答的问题，不要贸然回答而引起客户的误解。对于不太了解的问题，可以承诺客户在之后会由更专业的人员回复或者邀请客户参加会议，会议上会有更专业的解答。电话邀约的目的如图 3-2 所示。

图 3-2　电话邀约的目的

2. 电话邀约的实施

会议营销经常采用的方式是电话邀约客户来参加会议，通过电话寻找并邀请特定客户，以产品说明会和亲情服务的方式销售产品。其实质是锁定和开发目标客户，并以专家顾问的方式对其进行关怀和产品销售。

（1）会议营销的步骤

在会议之前，通过不同渠道收集适合企业产品功效的消费者名单；确定会议营销的时间、地点及中间的准备工作，如会议现场布置、控制与实施；将消费者名单信息进行分类处理，并通知其到会议现场，这种通知工作就是营销电话邀约。电话邀约与电话销售一样是带有销售性质的，所以电话邀约不仅是通知客户参加会议的时间和地点，而且要尽可能提高邀请成功率，并在会议开始前进行追踪并提醒客户参会时间，确保客户能够准时到场。电话邀约的一般程序如图 3-3 所示。

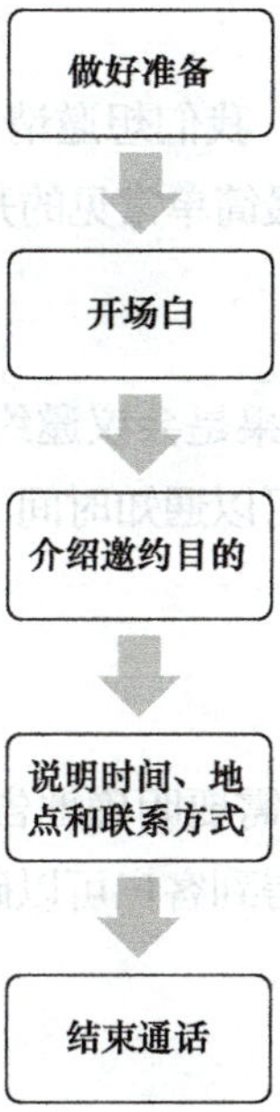

图 3-3　电话邀约的一般程序

1）做好致电前的准备。

① 使用合适的称谓。

读错别人的姓名或是使用不当的称谓是一件很不礼貌的事情。我国的姓氏、名字多样，而且读音多变，稍不注意就会读错。作为电话邀约人员，使用错误的称谓称呼对方是很不应该的。所以在遇到陌生的姓氏或字词不能正确读出时，应准备一本新华字典，查出正确的读音。

② 做好回答客户疑问的准备。

电话邀约也是双向沟通的过程，虽然一线坐席代表在进行电话邀约的过程中都有固定的邀约话术，但是很难避免客户会打断并问到邀约话术之外的一些问题，所以要熟悉常见问题，而不能等到客户问出才去翻找标准答案。

③ 熟悉公司周边及当地交通。

作为会议邀约项目的一线坐席代表，必须对会议的地理位置以及到达会场的交通方式记得非常清楚，在电话邀约的过程中对有意向或者没有拒绝的客户需清楚地告知其参会的地点。

④ 选择合适的时间拨打电话。

拨打电话的时间最好是在上午 10 点～ 11 点，下午 2 点～ 5 点。尽量不要占用对方的私人时间，如用餐、午休、周六日等。工作时间的电话邀约成功率会较高。

2）做好开场白。

一般常用的开场白为：

“您好！我是某某公司的客服专员，我们想邀请您参加 × 月 × 日的 ×× 会议展览，本次会议主要是 ×××× 展览会。”这是最简单常见的开场白方式。

3）简单介绍邀约目的和内容。

开场白之后就是介绍邀约目的，如果是会议邀约，就会议内容、意义以及吸引客户的亮点做一个介绍。如果客户没有疑问，则可以通知时间、地点，如果客户还有其他问题，则要及时回答客户的问题。

4）通知时间、地点并予以确认。

客户在没有拒绝电话邀约之后，就需要明确地告诉客户参加会议的时间和地点，并且要确定客户的时间是否方便，引导客户、得到客户可以确认参会的承诺。这样就算是一个比较成功的电话邀约。

5）结束通话。

一般在挂断电话之前要有一些感谢客户的礼貌用语，如“感谢您，祝您生活工作愉快”，之后就可以让客户先挂断电话。

【案例】

会议邀约案例

甲：您好，我是老年健康工程的张新。请问王华阿姨在家吗？

乙：我就是，请问找我有什么事？

甲：王阿姨，您好，前两天我们到您家的小区做过健康检查，您还记得吗？

乙：就是那个检查手穴的吧？

甲：对，您的记性真好！我认真看过您的检测情况，是不是您的血压比较高？（根据检测表所填的内容提问，一定要问到点子上。）

乙：对呀！一直都这样。

甲：那您平时有头痛、头晕这些症状吗？

乙：我经常头痛、头晕，有时睡眠也不太好。

甲：那您现在都在吃什么药呢？

乙：平时吃卡托普利和曲克芦丁。

甲：看来您对健康还是很重视的。这样，正好我们明天有一场“老年人健康体验交流会”，特别邀请了北京的心脑血管病专家来为老年朋友进行健康知识讲座，现场还有幸运抽奖、免费健康检测、咨询活动，如果您有兴趣参加的话，我帮您先预定一个位置？

乙：这么好哇，进场不要钱吧？

甲：怎么会呢，王阿姨，我们可没有那么抠门儿啊。您直接过去就行了，我帮您预订前排的座位，您看怎么样啊？

乙：好的好的。

3. 电话邀约的话术编写

在营销电话邀约中，话术要围绕以下的 5 个问题来设计：

1）我是谁？

2）我要跟客户谈什么？

3）客户有什么好处？

4）拿什么来证明我谈的是真实的、正确的？

5）客户为什么现在一定要来？

针对不同的客户类型，编辑相应的话术并不断进行优化。

以房地产行业的客户类型分类，大致可以分为 3 类：全依赖型、半依赖型及独立自主型。不同客户类型的不同话术及话术要点见表 3-1。

表 3-1　不同客户类型的不同话术及话术要点

客户类型	客户表现形式	话术关键要点	经典话术	目标客户人群
全依赖型	攀比心理强、个性化需求、目标不坚定	摆明立场、直接步入主题	我给您预定了座位以及停车位，请您到时候准时参加	年轻人婚房较多、第一次装修
半依赖型	问题多、犹豫不决	专业知识过硬、果断要求	我想针对您家的装修您是完全有必要听我们这堂讲课的	老师、律师较多，父母给子女买房，大多是第一次买房
独立自主型	傲慢、沉默不语、不挂电话	软磨硬泡、凸显品牌优势、让其多说话寻找需求点	您看，我跟您聊了这么久，您好歹也给我个面子吧，公司给我们的压力也很大啊，就当是您帮我一个忙吧	政府官员及私人企业老板、多次装修

必备知识

1. 会议邀约的技巧

1）在传递会议价值时尽量模糊化，记住要留一点儿悬念给客户，让客户有亲临会场来了解会议内容的兴趣。

2）电话邀约后可以使用手机短信跟催（例如，发送用餐时间，以问候、关心为主，提醒回执为辅），这样可以避免客户频繁接听电话而产生厌烦感。

3）多问问题，尽量让客户说话。在面对面接触时，可以从客户的表情动作看出客户是否在专心倾听，但在电话交谈中，由于没有判断的依据，无法推测对方的内心想法。因此，要多问问题，尽量让客户发表意见，才能知道客户的真实想法。

4）自愿原则。明确告诉客户参加会议是自愿，不要让客户感受到浓烈的、推销的感觉，避免客户产生排斥情绪而拒绝参会。

2. 增强电话邀约流程的管理

电话邀约的流程见表 3-2。

表 3–2　电话邀约的流程

阶段	步骤	内容	细节要点
准备	1	信息、资源的搜集整理	了解小区背景、户型结构、设计基础知识、方案报价、样板房、均价等，对客户需求、竞争对手优劣势进行分析
	2	讨论客户需求	准确了解客户的背景、爱好、文化兴趣
	3	客户关怀	品牌宣传、祝福、笑话、天气预报、温馨提示等
	4	编辑与优化话术	注意提问和反问设计
	5	邀约人员培训	培训师根据业务需求实施培训
	6	制定邀约目标及奖罚	制定相应的目标管理制度
实战	7	电话邀约实战	充分运用电话邀约技巧
总结反馈	8	客户信息资源管理分类	电话结束后的明细登记：意向客户、准客户、潜在客户分别的明细分析
	9	总结反馈	1）收集到的信息、电话邀约要在 2 日内完毕，把电话结果记录备案，并制定下一次电话的沟通主题 2）当电话邀约结束以后，需及时发送信息祝福感谢（对于重点客户，必须用自己的手机编写祝福短信并注明自己的姓名），对于重要客户要立即反馈部门主管 3）每天下班后，要把当天电话邀约的结果及重要客户名单汇报部门主管 4）对潜在有效的信息要制定相对合适的回访电话，持续电话跟踪；对于已无意向达成合作的客户，也要定期发送短信，不排除以后有机会成功

3. 电话邀约的服务指标

电话邀约的服务指标见表 3-3。

表 3-3　电话邀约的服务指标

序号	指标名称	指标定义
1	电话沟通成功率	（电话邀约成功次数 / 总沟通电话数）x100%
2	电话约见成功率	（成功约见的电话数 / 总拨打电话数）x100%
3	客户电话沟通量	与客户进行电话沟通的数量
4	客户沟通及时性	一定周期内未及时同客户沟通的次数
5	短信通知及时性	一定周期内未及时短信通知的次数
6	客户到场率	（成功到场客户人数 / 总计划邀约客户人数）x100%
7	服务水平	回答时间少于 n 秒的电话数 / 所呼出的电话总数

【案例】

讲座电话邀约

第一次电话：

电话邀约人员：您好，请问是王佳的家长吗？我是精诚教育咨询师张璐，是这样的，我们本周六下午两点在市体育中心有一场非常规学习的公益讲座，我们请来了资深教育专家 ×××，针对“如何提高孩子学习效率，家长如何与孩子正确沟通”等方面做全面地分析和讲解，我第一时间把这个消息告诉您，您看是自己来还是带着孩子一起来呢？我这边给您安排座位。

家长：我很忙，没有空。

电话邀约人员：是的家长，像您这样的人肯定每天里里外外有很多事情需要去做的，但是孩子是头等大事，我们每天辛辛苦苦地工作更多的不就是为了孩子吗？您说呢？这次机会也是非常难得的，这次有幸邀请 ×× 教授来到我们精诚教育，专门针对“提高孩子学习效率及学生与家长沟通”开展讲座和研究，机会非常难得。您看这样行吗，我稍后把这次讲座的地址和时间发到您的手机上，我这边先把位置给您预留着，到时看您的时间安排好吗？

第二次打电话（讲座开始的前一天）：

电话邀约人员：您好！王佳的家长，我是精诚教育的咨询师张璐，前两天我们通过电话，我这边把位置给您预留好了，请问您是和孩子一起过来吗？

情况一：

家长：好，我去。

电话邀约人员：好的，我这边给您预留两个位置够吗？

家长：可以。

电话邀约人员：好的，祝您工作顺利，生活愉快，再见。

情况二：

家长：我有事，可能去不了。

电话邀约人员：没关系的，将来我们再有这样的讲座我会第一时间把消息告诉您。祝您工作顺利，生活愉快，再见（为下次邀请留下伏笔）。

第三次打电话（讲座开始前 2 个小时）：

电话邀约人员：您好，我是精诚教育的张璐，我们的讲座将在 2 小时后于市体育中心准时开始，提醒您一下，请准时到场。

家长：好，正准备出发（或者在路上）。

电话邀约人员：好的，一会见。

通过以上案例，可以看出成功的电话邀约往往不是一通电话就可以的，客户产生疑问或拒绝，更需要坐席代表去耐心解答，把关键重要的信息及时传递给客户，为客户建立信心。之后还需要多次跟进，保证成功邀约。

任务拓展

1. 实训任务：电话邀约面试。

2. 任务形式：两人 1 组，分别熟悉背景资料后进行角色模拟扮演进行电话邀约。

3. 任务时限：30 分钟。

4. 任务要求：

1）根据提供的项目背景资料，小组成员每人设计一份关于本次电话邀约的话术和 FAQ。

2）根据设计好的邀约话术和 FAQ 进行模拟演练，轮流进行角色扮演，一人扮演坐席代表，一人扮演客户。

3）扮演完成之后，根据扮演过程小组成员进行自我评估，看看自己设计的话术和 FAQ 还有哪里需要完善和改进。

背景资料

COCAR 车主俱乐部电话邀约面试

坐席代表资料：

你叫刘华，是 COCAR 车主俱乐部呼叫中心的一名电话邀约人员，COCAR 车主俱乐部是一家专业为用户提供汽车共享的平台，你主要的业务工作是邀请那些有租车意向的车主加入 COCAR 车主俱乐部，并对车主进行电话邀约面试。

你邀约的对象是有租车意向的车主，该车主必须具备以下条件：

1）大专以上学历，20 ~ 40 岁；

2）具有良好的思想品行和职业道德素养，遵纪守法，无任何违法犯罪记录；

3）爱车的市场价值在 30 万元以下；

4）爱车到现在为止大约跑了 10 年以下；

5）对于具备特殊背景的汽车行业的专业人才，可适当放宽要求。

用工方式：

1）被租用车辆的车主隶属于人才派遣公司，由人才派遣公司办理其相关录用和“四金”缴纳手续。

2）薪资待遇：底薪 1000 元 + 业务提成。

电话邀约要求：

✧ 在邀约前需要和同伴编写电话邀约面试的话术和 FAQ；

✧ 根据问卷和话术对被邀约者进行电话邀约；

✧ 在调查过程中对于被邀约者提出的种种问题需要及时地回答和解决；

✧ 公司为你提供的应聘者面试地址：天津市南开区南开二马路 47 号；电话：022-58××××13；附近公交：百货大楼（新华路口）、南开五马路、蓉芳里等公交站点。

✧ 面试时间：2020 年 2 月 10 日（周一）上午 10：30。

被邀约者资料：

✧ 你叫张亮，车辆工程专业大专毕业，之前曾在天津大众 4S 店从事汽车售后服务工作近一年。

✧ 自己拥有一辆上海通用的君威 2.0T 旗舰运动版汽车（市场价在 18 ~ 27 万元），由于上班并不是很远，你一般都是坐地铁，所以很少开车，又因为最近一直在外地出差，自己家里的小轿车一直没有很好地利用。

✧ 你一周之前在赶集网上看到 COCAR 车主俱乐部呼叫中心正在招募有租车意向的车主，而且会免费获赠一台 GPS 和 200 元租车代金券。你觉得自己的爱车很合适，就投递了自己的简历。

✧ 你很关注爱车的业务问题，在电话邀约中你希望大概了解自己的爱车每月可以为您带来多少收入。

COCAR 车主俱乐部的相关资料：

✧ COCAR 平台总部在上海。

✧ COCAR 客服电话：4008-×××-908。

✧ COCAR 租车是基于 P2P 理念的在线私家车租赁平台，将私家车的闲置时间与租客的用车需求整合起来。COCAR 租车公司的核心团队来自盛大、腾讯、携程等一线互联网公司和汽车租赁巨头，互联网、汽车租赁行业实战经验丰富，整个团队配合默契、氛围和谐。

✧ COCAR 是一家新型的互联网创业公司，COCAR 租车目前正处在高速成长的上升期，加入本俱乐部的优秀人才将享有巨大的发展空间和成功机会。通过 COCAR 平台，可以让您的车每月为您轻松赚到上千元，只要登记一下简单的基本信息就可以了。

任务 3 实施满意度调查业务

任务情景

糖糖：最近你的工作表现挺出色的，你的自我评价如何呢?

花花：师傅，我最近感觉工作能力提升了，以前因为经常做呼入业务，后来开始做呼出业务还挺有压力，最近几个月在您的指导下进行了调研和电话邀约的呼出项目，虽然压力比呼入项目大一点，但是感觉能力提升了，在成功与客户沟通后，自己也挺有成就感的。

糖糖：是的，呼出项目面对的客户具有更大的不确定性，因此特别提升我们的能力，接下来我们呼叫中心还会承包一个满意度调查的呼出项目，我希望你也能做好准备。

花花：好的，师傅，那在项目开始之前您先给我做一个培训吧。

糖糖：我们在培训之前先来给你看一个案例，根据案例可以先谈谈你认为企业为什么要进行满意度调查、满意度调查的价值何在。

任务分析

满意度调查是一种客户关怀业务，调查者（一般是企业）通过满意度调查问卷对客户进行访问，了解客户对公司的服务、产品、流程等的满意程度，通过询问来了解客户满意或者不满意的原因并征求客户的建议，其主要目的在于改进产品质量、提高服务水平、改善服务流程，为企业发展提供最可靠的依据。客户满意度可以很好地评估出企业提供的产品和服务是否让消费者感觉到满意，在不同阶段了解消费者态度的变化趋势，进一步发掘出有价值的客户群体来进行细心维护。了解客户对产品或服务的满意度是企业进行客户维系的常用方法，更是企业完善客户数据库、提升客户满意度的重要方法。实践证明，充分利用在满意度调查实施过程中的沟通技巧可以为企业带来意想不到的效果。

一般来说对于一个面向 C 端（用户）的产品，企业自身无法在短时间内集中完成大规模的客户满意度调查，大规模的客户满意度调查一般都是委托呼叫中心通过电话调研呼出项目来完成的。

本任务要求坐席代表能够掌握满意度调查的问卷形式以及满意度调查与电话调研的区别，能够充分利用满意度调查业务实施过程中的沟通技巧来维护企业客户关系，进而提升企业的市场竞争力和口碑。

任务实施

1. 满意度调查问卷的一般形式

满意度调查问卷是由标题、问卷说明、被调查者的基本情况、调查内容、编码号等内容组成并以表格的形式展现。

满意度调查主要是了解客户的满意程度，在设计问卷时一般需要将答案设置成等级形式，供客户依据相应的满意程度进行选择。例如，非常满意、满意、一般、不满意、非常不满意。这 5 个选项代表 5 种客户满意程度的等级，这种量表形式的问卷适合对客户满意度进行评分，得到确切数值形式的客户满意度。客户满意度电话回访问卷形式见表 3-4。

表 3-4　客户满意度电话回访问卷形式

客户资料			
客户名称		公司名称	
联系电话		邮件地址	
联系地址			
购买的产品种类			
调查内容			
您是通过什么途径了解到本公司产品的	□广告 □朋友介绍 □专业市场 □其他途径调查内容		
产品质量和价格方面			
对产品的功能	□非常满意 □满意 □一般 □不满意 □非常不满意		
对产品的稳定性、兼容性	□非常满意 □满意 □一般 □不满意 □非常不满意		
对产品的外观造型	□非常满意 □满意 □一般 □不满意 □非常不满意		
对产品的价格	□非常满意 □满意 □一般 □不满意 □非常不满意		
服务方面			
1. 售后服务			
样品的交期	□非常满意 □满意 □一般 □不满意 □非常不满意		
订单的交期	□非常满意 □满意 □一般 □不满意 □非常不满意		
我司业务人员的服务态度	□非常满意 □满意 □一般 □不满意 □非常不满意		
我司业务人员的责任心	□非常满意 □满意 □一般 □不满意 □非常不满意		
我司业务人员专业知识水平	□非常满意 □满意 □一般 □不满意 □非常不满意		
货物的运输方式	□非常满意 □满意 □一般 □不满意 □非常不满意		
2. 公司对渠道的支持			
广告投放	□非常满意 □满意 □一般 □不满意 □非常不满意		
装修支持	□非常满意 □满意 □一般 □不满意 □非常不满意		
工程信息开发	□非常满意 □满意 □一般 □不满意 □非常不满意		
人员培训	□非常满意 □满意 □一般 □不满意 □非常不满意		
为解决问题回复的及时率	□非常满意 □满意 □一般 □不满意 □非常不满意		
客户反馈及时性	□非常满意 □满意 □一般 □不满意 □非常不满意		
后台支持力度	□非常满意 □满意 □一般 □不满意 □非常不满意		
3. 维修服务			
产品出现问题后的处理流程	□非常满意 □满意 □一般 □不满意 □非常不满意		
维修品的修复质量	□非常满意 □满意 □一般 □不满意 □非常不满意		

（续）

3. 维修服务	
维修产品的返回速度（及时性）	□非常满意 □满意 □一般 □不满意 □非常不满意
更换新品的速度（及时性）	□非常满意 □满意 □一般 □不满意 □非常不满意
维修工程师的服务态度	□非常满意 □满意 □一般 □不满意 □非常不满意
对产品 / 服务的意见或建议	□非常满意 □满意 □一般 □不满意 □非常不满意

2. 满意度调查中应注意的问题

1）对于满意程度不同的客户，最后的结束语是不一样的。

在客户满意度调查中，针对不同的客户应选择不同的话术。一般在调查访问结束时，已经能够分辨出对方对企业的产品或服务总体的态度了。客户满意程度对应的话术见表 3-5。

表 3-5　客户满意程度对应的话术

客户满意程度	对应的话术
非常满意 / 满意	“好的，非常感谢您对我们工作的理解和支持！您如果在使用的过程中还有需要帮助的话，可以随时与我们联系，24 小时服务电话 0874-8870××××！我的回访到此结束，祝您生活愉快，再见！”
一般	“好的，非常感谢您对我们工作的理解和支持！对于我们工作不足的地方向您致歉，我们会及时将信息反馈到售后服务部，我们将努力为您下次进店提供完美的服务。如果您在使用的过程中还有需要帮助的话，可以随时与我们联系，24 小时服务电话 0874-8870××××！我的回访到此结束，祝您生活愉快，再见！”
不满意 / 非常不满意	“×× 先生 / 女士，非常抱歉，我已将您的问题记录并将立即反馈到售后服务总监处，在 3 个小时之内售后服务部的相关负责人将会和您联系并制定处理方案，对于给您带来的不便再次表示歉意。如果您在使用的过程中还有需要帮助的话，可以随时与我们联系，24 小时服务电话 0874-8870××××！我的回访到此结束，祝您生活愉快，再见！”

2）满意度调查后应当有后续的感谢、改进及行动。

在客户满意度调查结束之后，除了企业内部需要制定改进举措外，还需要给被调查者足够的反馈，这一点是不容忽视的，至少要对其的参与表示感谢。例如，香格里拉酒店集团定期会对客户进行调查，调查结束之后，对于所有参与调查的客户，可以得到一张价值 80 元的餐券，并会在后期收到来自企业表示感谢的电子邮件，同时对回访者的一些建议给予相应的反馈。其实，在执行客户满意度调查时，客户满意度高并不一定表示客户对企业百分之百地放心和满意，也许在一次客户满意度调查之后客户就明白哪些企业的服务才是真的好，哪些只是形式。

3. 满意度调查的流程

满意度调查的流程如图 3-4 所示。

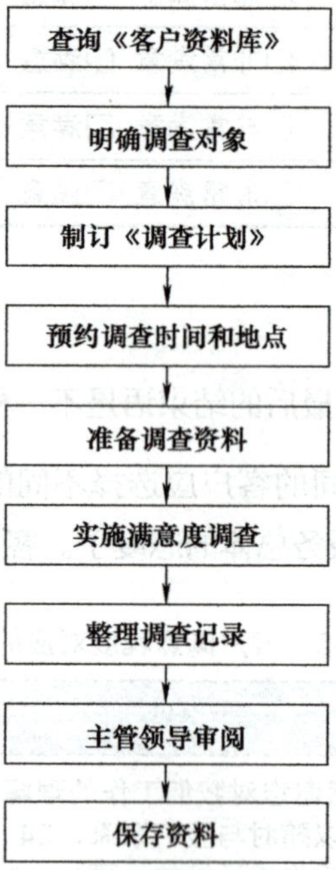

图 3-4　满意度调查的流程

【案例】

戴尔公司满意度调查

作为计算机生产商的戴尔公司，最近两年在笔记本计算机行业遇到了很大的市场挑战，高端计算机市场中苹果计算机、微软计算机占领了很大的份额，我国的联想计算机在国内也占领了大部分市场。因此老牌的戴尔计算机的销量下滑较为严重。为了扩大市场，让客户对品牌有好的改观，就要了解客户对于笔记本计算机的需求以及对戴尔计算机使用的满意度进行调查，进而综合评价，定制改进计划和市场策略。戴尔公司的客户满意度调查问卷见表 3-6。

表 3-6　客户满意度调查问卷

客户满意度调查问卷	
任务目的	探究影响客户满意度的因素并给出改进建议
开头语	“您好，是 ×× 先生 / 女士吗？我是戴尔客户服务中心的 110 号，您在三天前即 2019 年 12 月 24 日（拨打过我们的 400×××× 预订热线 / 订购了我们的笔记本计算机 / 投诉计算机的排热故障 / 购买了我们的台式计算机），想对您做一下简单的回访。能占用您两分钟时间吗？（如果能则继续访问，如果不能则询问何时有时间再打过来）”

（续）

客户满意度调查问卷			
问卷编号	问卷内容	选项	
问卷 1 询问客户对坐席代表的服务态度、专业技能及公司的服务管理满意度	1. 请问您对当时的咨询人员的服务满意吗?	A. 满意　B. 不满意	原因:
	2. 请问您当时为什么没有订购我们的产品呢?	原因:	
	3. 请问您之前对我们的产品了解吗?	A. 了解　B. 不了解	
	4. 请问您之前购买过我们的产品吗?	A. 有　B. 没有	
	5. 您觉得我们的产品怎么样呢?	A. 好　B. 一般 C. 不好	原因:
	6. 请问您最近有购买计算机的打算吗?	A. 有　B. 没有	
问卷 2 询问客户对产品使用的满意度	1. 请问您对客服代表的服务态度是否满意?	A. 满意　B. 不满意	原因:
	2. 请问您对我们网站操作的便利性是否满意?	A. 满意　B. 不满意	原因:
	3. 请问您对我们的商品情况是否满意?	A. 满意　B. 不满意	原因:
	4. 请问您对整体服务是否满意?	A. 满意　B. 不满意	原因:
问卷 3 询问客户对投诉处理的满意度	1. 请问您对处理投诉的客服代表是否满意?	A. 满意　B. 不满意	原因:
	2. 请问您对维修产品结果是否满意?	A. 满意　B. 不满意	原因:
	3. 请问对我们维修人员的服务态度是否满意?	A. 满意　B. 不满意	原因:
	4. 请问您对我们的产品或服务有什么建议吗?		建议:
问卷 4 询问客户对使用产品和服务的意见	1. 请问您现在还在使用戴尔计算机吗?	A. 是　B. 不是	
	2. 请问您为什么不再使用戴尔计算机呢?	原因:	
	3. 请问如果我们改进产品和服务质量您还愿意继续使用我们的产品吗?	A. 是的　B. 不是	原因:
	4. 请问您对我们的产品或服务有什么建议吗?		建议:
结束语	如果您以后还有什么问题或建议，可以随时拨打我们的服务热线 400××××，我们会为您提供服务，最后祝您工作愉快，再见!		

必备知识

1. 影响客户满意度的因素

企业测定客户满意度的目的有两个，一是为了改善产品及对客户的服务，二是为了增强客户的体验。但是由于一个企业的资源有限，不可能将影响客户满意度的问题全部马上解决，只能在一段时间内重点解决那些影响较大的问题。英国电信公司的一项研究调查了影响客户满意度的主要因素。其研究结果发现，在以下 4 个分类中，每个影响客户满意度的因素增加 10% 的满意度，对总体满意度的促进作用见表 3-7。

表 3-7　影响客户满意度的因素

下列分项每增长 10%	总体客户满意度的相应增长比例
客户服务 / 失误响应	4.6%
形象 / 美誉度	4.2%
产品质量与可靠性	3.1%
性能价格比	0.6%

这项研究结果说明，产品降价不会对客户满意度造成多大影响，企业为了提升客户满意度首先要解决的是客户服务问题。

2. 满意度调查应该包含的主要问题

呼叫中心应该针对人群以及根据调查的目的来决定调查问卷所包含的主要内容。一般来说，既要含有针对所服务的企业产品或服务特点的具体性问题，也要包含一些对服务整体评价的一般性问题。对于一般性的客户满意度调查来说，应该包含以下这些问题：

1）对服务业或产品整体质量的满意程度。

2）对服务代表或者顾问的专业知识与技能水平的满意程度。

3）对质量的满意程度。

4）对解决客户问题的时效性或效率的满意程度。

5）对给客户提供解决方案的有效性的满意程度。

6）对服务的评价或建议（开放性问题）。

满意度调查主要了解的是客户的满意程度，所以在设计问卷的时候一般需要将答案设置成等级的形式，以便客户选择相应的满意程度。

3. 客户满意度调查问卷中量表的设置

（1）设置客户满意度量表

某个企业说自己的客户满意度是100%，或者说自己的满意度超过了96%等，这些数据是怎么衡量的呢？其实就是通过满意度调查的量表问卷得来的。

为什么要采用量表的形式呢？因为量表更利于统计分析，在进行问题设置的时候，将每个选项进行评分，客户选择哪个选项就得了多少分，最后进行综合统计算出客户的总分，即客户的满意度。

通常量表的量尺以五点式或四点式为多，如五点式量尺为：非常同意（非常满意）、同意（很满意）、没意见（基本满意）、不同意（不满意）、非常不同意（非常不满意），四点式量尺则将“没意见（基本满意）”去掉。究竟是五点式量尺较佳还是四点式量尺较佳，学者们各有不同的意见。有的学者认为不认真作答的人会有选“没意见”的倾向，结果造成所得的数据没有太大意义，因此四点式量尺较能看出作答者的态度。而有的学者则认为四点式量尺有强迫作答者表态的意思，事实上有的问题是作答者不了解的，“没意见”一项还是值得保留。这两种量尺都各有其优缺点，设计问卷的人可根据其需要来采用其中的一种。有的学者将量尺分成六点、七点式，甚至九点式，将量尺分得太多类其实并没有太大的意义。五点式和四点式的满意度量尺表示如图3-5所示。

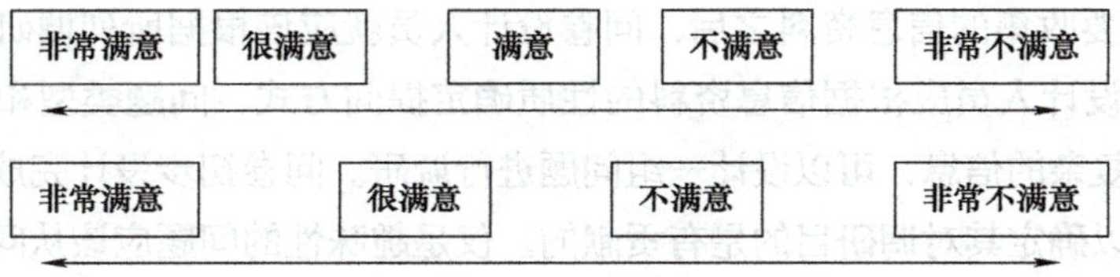

图3-5 五点式和四点式满意度量尺表示

（2）对选项进行赋值

国际上通用的规则是将“很满意”赋值为100分，“满意”赋值为80分，“基本满意”赋值为60分，“不太满意”赋值为30分，“不满意”赋值为0分。

将“很满意”赋值为100分，“不满意”赋值为0分。这样赋值的原因主要考虑实际生活中的惯例，习惯上“很满意”是接近100分的概念，“不满意”是接近0分的概念。

“基本满意”赋值为60分。因为“基本满意”代表及格，赋值60分与日常习惯相符；另外，调查对象在填写“基本满意”时，所考虑的也基本是及格的意思。

“不太满意”赋值为30分，主要因为它是介于“基本满意”与“不满意”的中间程度，所以选择0和60的中间数30作为其所代表的分数。

同样的道理，“满意”介于“很满意”与“基本满意”的中间，所以选择60和100的中间数80作为其代表的分数。

有时候在这5个选项后面会再增添一个“不了解”“不清楚”等类似的选项。“不了解”选项代表调查对象不了解、不清楚实际情况，或不关注该指标，这些情况并不能表现出该指标是好是坏。加与不加可视情况而定。

4. 设计调研问卷的步骤

设计问卷是为了更好地收集调研者所需要的信息，因此在设计问卷的过程中首先要把握问卷调查的目的和要求，同时要争取被调研者的充分配合，以保证最终问卷能提供准确有效的信息资料。一般调研问卷必须通过认真仔细地设计、测试和调整才可以大规模地使用。通常问卷的设计可以分为以下步骤：

（1）根据调研目的，确定所需要的信息资料

在问卷设计之前，调研人员必须明确需要了解哪些方面的信息，这些信息中的哪些部分是必须通过问卷调研才能得到的，这样才能较好地说明所需要调研的问题，实现调研目标。在这一步中，调研人员应该列出所要调研的项目清单。

这些在问卷设计时都应体现出来。根据这样的一份项目清单，问卷设计人员就可以进行设计了。

（2）确定问题的内容，即问题的设计和选择

在确定了所要收集的信息资料之后，问卷设计人员就应该根据所列调研项目的清单进行具体问题设计。设计人员应根据信息资料的性质确定提问方式、问题类型和答案选项的分类等。对于一个较复杂的信息，可以设计一组问题进行调研。问卷初步设计完成后应对每一个问题都加以核对，以确定其对调研目的是有贡献的。仅是趣味性的问题应该从问卷中删除，因为它会延长所需时间，使被访者不耐其烦，也就是说要确保问卷中的每一个问题都是必要的。

（3）决定措辞

措辞的好坏将直接或间接地影响到调研的结果。因此对问题的用词必须十分谨慎，要力求通俗、准确、客观。所提的问题应对被访者进行预试之后才能广泛地运用。

（4）确定问题的顺序

在设计好各项单独问题以后，应按照问题的类型、难易程度安排询问的顺序。如果可能，引导性的问题应该是能引起被访者兴趣的问题。回答有困难的问题或私人问题应放在调研访问的最后，以避免被访者处于守势地位。问题的排列要符合逻辑的次序，使被访者在回答问题时有循序渐进的感觉，同时能引起被访者回答问题的兴趣。有关被访者的分类数据（如个人情况）的问题适合放在问卷最后，因为如果涉及个人的问题，容易引起被访者的警惕、抵制情绪，尤其在电话式问卷调查中。

（5）问卷的测试与检查

在问卷用于实施调研之前，应先选一些符合抽样标准的被访者来进行试调研，在实际环

境中对每一个问题进行讨论，以求发现设计上的缺失。例如，是否包含了整个调研主题、是否容易造成误解、是否语意不清楚、是否抓住了重点等，并对其合理地修正。

（6）审批、定稿

问卷经过修改后还要呈交调研部的部长，审批通过后才可以定稿、复印，正式实施调研。

任务拓展

1. 实训任务：

1）设计客户满意度调查问卷及 FAQ。

2）模拟进行满意度调查呼出项目。

2. 任务形式：两人 1 组，分别熟悉背景资料后进行问卷设计，并以模拟的方式进行呼出满意度调查项目。

3. 任务时限：50 分钟。

4. 任务要求：

1）根据提供的项目背景资料，小组成员每人设计一份关于本次电话邀约的话术和 FAQ。

2）根据设计好的客户满意度调查话术和 FAQ 进行模拟演练，轮流进行角色扮演，一人扮演坐席代表，一人扮演客户。

3）问卷所设计的问题不能少于 10 个，围绕网络质量、缴费、营业厅服务、与客户沟通交流及整体服务几个方面展开。

4）在电话回访过程中，坐席代表需要用到至少如下的电话回访技巧：

① 规范灵活地使用话术；

② 成功地应对客户的拒绝；

③ 认真地记录对方的回答以及对方一些比较好的建议；

④ 赞美客户；

⑤ 能够耐心地引导客户进行回答。

5）扮演客户方在接受满意度调查时，要求如下：

① 了解有关背景资料；

② 和组员合作编写角色演练过程中需要的电话回访的问卷设置和话术脚本；

③ 按照背景资料中的流程和准备好的话术执行电话回访操作；

④ 在整个实训过程中比较配合调研者，但是也会提出自己的观点；

⑤ 禁止在实训通话过程中表达与情境无关的内容；

⑥ 在演练结束后对坐席代表角色做出评价。

6）在任务结束时，小组成员进行评价和总结。

背景资料

调研者资料	你叫李婷，是中国联通北京分公司呼叫中心的一名客户服务人员，你主要的业务是对北京的中国联通客户进行电话回访 目前电话回访的目的是了解北京联通手机客户对联通业务的网络质量、缴费、营业厅服务、与客户沟通交流及整体服务方面的满意度评价 你需要和你的同伴设计客户满意度的问卷 你需要和你的同伴编写客户满意度的话术和 FAQ 你需要根据问卷和话术对北京联通手机客户进行客户满意度调查 在调查过程中对于客户提出的种种问题要及时地回答和解决
客户资料	你叫张翔，是一个电子企业的销售人员，平时经常用手机和你的客户联系，因此你非常关注联通的服务质量，特别是收费方面，你觉得费用有些贵 你很关注手机的新业务，只要是对销售有帮助的业务你一般都会尝试 你很少去营业厅，有需要的时候都是拨打 10010 客服电话来解决，你觉得 10010 的客服水平还有待提高，因为经常一件事情要打好几次电话才能解决 你对北京联通有很好的期待，对服务的提高方面提出了自己的一些建议
相关资料——中国联通	中国联通是目前国内唯一一家三地上市（纽约、香港、上海）、受境内外证券监管机构的监管和投资者双重监督的电信公司，北京分公司作为中国联通设在北京的分支机构，主要负责北京地区通信网络的建设和运营 中国联通北京分公司成立于 1994 年 9 月 15 日，在市委、市政府的关怀下，凭借雄厚的实力，以惊人的发展速度建成了一个覆盖范围广、技术领先、服务优质的综合业务通信网。用户可以在联通无处不在、方便快捷、体贴周到的庞大服务体系中享受到全方位的综合电信服务 中国联通北京分公司目前经营的电信业务种类包括移动通信、本地电话、国内国际长途、数据通信、IP 电话、互联网、无线寻呼及网络元素出租等多种电信业务

任务 4 实施数据清洗业务

任务情景

花花：师傅，最近我们在进行呼出项目的时候，发现很多客户数据都不是很准确，导致我的工作效率非常低。

糖糖：是的，呼叫中心是通过精准的客户数据进行针对性的解决方案提供，如果所掌握的客户信息不是很准确，确实对整个项目有很大的影响。

花花：针对这个问题，呼叫中心该如何解决呢？

糖糖：一般来说，定期进行数据清洗是必要的，通过数据清洗来剔除无效数据。

花花：什么是数据清洗呢？

糖糖：接下来我们做一个数据清洗的项目，并在项目开始前学习数据清洗的业务知识并模拟该流程。

任务分析

现在走在大街小巷总能看到一些扫码送礼物的，那是做什么呢？其实这种扫一扫送小礼物的都是为了获取更多的潜在顾客信息，通过这种形式为第三方搜集更多信息。显而易见，客户的相关数据信息对于企业而言是非常重要的，企业能够根据这些客户数据进行产品服务的推广、销售、回访等活动，从而产生订单。

客户数据信息随着时间的推移与日俱增，导致企业数据库里的数据信息非常庞大，有些不活跃的客户已经很久没有更新过，企业虽然将数据视为宝贵的资源但其自身没有多余的精力去完成所有数据更新的工作，因此数据清洗业务显得非常重要。将数据进行“清洗”是指个人或企业委托呼叫中心对其现有数据进行校对或更新，对数据进行筛选过滤，提高数据质量，完善和增加当下需要的额外数据资料，区分客户状态，从而为企业产生新的订单提供保障。

本任务要求坐席代表能够掌握数据清洗业务的实施流程及实施技巧，能够运用所学专业知识完成对客户数据信息的完善更新。

任务实施

1. 数据清洗的类型

准确的数据对企业有着非常重要的作用。准确的数字化客户数据信息能够帮助企业提高产品销售率。可将需要清洗的数据对象分为以下 3 类：

（1）重复数据

重复数据是指数据项或数据内容重复，将重复数据的内容导出，让客户确认并整理。

（2）残缺数据

数据项或数据内容不够完整、缺失部分相关信息。这类数据主要是部分信息缺失，如供货商的名称、客户的位置区域信息、主表与明细表不匹配、内容不全面等。

按缺失的内容分别写入不同文件向客户提交，要求在规定的时间内补全，补全后再重新写入数据库。

（3）错误数据

错误的数据是指数据项或数据的内容有错误。这类数据产生的原因是初始业务系统不够完善，接收数据后没有进行判断就直接写入客户信息数据库。

数据清洗的类型如图 3-6 所示。

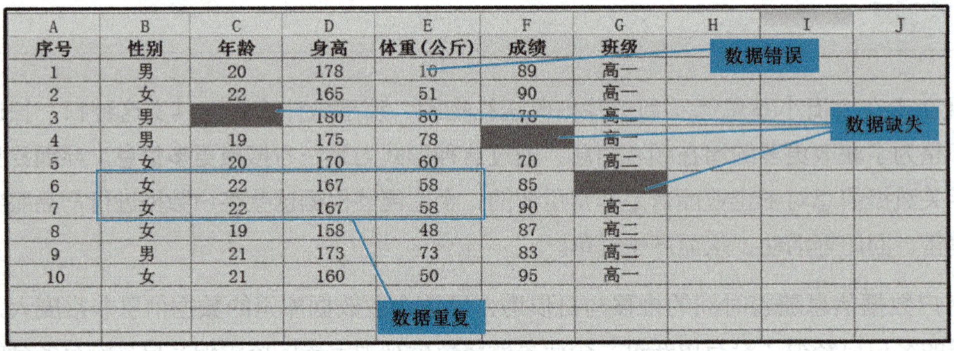

序号	性别	年龄	身高	体重（公斤）	成绩	班级
1	男	20	178	10	89	高一
2	女	22	165	51	90	高一
3	男		180	80	78	高二
4	男	19	175	78		高一
5	女	20	170	60	70	高二
6	女	22	167	58	85	
7	女	22	167	58	90	高一
8	女	19	158	48	87	高二
9	男	21	173	73	83	高二
10	女	21	160	50	95	高一

图 3-6　数据清洗的类型

2. 数据清洗的业务流程

数据清洗的业务流程如图 3-7 所示。

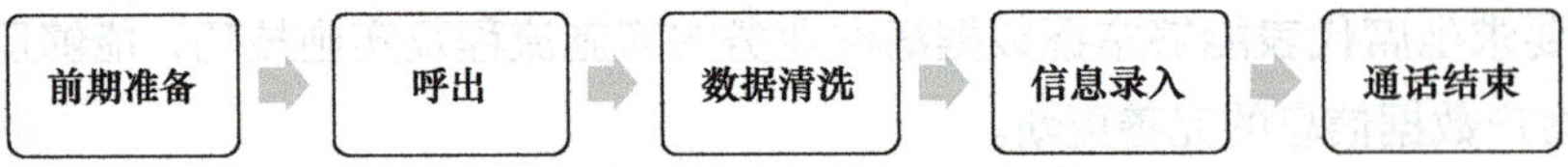

图 3-7　数据清洗的业务流程

1）前期准备：需准备好呼出前的资料，如记录的纸笔、相关数据，并调整好心态。

2）呼出：利用呼叫中心拨号系统，登录系统并拨打将要访问的客户的电话。

3）数据清洗：利用专业沟通技巧和话术根据要筛选审核的信息对客户进行访问，获得企业所需的数据资料。

4）信息录入：根据清洗数据过程中获取的内容重新登记到系统。

5）通话结束：对客户的配合表达致谢。

3. 数据清洗业务的实施技巧

数据清洗也是呼出业务中相对容易的项目，但只有掌握了一定的沟通技巧才能提高所获取的客户数据的有效性，提升数据清洗的质量。

（1）开场白要目的明确

问候语 + 自报家门 + 致电目的。

例如，您好，请问这里是 ×××× 公司吗？我是 ××× 有限公司的，为了让更多企业联系到您，现与您核实一下贵公司的信息。

（2）信息核实把握进程

1）明确问题主次。

2）问题要有针对性，用客户容易接受的方式提问，对客户的回答进行归纳、梳理并整理数据信息。

3）实时掌握客户的情绪。

4）当询问客户的问题较多时，要注意对时间的把控，如确实需要较长时间，应征得客户同意。

例如，一共有 10 个问题，问完 7 个后已经感受到客户的情绪不耐烦了，这时应安抚客户。

坐席代表：女士您好，我这边还有最后 3 个问题。

坐席代表：女士您好，就差 3 个问题了（或是还有一两个问题）。

坐席代表：女士您好，还要十几秒钟就完成了。

（3）记录工单要快速、准确

根据呼叫中心 KPI 指标要求，坐席代表每天成功完成清洗的数据数量是有规定的，用工单数量来体现每天业绩，因此就要快速、全面、准确地对每条清洗的数据进行更新、录入。

（4）规范、礼貌的结束用语

使用规范的结束用语表达对客户支持或配合的感谢，在体现坐席代表职业素养的同时拉近与客户的距离。例如，结束语用“非常感谢您的支持，祝您工作顺利！”。

必备知识

1. 数据清洗业务的特征

（1）周期性特点

数据清洗业务不是一蹴而就的，更不是一次就可以完成的。清洗数据是一个循环反复的过程，每次数据清洗都要不断地发现问题，进而去解决问题。对于过滤、修正与否一般需要与客户确认，对那些过滤掉的数据根据需要选择是否重新录入或存储。

（2）数字化特点

为了便于后期长久地维护客户数据信息，通常是将客户信息数字化。数据清洗时，如果客户的信息已经是数字化的，则可直接进行数据清洗；如果是纸质的，则要对数据进行录入，将数据数字化后再进行数据清洗。

2. 数据清洗业务的完成途径

数据录入类似于之前提到的工单录入，而数据清洗涉及的是将清洗后的“干净”数据录入指定的客户数据库系统中，也就是数据清洗业务的最后一步。

3. 数据录入的技巧

录入的规则为以原始资料为标准进行录入。为了避免数据在客户方使用时出现问题，需规范化所有数据、减少错误率，为了提高数据的使用效率，数据录入之前必须制定录入标准规范。

信息录入的常见规则为：文字、阿拉伯数字、英文字母的全角或半角录入；无法识别的字一般以统一的代码或空白代替；区号与电话号码之间通常录入“-”等。

例如：

公司名称：全角；不得略写，“公司”要录入全称。

电话：半角；区号与电话号之间录入“-”，手机号码中不得出现“-”。

负责人名称：全角。

邮编：半角。

地址：全角；从省、直辖市开始录入；“号楼层室”中不得出现“-”或其他代码。

任务拓展

1. 实训任务：客户数据清洗。

2. 任务形式：两人 1 组，熟悉客户资料并完成一次客户数据清洗的呼出业务。

3. 任务时限：50 分钟。

4. 任务要求：

1）两人模拟扮演客户和坐席代表，坐席代表需要按照背景资料的客户信息进行数据清洗。

2）在数据清洗过程中，客户的相关信息已经变化了，坐席代表需要同步修改相关信息并重新录入呼叫中心系统。

3）变化的内容由扮演客户的一方设计，变化内容至少 50%，更新后的内容在实训系统同步更新完成。

4）互换角色，重新扮演。

背景资料

以下是你所在呼叫中心 CRM 系统中的客户资料（见表 3-8），资料录入时间为 2015 年，由于近期项目需要，对系统中的数据进行一次数据清洗工作。

表 3-8　客户资料

公司名称	诚信贸易有限公司
注册号	11010501147××××
公司地址	北京市海淀区成府路 45 号制造大街
法人代表	李华化
注册资本	60 万元
企业性质	内资企业
企业类别	责任制
登记地区	北京市朝阳区
成立日期	2019 年 11 月 28 日
经营年限	10 年
经营起止日期	2019-11-28 至 2029-11-27
经营范围	销售纺织品、电子产品、文具用品、体育用品、五金交电、建筑材料、日用品

项目综合实训

1. 实训目的

呼出业务不仅是按部就班地通过电话形式进行调查，作为坐席代表，通过本项目的学习，还需具备更专业的呼出业务的素养和能力，熟练掌握呼出业务的基础技能，为将来从事呼叫中心客户服务、客户管理、客户维护等业务打下坚实的知识和能力基础。

2. 实训要求

按照满意度调查流程，要求在“工单”中完成调研问卷，同时在系统中完成复述录音及客户满意度评价选择，最终形成一份完整的满意度调查问卷。

1）单击“工单”按钮了解满意度调查背景并进行问卷编写。

2）问卷要求具备首问语、12 个调研问题、结束语，共计 14 个步骤。

3）在系统中同步进行调研问卷复述录音。

4）根据客户语音正确选择客户评价。

说明：客户评价均为满意、一般、不满意、不清楚（不主动表述）。

3. 答题时限

完成时间要求在 20 分钟以内，请合理控制时间。

4. 评价标准

呼出业务评价标准见表 3-9。

表 3-9　呼出业务评价标准

评价内容	评定方法	评分标准	单项分值	总分值
呼出业务	评委人工评分	专业化语音表达	3	20
		能够正确掌握呼出业务流程	5	
		能够正确设计回访问题，收集客户意见	5	
		具备良好的服务意识，及时化解客户情绪	3	
		正确记录客户反馈内容	4	

5. 系统操作

1）登录系统进入“考核管理”→“初级技能考核”界面。

2）选择“呼出业务”并单击“开始考试”按钮进入项目训练，如图 3-8 所示。

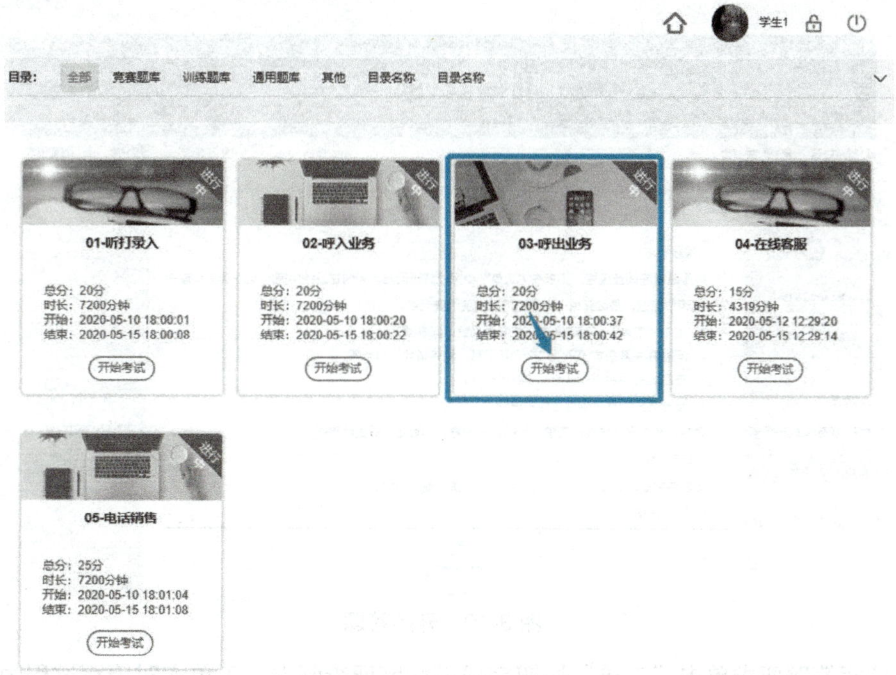

图 3-8　项目训练入口

3）进入项目考试页面后，单击“答题要求”按钮，根据要求进行答题，如图 3-9 所示。确保了解答题要求后单击“确认”按钮开始答题，如图 3-10 所示。

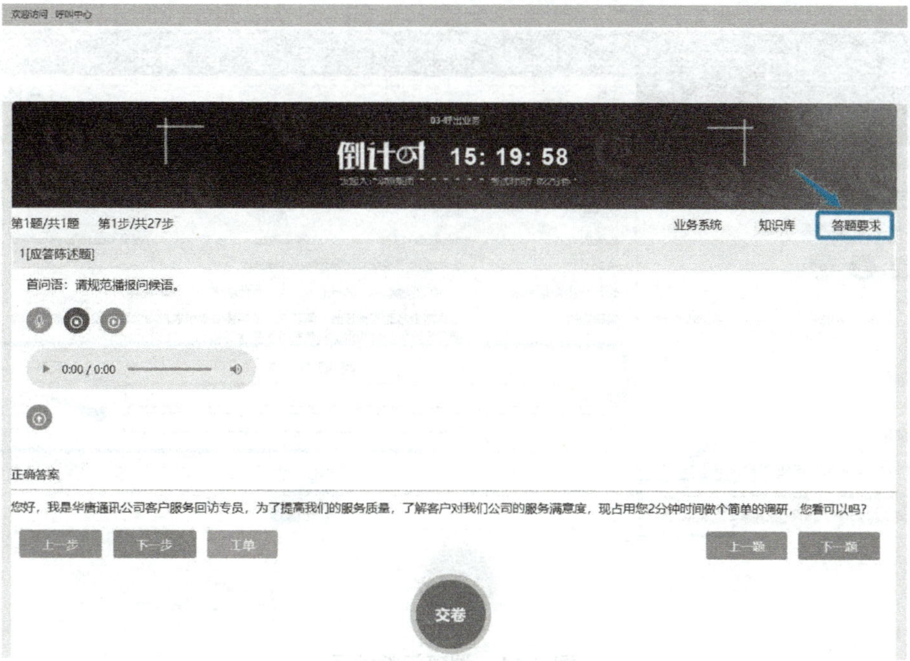

图 3-9　阅读答题要求

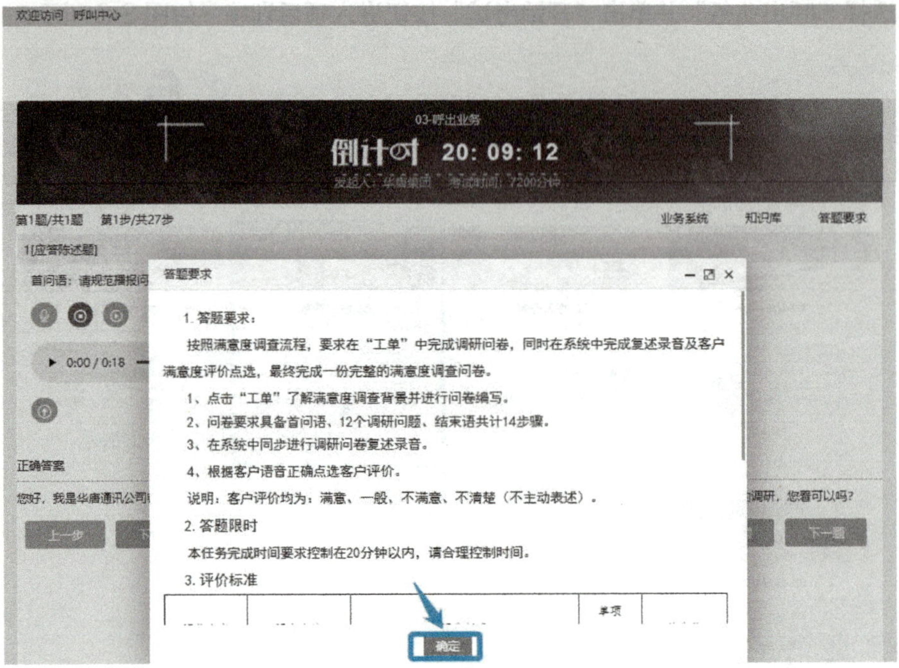

图 3-10 开始答题

4）按照答题要求单击“工单”按钮完成满意度调查问卷，工单实时填写过程中如需临时关闭，请及时单击“确认”按钮，确保完成的工单内容已保存，避免工单清除，如图 3-11 所示。按照呼出业务流程提示完成复述录音，如图 3-12 所示。

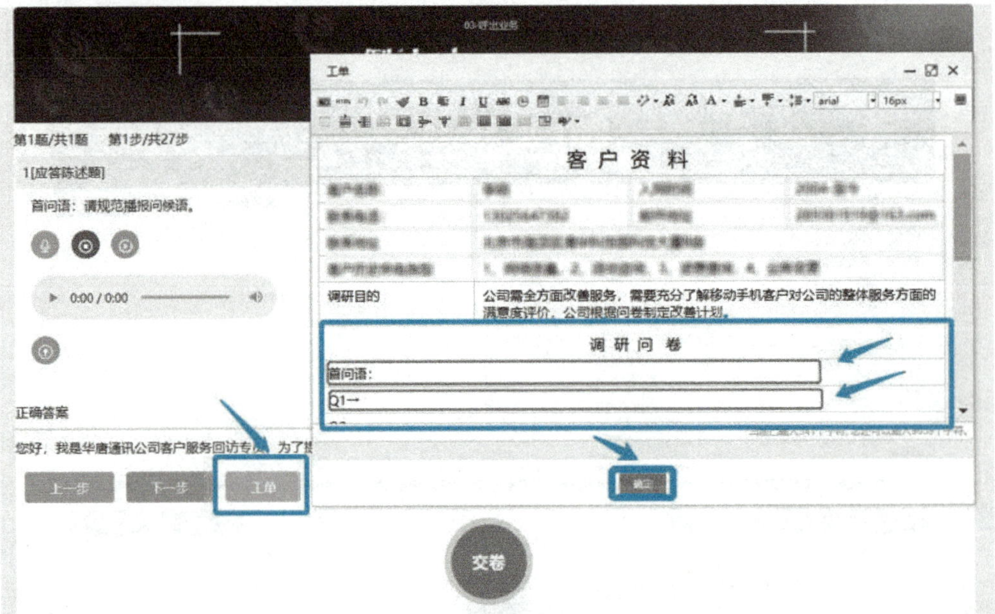

图 3-11 调研问卷编写

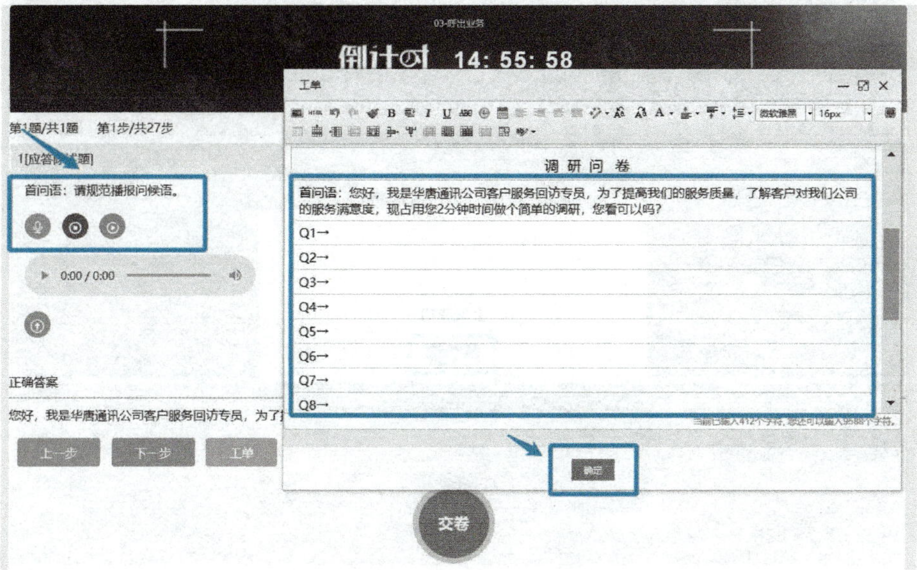

图 3-12　复述录音

5）单击黄色按钮（录音键）进行录音，弹出“正在录音”页面即可开始录音，录音完成后单击“点击停止”按钮即可完成录音，黄色按钮后面的蓝色与绿色按钮为暂停及播放键，可单击听取已完成的录音，如图 3-13 所示。

图 3-13　语音录制操作

6）单击绿色按钮（上传键）可将录音上传，弹出“上传成功”页面表示已上传完成，如需重新录音可直接单击黄色按钮，将覆盖上一条已上传成功的录音，完成后单击“下一步”按钮，继续答题，如图 3-14 所示。

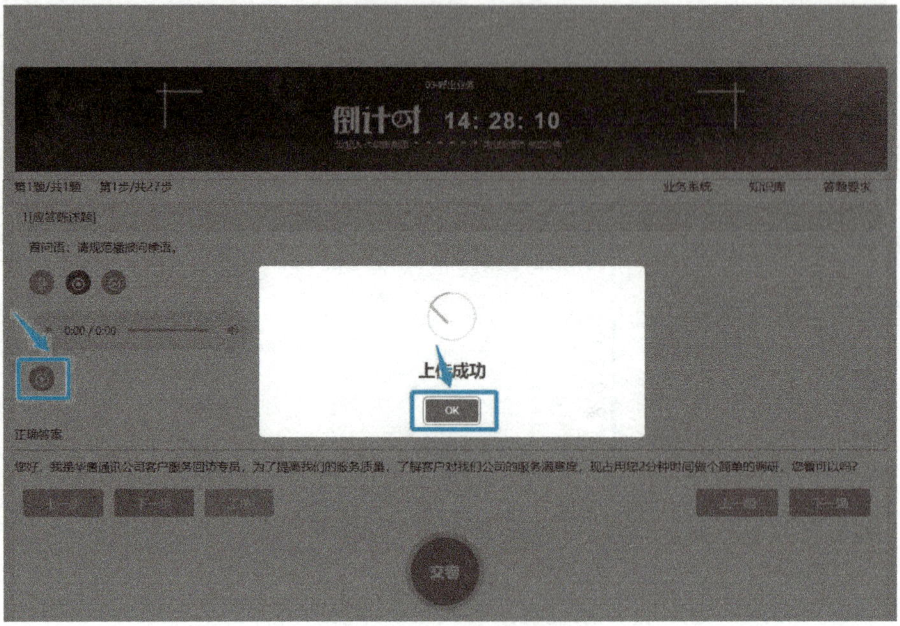

图 3-14　录音完成上传

7）单击“播放”按钮即可听取客户语音，根据客户语音内容完成下方对应的选择，完成后单击“下一步”按钮继续答题，如图 3-15 所示。

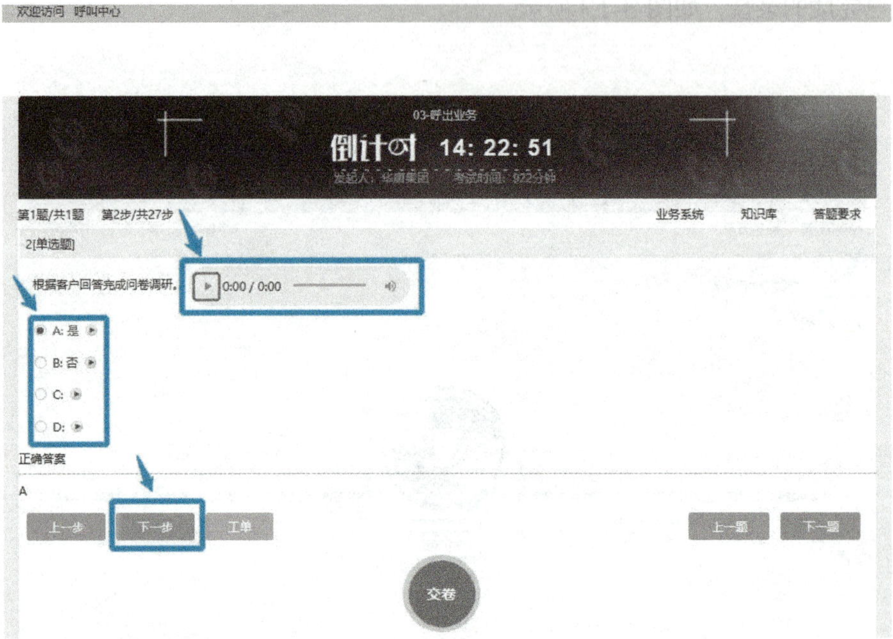

图 3-15　客户评价选择

8）根据呼出业务流程继续答题，重复上述步骤，即单击“工单”按钮按步骤完成调研问卷，单击“确认”按钮后进行复述录音并完成上传，完成后单击“下一步”按钮继续答题，如图 3-16 所示。

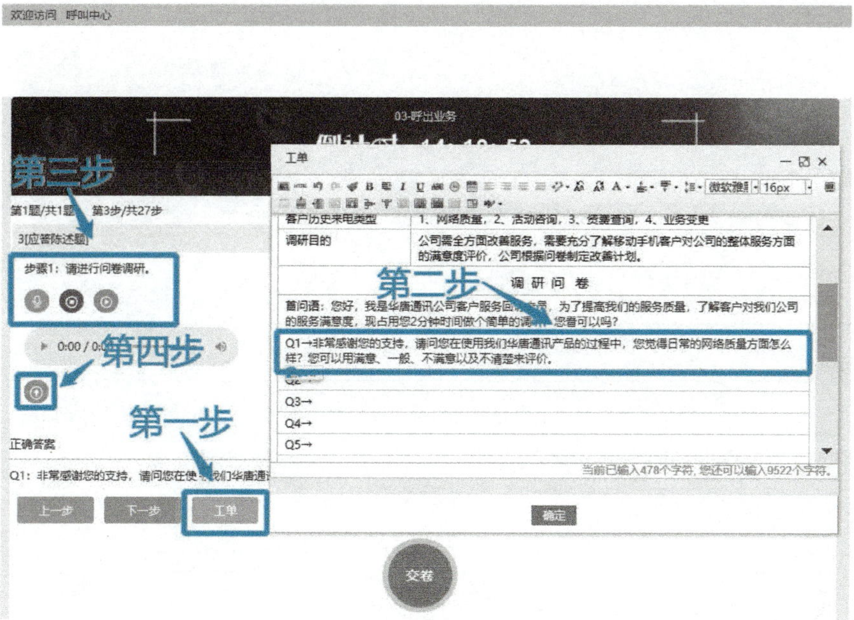

图 3-16　答题操作流程

9）完成所有答题步骤后可单击“上一步”“下一步”“工单”等按钮，检查已完成的答题内容，如果没问题可直接单击“交卷”按钮，显示“交卷成功！稍后窗口将自动关闭”，单击“OK”按钮即可完成答题，如图 3-17 所示。

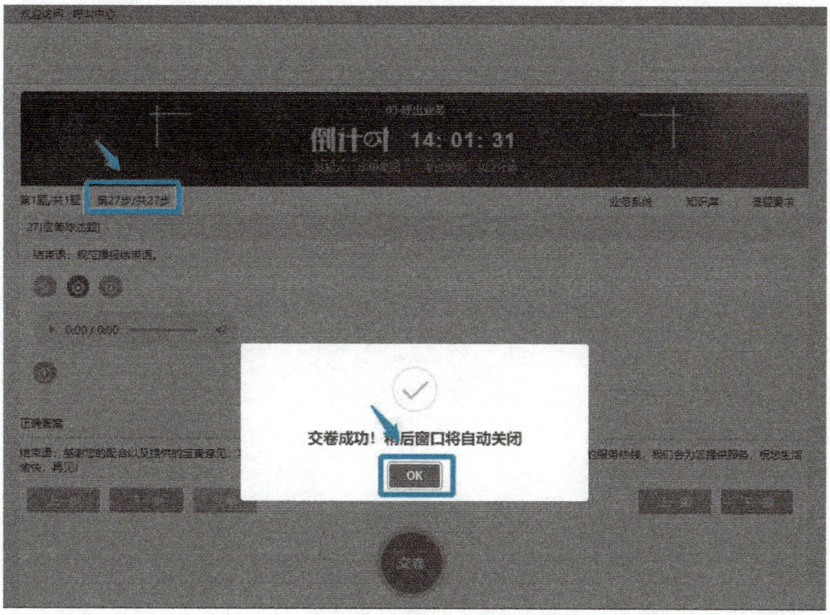

图 3-17　完成答题交卷

Project 4

项目 4 网店在线客服业务

项目描述

在线客服就是为在线客户提供服务，和实体店的导购服务人员是一样的，承担接待客户、销售商品、解决客户疑惑等职责。不同的是在线客服坐在计算机前，是在网络上以聊天的方式与客户进行沟通。因此在线客服需要熟练使用计算机及沟通工具，掌握在线客户服务的服务规范、服务技巧，熟悉平台规则和成为在线客服必须掌握的基础知识。在线客服无法与客户进行面对面交流，如何了解客户心理、迅速了解客户需求、引导客户需求、为客户答疑解惑、消除客户心中的疑虑，也是在线客服必须掌握的服务技巧。不仅如此，在线客服还必须掌握商品的基本信息和具体的使用方法，能够快速总结归纳商品的特点和卖点并给予客户指导，掌握处理订单和客户投诉等售前、售中、售后服务技巧，只有掌握好这些才能更好地服务客户。

本项目中，学生将通过学习在线客服的岗前准备、在线客服的售前与售中服务、在线客服的售后服务、在线客服的关键绩效指标与评价这 4 个实训任务，掌握在线客服的服务内容和技巧，提升自己的专业服务能力，更好地适应在线客服的工作岗位。

项目内容

在线客服的岗前准备

在线客服的售前与售中服务

在线客服的售后服务

在线客服的关键绩效指标与评价

任务 1 在线客服的岗前准备

任务情景

花花：您好，我是客服花花，现在我轮岗到客户服务组，要向您学习和工作了。

糖糖：欢迎你来到在线客户服务组，花花。

花花：师傅，之前我从事过不同类型的呼出工作和呼入工作，在线客服的工作有什么特别需要注意的吗？

糖糖：在线客服业务与客户沟通的方式发生了变化，业务内容也主要是为客户提供各项咨询与服务，因此在沟通方式上需要注意掌握一些技巧，熟悉网店客服的工作服务流程。在线客服可不是简单地打字聊天，还需要提前熟悉和掌握店铺的商品，熟悉相关的平台规则。

花花：这样呀！那店铺的商品那么多，该如何去熟悉和掌握呢？

糖糖：花花，不要着急，现在我就来教你如何去熟悉和掌握这些技能知识和技巧吧！

任务分析

在线客服的工作是从了解商品开始的，就目前来说，在线客服人员主要服务于各大电商平台。一般来说，在客服人员工作之前，客服主管会对店铺情况进行介绍，这是了解企业和商品的重要途径。客服人员还可以通过对商品进行实际的观察、体验来进行了解。但是面对众多客户的不同提问，仅通过这些方式获得的信息往往是不够的。在实际工作中，售前客服人员还需要熟悉和掌握商品详情页（商品描述页），获得实时、有效、更加全面的商品信息，更好地接受客户咨询。

要完成客服的任务，必要的岗前准备是不可缺少的。首先要了解商品的相关知识，应用所学知识准确地推荐和介绍商品。其次要掌握在线客户服务的服务规范和服务技巧，能够热情专业地接待客户。最后作为客服人员要了解淘宝的平台规则知识，避免造成对店铺的处罚。

本任务要求能够掌握商品的基本信息，包括产品名、属性、包装、重量等信息，并掌握商品的具体使用方法，能够快速总结归纳商品的特点和卖点。掌握在线客户服务的服务规范、服务技巧及平台规则知识，并自觉规范自己的行为，热情地接待客户。

任务实施

1. 熟悉商品详情页

一般来说，客户询问的主要内容是围绕商品而来的。对于客服人员而言，掌握商品的基本信息是必不可少的。

商品详情页也称为宝贝描述页，如图 4-1 所示。客户在淘宝首页搜索并浏览主图时，一般会直接进入详情页。详情页不仅可以向客户展示商品的规格、颜色、细节、材质、功能，还能向客户展示商品的卖点。因此，熟悉商品详情页是客服人员必须掌握的工作技巧，它不仅有助于客服人员快速了解店铺商品和商品的基本信息、找到商品的卖点，还可以帮助客服人员了解商品的人群定位、商品的风格定位以及消费者购买时需注意的问题等。

图 4-1　商品详情页

商品详情页的模块按功能可以分为左侧模块和右侧模块。左侧模块分为搜索、宝贝分类、宝贝销量、宝贝推荐和宝贝收藏模块。右侧模块分为宝贝基础信息、宝贝描述信息、自定义、商品评论及售后服务模块。其中宝贝基础信息模块和宝贝描述信息模块是固定的，如图 4-2 和图 4-3 所示。

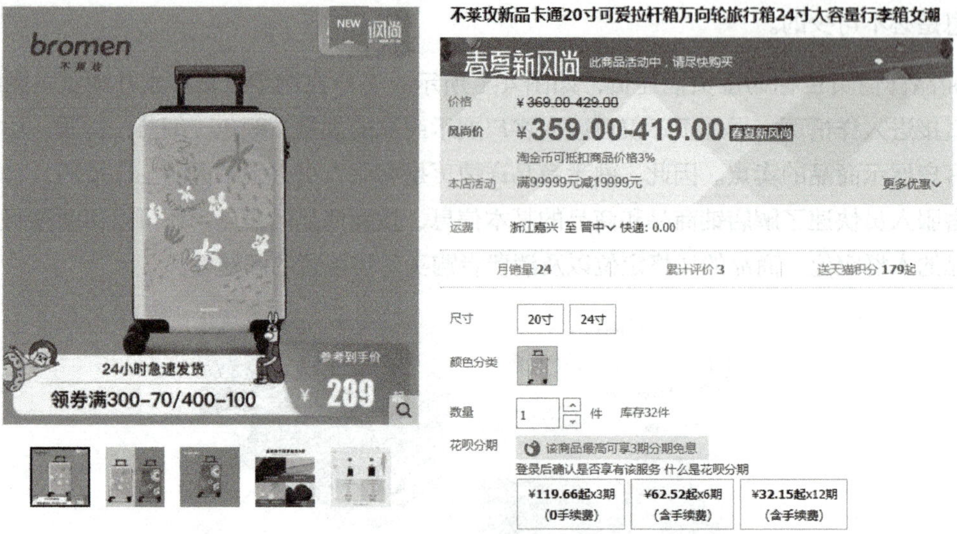

图 4-2　宝贝基础信息模块

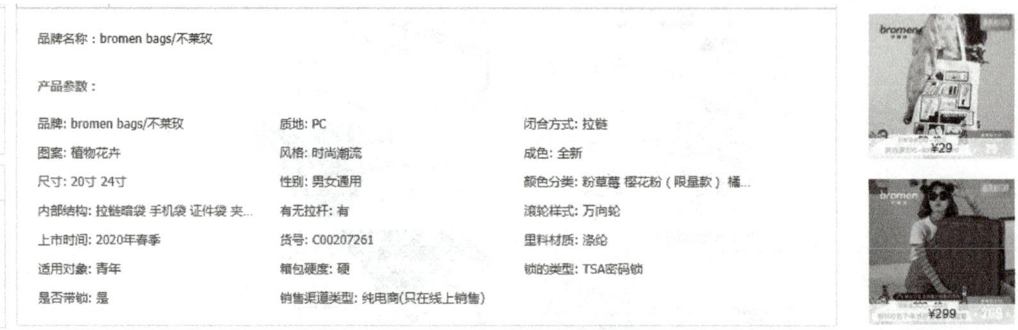

图 4-3　宝贝描述信息模块

自定义模块是卖家可以自己设计的，一般会根据不同类目的商品特点进行设计，包括商品展示、商品规格展示、卖点展示、搭配展示、包装展示、促销活动、关联营销、资质证书等模块。

作为客服人员，要想掌握商品的基本信息就必须了解商品详情页各个模块的功能，在接待客户咨询时，可以先找商品详情页的相关模块，再获得准确的商品信息来解决客户的问题。

例如，当客户购买一些服装类商品时会询问服装的尺码，客服人员要快速找到商品的规格模块，获取商品信息来回答客户的问题。服装类商品的规格模块如图 4-4 所示。

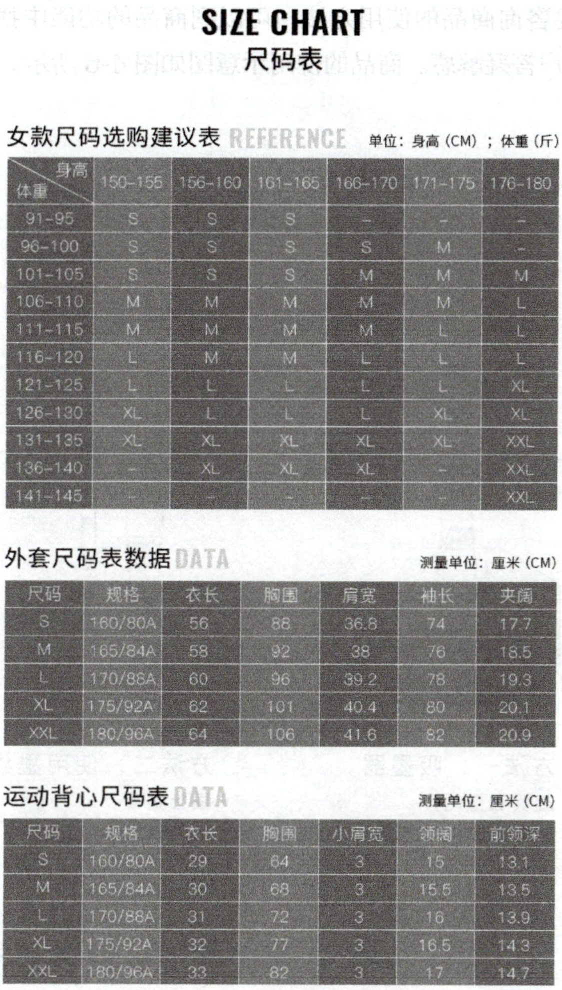

SIZE CHART
尺码表

女款尺码选购建议表 REFERENCE 单位：身高（CM）；体重（斤）

身高 / 体重	150-155	156-160	161-165	166-170	171-175	176-180
91-95	S	S	S	–	–	–
96-100	S	S	S	S	M	–
101-105	S	S	S	M	M	M
106-110	M	M	M	M	M	L
111-115	M	M	M	M	L	L
116-120	L	M	M	L	L	L
121-125	L	L	L	L	L	XL
126-130	XL	L	L	L	XL	XL
131-135	XL	XL	XL	XL	XL	XXL
136-140	–	XL	XL	XL	–	XXL
141-145	–	–	–	–	–	XXL

外套尺码表数据 DATA 测量单位：厘米（CM）

尺码	规格	衣长	胸围	肩宽	袖长	夹阔
S	160/80A	56	88	36.8	74	17.7
M	165/84A	58	92	38	76	18.5
L	170/88A	60	96	39.2	78	19.3
XL	175/92A	62	101	40.4	80	20.1
XXL	180/96A	64	106	41.6	82	20.9

运动背心尺码表 DATA 测量单位：厘米（CM）

尺码	规格	衣长	胸围	小肩宽	领阔	前领深
S	160/80A	29	64	3	15	13.1
M	165/84A	30	68	3	15.5	13.5
L	170/88A	31	72	3	16	13.9
XL	175/92A	32	77	3	16.5	14.3
XXL	180/96A	33	82	3	17	14.7

图 4-4　商品的规格模块

如果客户想要了解商品的促销信息，可以直接跳到商品的促销信息模块来接受客户的咨询，如图 4-5 所示。

图 4-5　促销信息模块

还有一些客户需要咨询商品的使用方法，可以到商品的功能中找到商品的使用示意图，编写产品话术，帮助客户答疑解惑。商品的使用示意图如图 4-6 所示。

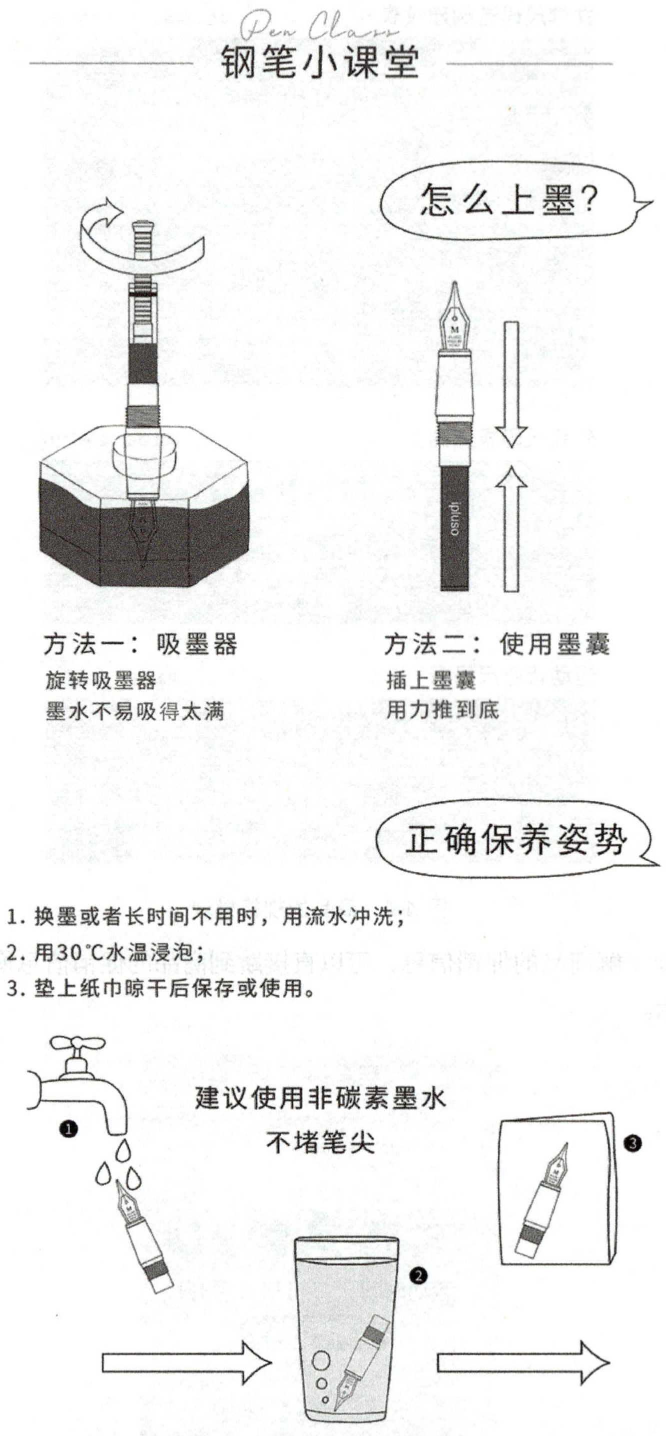

图 4-6　商品的使用示意图

商品的卖点也可以称为商品的功能。很多商品详情页会把产品的差异化优势通过视觉化的图片呈现出来。客服人员结合卖点来回答客户咨询会更有说服力，可以在商品的细节和商品的功能模块找到商品的卖点，如图 4-7 所示。

图 4-7 商品细节图

商品详情页不只是商品的说明书，很多详情页在设计时会从消费者的需求出发，把商品的品牌、品质、服务、性价比、价格优势、差异化优势等丰富的内容呈现给客户。因此，客服人员不仅需要了解商品的文字信息，还需要理解商品图片的内涵。只有全面熟悉和掌握这些信息，才能够更好地了解产品信息，有条不紊地回答客户的问题。

实践小活动：

两人一组，进入淘宝网，打开一款商品的宝贝描述页来找找有哪些模块吧。

2. 熟悉不同类目商品的基本属性

通常来讲，商品的基本属性包括品牌、风格、材质、颜色、成分、重量、包装等信息。但不同类目商品的基本属性会有很大的差别，所以在介绍商品时一定要有所侧重，切不可千篇一律。那么，商品有哪些类目呢？各个类别咨询的重点又有哪些呢？客服只有熟悉这些知识，才能够提前做好准备，避免客户在咨询时手忙脚乱，导致出现不必要的失误。

（1）了解商品类目

每个电商平台的商品类目可能会略有区别，但主要类目基本相似，如图 4-8 所示。常见的类目有服装类（男装、女装）、数码类（家电、手机计算机）、食品类（零食、生鲜、美食）、百货类（餐厨、收纳）、美妆类（洗护、化妆品）以及家具类（家装、家具、家纺）等。

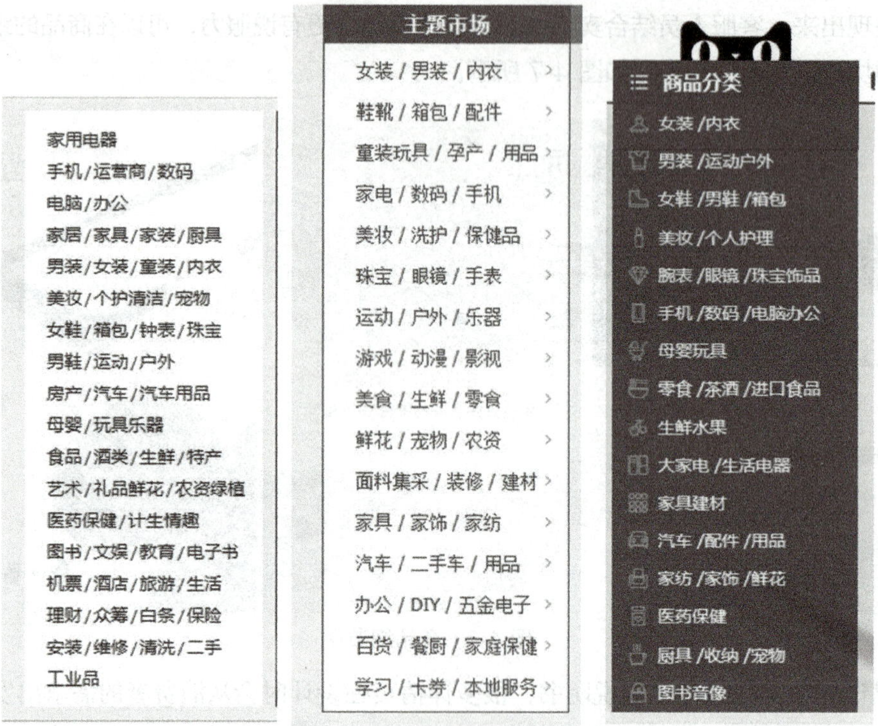

图 4-8　不同电商平台的商品类目

（2）了解不同类目商品的特点

不同类目商品的属性是不一样的，客户对商品的需求也不一样，客户咨询也不一样。所以客服需要提前了解客户需求、商品特点，结合以上信息准备好产品话术。

服装、鞋子等类目的商品最突出的特点是商品的规格和尺寸。在购买过程中，客户很难通过商品图片准确把握商品尺寸信息，而且这些基本信息一旦出现问题必然会导致客户退货和换货。为了获取准确信息，客户会对商品的规格和参数进行反复咨询，来考虑是否适合自己。

数码类商品最突出的特点是商品的功能。如手机、平板计算机等，客户在购买时，无法亲自体验商品的功能，会针对商品的性能等问题向客服提问，如 CPU、内存、拍照、游戏等。

食品类商品最突出的特点是商品的口味、健康和安全。因此，很多客户会对商品的口味、包装等问题咨询客服。

家具类商品最突出的问题是商品的送货和安装，客户会对这些问题进行提问，客服人员需要对商品的送货和安装做出解释。

所有类目都有共同点，例如，商品的价格、促销、物流、支付、售后服务等问题也是客服必须熟悉和掌握的，这些都是客户要反复咨询的信息。

实践小活动：

结合淘宝网商品类目，找一找还有哪些类目，想想这些类目的商品有什么特点、客户会咨询哪些问题。一起交流一下吧！

3. 准备产品话术

了解不同类目商品的特点和客户的需求之后，客服人员针对这些信息还需要编写产品话术，提升商品推荐的能力。

1）询问商品的基本信息。例如，服装类商品，客户很可能会问“这款衣服我可以穿吗，我有点胖。”

网店不同于实体店，不能够进行试穿。“有点胖”是一个非常不好把握的概念，因此，客服人员需要客户提供更加精准的信息，同时使用一些产品话术引导客户，帮助客户进行选择。如情景 1：

情景1

客户：这款衣服我可以穿吗，我有点胖?

客服：“亲！请问您身高 ××，体重 ××，平常穿 ×× 号衣服呀！”

客户：“我经常穿 ×× 号，我的身高是 ××，体重是 ××。”

客服：“为了对您负责我们根据身高、体重为您推荐的也不一定准确，建议亲选择一件日常穿着合身的衣服平铺测量一下肩宽、胸围、腰围等数据，根据您最精准的数据进行选择才是最适合您的！”

客户：“好的。”

客服只有掌握这些产品话术，才能够准确地回答客户的问题，避免因为商品描述有误而导致退货和投诉。

2）询问商品的使用方法。对于家具、数码配件等类目来说，客户会更加关心商品的安装及使用方法，客户往往在购物之前就会对产品的使用和安装等问题咨询客服人员。

一般来说，一些较大的商家为了更好地服务客户，会主动提供上门服务。客服人员只需要掌握商家安装及维修的热线电话、微信公众号等服务信息，当客户咨询时直接转告客户即可。如情景 2：

情景2

客户："这款欧式全铜LED吸顶灯负责安装吗？"

客服："亲请放心，这款欧式全铜LED吸顶灯，商家承诺：购买'上门安装'服务，如未履约服务最高可获得300元赔付哦！😀😀。"

客户："你好，如果我购买的商品需要安装，怎么联系你们？"

客服："亲亲，本店所有商品在全国各大中心城市实行24小时预约上门服务，您可以通过'诺斯照明'微信公众号实现快速预约，也可以通过热线电话400-111-9815进行预约。"

也有部分商家不提供上门服务，当客户咨询时，要求客服人员事先学会商品的使用和安装，并把使用和安装过程制作成图片或者小视频等，来帮助客户解决问题。如情景3：

情景3

客户："你好，这个拉杆箱密码该怎么修改？"

客服："亲，您好！本商品初始密码为000，第一步用笔尖将密码孔戳到底部，第二步拨动修改密码，修改后密码一定要记住哦！最后按箭头方向推动就完成密码修改了！下图是密码锁的使用说明（见图4-9），亲可以对照操作，有不懂的地方随时问我哦！😀😀"

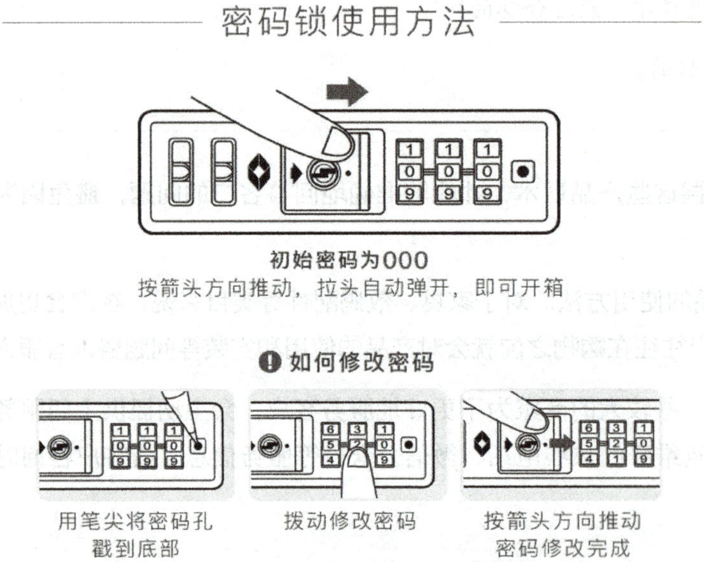

图4-9 拉杆箱密码锁的使用说明

尤其注意有些商品安装或使用不当会影响商品的使用效果，甚至会造成商品损害，客服人员在销售前一定要提前说明，保证客户收到商品后能正确使用。以主播灯的桌面支架为例，如情景4：

情景4

客户：“你好，这个支架我要安装在桌上，请问该怎么操作？”

客服：“您好，亲！本商品需要安装在平整的桌面上，不能有半圆形或者弧形等不平整的情况哦😮！安装是一定要注意找准螺钉孔！”

客服：“亲！这是安装视频，对着视频操作吧！有什么问题可以随时问我！”

客服人员只有掌握商品的安装和使用方法话术，才能更好地接受客户咨询、消除客户疑虑。

3）询问商品的卖点。性价比是客户购物的重要原则。尤其是在网络购物时代，商品同质化日益严重，客户在购物时往往会对不同店铺的商品进行各个方面的综合比较，最终确定是否购买。因此，客服人员向客户介绍商品时，必须事先掌握商品的特点和性能，归纳商品的卖点，通过差异化的营销方式来突出商品的优势，说服客户购买商品。如情景5：

情景5

客户：“这款拉杆箱是万向轮吗？”

客服：“亲，是的。这款拉杆箱采用万向静音轮，顺滑且耐磨。”

客户：“拉杆箱上的图案是你们的原创设计吗？图案会褪色吗？”

客服：“面料及图案都已取得国家专利证书及作品证书，该图案是我们的专属，且自主研发色彩技术，印刷清晰不褪色。因为原创，所以出众！”

在与客户沟通的过程中，要学会不断学习、总结经验。特别是对于不同类目的商品客户咨询的重点也不一样，一定要不断摸索规律，提前对产品话术做好整理，提升自己的服务能力。

必备知识

客服人员的必备技能和素质

把在线客服工作理解为仅是和客户在网上交流，只是服务客户的第一步。一个真正的在线客服应该具备良好的服务态度、专业的网店知识以及良好的沟通服务技巧。一个优秀的客服人员可以帮助店铺塑造良好的形象、提高成交率、提高店铺客户的回头率。那么，客服人员应该具备哪些技能和素质呢?

1. 良好的服务态度

良好的服务态度是客服人员做好客户工作的基础。在工作中应该树立客户至上的服务理念，以热情谦和的态度来赢得客户的认可。具体来说有以下几个方面:

1）对待客户要热情。

对于客服人员，热情待客是做好客服工作应具备的服务态度。热情主动的客户服务态度让每位客户感受到不一样的温暖，让客户在接纳客服人员的同时接受店铺的商品。那么如何做到热情待客呢?

①学会微笑待客。微笑是对客户最好的欢迎。当客户光临时，哪怕只是一声轻轻地问候也要送上一个真诚的微笑，虽然说网上与客户交流是看不见对方的，但言语之间是可以感受得到的。

合理使用聊天表情能收到很好的效果。使用聊天表情会将自己的情感信号传达给对方。如情景 6:

> 情景6
>
> 客户：“你好，在吗？”
>
> 客服：“您好！亲，欢迎光临！我是客服花花，感谢 ××× 商品让我们相遇，有什么可以帮您呢？😊😊😊”

每一声问候都应该附上一个微笑，微笑与不微笑给人的感受完全是不同的。所以客服人员在与客户沟通时，学会使用聊天表情是一项必备的技能。不同表情包代表的不同含义如图 4-10 所示。

微笑	偷笑	爱慕	爱心	拜拜

加油	忧伤	安慰	亲亲	玫瑰

害羞	天使	鼓掌	花痴	对不起

图 4-10　不同表情包代表的不同含义

②拒绝长时间无响应。客户呼入的前 10 秒被称为“黄金 10 秒”。如果在线客服长时间没有响应的话，客户会觉得被怠慢、客服不够热情，而愤然离开，因此客服人员一定要在较短时间内完成首次回复。如果在活动期间客户咨询量大，客服人员可以利用系统的自动回复功能完成回复来取得缓冲时间。因此，工作中及时主动的回复不仅是考核客服人员的重要指标，也是客服人员自己必须具备的工作态度，是热情待客的重要体现。

2）对待客户要有耐心，要有良好的自控能力。

客户进店购买商品便是有了购买需求，但很多客户对于初次接触的店铺都有着许多疑问甚至质疑。有些客户是典型的“十万个为什么”；有些客户需求认识不太清晰，思维比较混乱，回复时间较长；还有些客户对网店商品的价格、质量等问题存有怀疑，甚至说话粗俗不堪、带有挑衅。遇到这种情况，客服人员一定要有自控能力，避免和客户针锋相对，以免发生冲突。如情景 7：

情景7

客户：“你们的颜色怎么是这个样子呀！”

客服：“亲！非常抱歉，由于拍摄问题，商品的颜色可能略有偏差。”

客户："你们店铺的商品就是骗人的，假货！！给你们差评！"

客服："亲！如果您对商品不满意的话，我们可以帮您换一下，你看可以吗？"

自控力是就是控制好自己的情绪。客服作为一种服务工作，每天要面对形形色色的人，要想做好自己的工作，首先就要拥有一个积极乐观的心态，学会控制自己的情绪。只有这样才能够从容应对客户，耐心地解决客户咨询的问题。

实践小活动：大家讨论一下如何在工作中提升自控能力，和大家分享一下自己的经验吧！

3）学会尊重客户，给客户良好的服务体验。

网上购物的过程既是购买商品的过程，也是享受服务的过程。如果客服人员能够尊重客户，给客户良好的购物体验，就会赢得客户的信任，与客户建立良好的关系。反之，就会影响客户的购物体验，直接影响店铺的成交量。如情景8：

情景8

客户："我还是比较喜欢这款红色的。"

客服："你确定？"

客户："怎么了？"

客服："这款商品的评价不如我给您推荐的粉色的哦。"

客户："但我就喜欢红色的。"

在此案例中，客服人员没有尊重客户，一直对客户的选择进行质疑，很有可能导致客户放弃购买商品。因此，客服人员应该树立尊重客户的服务心态。在实际工作中，尊重客户要求客服人员以客户为中心、尊重客户的提问、尊重客户的选择、不随意打断客户的咨询、学会倾听客户的需求。

4）懂得使用礼貌用语。

礼貌用语如"您""请""谢谢""很高兴"等会让客户感受到尊重，愿意主动进行沟通。而不尊重的语言会让人产生反感，让客户远离。因此，接待客户咨询时，要懂得使用礼貌用语，避免使用禁忌用语。常见的礼貌用语和禁忌用语见表4-1。

表 4-1 常见的礼貌用语和禁忌用语

礼貌用语	禁忌用语
请您、请、谢谢、很高兴	不行、随便你
我很高兴	我不知道
谢谢您	我现在很忙
很抱歉、请您见谅	这是你的原因
我十分明白您的感受	你可以自己看一下
您对我们很重要	你应该理解我们
我会以最快的速度回复您	你之前找的谁你就找他

2. 过硬的专业技能

作为客服人员除了要具备良好的服务态度之外，还必须具备过硬的专业知识。

（1）语言文字表达能力

把问题说清楚是客服人员的基本能力，在实际的工作中，很多在线客服对客户想了解的信息并没有完全表达清楚。因此，要想成为一名网络客服，就必须具备语言文字表达能力，经常浏览一些宝贝的描述页和商品说明，进行产品话术编写，分析一下能不能将问题表述清楚。

（2）敏锐的观察力和洞察力

客服人员还应该具备敏锐的观察力和洞察力，只有这样才能够把握客户的心理、了解客户需求，针对性地帮助客户解决问题。初级客服只能卖客户非买不可的商品；中级客服可以发现客户的显性需求；而只有高级客服才能够发现客户的隐性需求。

此外，在线客服还应该具备良好的人际沟通能力、专业的打字能力、资料收集能力以及善于学习的能力等。

3. 熟悉平台规则

客服人员除了要具备以上能力外，还需要了解和熟悉相关的平台规则。

店铺在运营过程中需要遵守国家法律法规、同时也要遵守平台规则。平台规则对于维护买卖双方的利益、规范平台用户行为有重要的意义。

下面以淘宝网规则为例，介绍客服人员需要学习并遵守的规则。

（1）商品如实描述

商品如实描述以及对其所售商品的质量承担保证责任是卖家的基本义务。商品如实描述是指卖家在店铺页面、阿里旺旺等所有淘宝提供的渠道中，应对商品的基本属性、成色、瑕疵等必须说明的信息进行真实、完整的描述。卖家应保证其出售的商品在合理期限内可以正常使用，包括商品不存在危及人身、财产安全的不合理危险，具备商品所应当具有的使用性能，符合商品包装上注明的标准等。

业务小贴士

针对该条规则，客服人员在对商品进行描述时一定要准确真实，不能随意夸大商品的功能。对商品使用时应注意的问题，应向客户提前告知，以免造成不良后果。

（2）评价规则

为了确保评价体系的公正性、客观性和真实性，淘宝将基于有限的技术手段，遵循《淘宝网评价规则》的规定，对违规交易评价、恶意评价、不当评价、异常评价等破坏淘宝信用评价体系、侵犯消费者知情权的行为予以坚决打击，包括但不限于屏蔽评论内容、删除评价、评价不计分、限制评价等市场管理措施。

业务小贴士

针对该条规则，在给客户进行评价以及评价解释时要实事求是，且不得使用污言秽语，也不能泄露客户隐私。

（3）严禁泄露他人信息

泄露他人信息是指未经允许发布、传递他人隐私信息，涉嫌侵犯他人隐私权的行为。泄露他人信息的，淘宝对会员所泄露的他人隐私信息进行删除，并扣除信用评价分数，每次扣除6分；情节严重的，每次扣除48分。

（4）严禁违背承诺

违背承诺是指卖家未按照约定向客户提供承诺的服务、妨害客户权益的行为。违背承诺的，卖家需履行消费者保障服务规定的如实描述、赔付、退货、换货、维修等承诺；或卖家需按照实际交易价款向客户或者淘宝提供发票；或卖家需向客户支付因违背发货时间而产生的违约金。

业务小贴士

针对该条规则，提醒客服人员在与客户进行旺旺沟通时，不要轻许承诺，如果主动向客户提出某种服务承诺，那么就必须严格履行。例如，客服人员与客户协商当天发货，如果未能履行，则客户可以以违背承诺为理由进行投诉。

（5）禁止恶意骚扰

恶意骚扰是指客服采取恶劣手段骚扰他人、妨害他人合法权益行为，每次扣 12 分；情节严重的，视为严重违规行为，每次扣 48 分。

恶意骚扰包括但不限于通过电话、短信、阿里旺旺、邮件等方式频繁联系他人，影响他人正常生活的行为。

业务小贴士

针对该条规则，客服人员在处理与客户之间的纠纷或者异议时，一定要注意不要频繁地联系客户，以免影响客户的正常生活与工作，应该以客户方便的时间和方式取得联系。在无法说服客户时，也不得以骚扰的方式迫使客户妥协，要做到有理、有礼节。

任务拓展

1. 实训任务：请熟悉案例中的商品资料，根据客户提问，完成产品话术的编写。

2. 任务形式：两人一组，每个人独立完成后进行互评。

3. 任务时限：10 分钟。

4. 任务要求：

1）熟读背景资料，了解案例中商品的基本属性、使用方法、卖点等内容。

2）结合商品知识，根据客户提问编写产品话术，并结合问题内容将产品话术填写到对应位置。

商品资料：

联想集团是1984年中国科学院计算技术研究所投资20万元人民币、由11名科技人员创办，是我国第一家在信息产业内多元化发展的大型企业集团和富有创新性的国际化的科技公司。

从1996年开始，联想的计算机销量一直位居我国国内市场首位；2005年，联想集团收购IBM PC事业部；2013年，联想计算机的销售量升居世界第一，成为全球最大的PC生产厂商。2014年10月，联想集团宣布公司已经完成对摩托罗拉移动的收购。

作为全球计算机市场的领导企业，联想从事开发、制造并销售可靠的、安全易用的技术产品及优质专业的服务，帮助全球客户和合作伙伴取得成功。联想公司主要生产台式计算机、服务器、笔记本计算机、智能电视、打印机、平板计算机、主板、手机、一体机等商品。

本店是联想官方直营店铺，所售商品均由联想官方货仓统一发货，保证正品，支持专卖店验货。提供7天无理由退换以及1年的全国联保，如有需要可直接申请或拨打官方热线电话400-990-8888。

商品介绍：

联想小新15 2020 十代酷睿i5/i7 15.6英寸轻薄笔记本计算机i5-1035G1/i7-1065G7 16GB/512GB/MX350，价格￥6299.00。支持蚂蚁花呗分期付款（最高可分24期，含手续费）。

商品参数：

商品名称	Lenovo/联想小新15……	品牌	Lenovo/联想	操作系统	Windows 10
屏幕尺寸	15.6英寸	硬盘容量	512GB固态	型号	15 2020
内存容量	16GB	CPU	i5-1035G1/i7-1065G7	颜色	银色
显卡类型	NVIDIA MX350	显存容量及型号	2GB GDDR5		

商品卖点：

1. 十代酷睿i5/i7处理器，释放你的强大。

2. 大尺寸、高色域、全面屏。

3. 智能散热调节，超长续航。

4. 512GB高速固态硬盘。

5. 新一代独立显卡，为创意加速，为游戏加速。

实训要求

结合商品知识，根据客户提问编写产品话术，并结合问题内容将产品话术填写到对应位置。

客户："你们官方旗舰店是正品吗？"

客服：

客户："请问这款笔记本计算机有几个颜色？"

客服：

客户："商品可以享受蚂蚁花呗免息分期吗？"

客服：

客户："用的什么 CPU？"

客服：

客户："屏幕尺寸是多大的？"

客服：

客户："采用的是什么操作系统？"

客服：

客户："这款联想笔记本计算机的性能怎么样？"

客服：

任务 2 在线客服的售前与售中服务

任务情景

花花：师傅，上节课我们学习了在线客服的售前准备工作，那在线服务的过程中有什么必要的技巧需要掌握吗？

糖糖：是的，花花，网店客服不直接与客户见面，也听不到声音，虽然感觉压力好像没有电话客服那么大，但是对于客户脾气性格的把控就更有难度，所以需要把握好一些基本的服务技巧，这样就不会出现太大的问题。

花花：是的，通过上一节课的学习，我知道网店客服人员首先要非常熟悉商品页面，对商品特点以及商品介绍所在的页面位置都要非常熟悉，这是最基本的要求，接下来才能在售中服务到客户。

糖糖：很好，花花。接下来我们要正式工作了。

花花：不过，师傅，我还是有点担心，我怕接待客户时会出问题。

糖糖：花花，不要怕，相信自己，让我们一起看看在接待客户中还有哪些技巧。

任务分析

售前客服的主要职责是接待客户、推荐商品、处理异议、促成订单，关乎客户的购物体验，是网店提高客户服务质量、促进商品交易的重要环节。售中客服指在客户付款后到确认收货前的过程中为其提供服务，主要工作是查件和处理问题订单。售中客服对提高客户满意度有重要的意义。为了能够及时受理客户咨询、高效解决客户问题、树立起良好的店铺形象、打消客户的顾虑、促成交易、提高客户回头率、增加客户满意度、更好地为客户提供优质的服务，客服人员掌握必要的售前、售中服务技巧就显得尤为重要。

要完成接待客户的任务，首先应该从开场白开始。只有了解和掌握开场白的内容和技巧，熟悉开场白的话术，才能留住客户。其次还要了解客户需求，学会商品介绍和推荐，根据客户需求推荐匹配商品或服务。要掌握客户心理、消除客户疑虑，提供更多购物建议以便实现商品成功交易。最后还必须了解订单和支付知识，提升客户满意度，提升店铺的回头率。

本任务要求在线售前客户掌握开场白的内容和技巧，能够热情地接待客户，熟悉客户需求，根据客户需求有效回答客户咨询，还要了解客户心理，学会利用客户心理做好关联商品推荐以及消除客户异议，促成订单。售中客服要掌握支付知识、订单知识和物流知识，帮助客户及时、准确地收到商品。

任务实施

客服人员了解商品之后，需要登录客服系统，输入用户名和密码，登录客服系统（千牛、旺旺等）之后，就开始接待客户了。在接待客户的工作中，还需要将客服人员的重点技能灵活运用在服务的过程中。

1. 学会开场白

俗话说:“好的开始是成功的一半”。对于售前客服人员而言，一个好的开场白能展示客服人员的专业素养，给客户留下良好的第一印象，决定了客户是否愿意继续聊下去。一般来说，开场白的内容主要有以下几点:

1）欢迎语及自我介绍，如“您好！亲，欢迎光临 ×××，我是客服 ×××”。

2）店铺品牌介绍和商品推荐，如“欢迎进入【华唐官方旗舰店】，店内有新品开衫、时尚牛仔裤、新品 T 恤。”

3）商品、店铺促销活动，如“您好！亲，3 月 8 日相约女神节，全店每满 300 减 30，保价 60 天！早拍早发货！祝所有女神节日快乐！快咨询客服了解详情吧～”

开场白除了这些基本信息外，售前客服可以视情况灵活变通。应该注意的是开场白的目的是为了引起客户注意，与客户建立良好的关系，推荐店铺和商品，所以开场白是要掌握一定的技巧的。

（1）巧设欢迎语

大多客服每天都生硬地做着相同的自我介绍:“您好！亲，欢迎光临 ×××，我是客服 ×××，请问有什么可以帮您！”，客户往往看到这里会觉得客服人员比较死板，不够热情。因此要改变死板生硬的介绍方式，如情景 1 和情景 2:

情景1

客户:“在吗?”

客服:“亲！您好！感谢 ××× 商品让我们在这里相遇！我是客服花花，很开心为您服务，请问有什么可以帮您？😊😊😊”

情景2

客户:“在吗？”

客服:“亲亲！您好！遇见您是美丽的开端，因为您花花不再孤单！欢迎光临，我是客服花花，很开心为您服务。😊😊😊”

（2）假借老朋友的口吻，拉近距离

除了别样的欢迎语之外，还可以假借熟人的口吻，拉近与客户之间的距离。这样有利于使客户放松警惕，进而更好地与客户沟通，回答客户咨询。如情景 3:

情景3

客户："在吗？"

客服："亲！我在呢，等您好久了，不知道这次又有什么可以帮您？"

开场白仅是一个开始，也是跟客户接触的第一步，客户可能不会因为一句话的回答方式就直接购买商品，但是这句话的回答却体现了客服人员的专业、热情和礼貌，势必能给服务质量加分。当然开场白的方式是多种多样的，关键看面对什么样的客户以及推荐的店铺商品，任何时候都不要生搬硬套，而应该根据不同的情况灵活应变，这样才能让开场白有创意、与众不同，才能引起客户的注意，与客户建立良好的关系。

2. 做好商品介绍和推荐

对于售前客服人员来讲，做好商品介绍是非常重要的，关系到是否能够准确向客户推荐和介绍产品。商品介绍的内容很多，一般包括商品的基本属性、安装和使用方法以及商品的卖点、关联推荐等内容。这些内容能否介绍清楚、客户是否愿意看介绍，直接影响到客户对商品的购买意愿。所以，只有掌握商品介绍和推荐技巧、了解客户的需求，才能赢得客户的信任，让客户购买商品。

1）了解客户需求。

网店客户都是带着需求进店咨询的，客户购买某件商品，并不是因为你的理由，而是你的推荐符合他的需求。因此，只有了解了客户需求，在推荐商品时才能够有所侧重来突出商品的优势。客户常见的需求主要有以下几个方面：

① 质量需求：例如，"你们商品的质量怎么样？"这说明客户对商品的质量非常关注，接下来这类客户的问题都集中于商品本身。客户纠结的无非是商品本身的质量，如商品的面料和组成是否符合自己的要求、商品能否方便快捷地使用以及商品的各个细节是否精致等问题。对待这类客户，客服需要对商品的各种属性了如指掌，当客户问及商品信息的时候，便能详细地进行讲解。在关联推荐时建议主推高性价比、爆款类商品。

② 时尚需求：例如，"商品是新款吗？"这说明客户对商品的款式特点很关注，客户的问题会更加侧重商品的颜色、款式、设计风格等问题。客户即使选购好了自己心仪的商品，也会咨询商品是否好看、是否适合自己。客服在介绍时，更要强调商品设计师的思路、设计风格定位，同时适当地夸奖、肯定客户的选择。在关联推荐时建议推荐当季最新的形象款、时尚款。

③ 价格需求：例如，"你们的商品可以再优惠吗？"说明客户经济比较拮据、购买能力

低，但又有购买品牌商品的欲望，客户对价格比较敏感，精打细算、重视性价比。面对这样的客户，要重点介绍商品活动信息，如商品促销、打折等信息。在关联推荐时建议主推活动款，如“买二送一活动款商品”。

④ 品牌需求：例如，“你们商品的品牌我怎么没有听过？”说明客户对品牌特别关注，喜欢品牌商品。客服在介绍时，重点向客户介绍品牌的历史、品牌内涵，以及品牌在行业内的地位与知名度，引起客户对于品牌的兴趣，让客户从心里认可品牌，认为有购买这个品牌的必要。在关联推荐时重点推荐本店的新款商品、品牌商品。

⑤安全需求：例如，“宝宝使用安全吗？”说明客户对商品的面料、里料、配件的质量比较敏感，性格谨慎，对商品品质要求很高。客服应善于利用专业知识向客户强调产品面料、里料、配件的安全性与环保性，借助官方权威的证明，让客户获得商品的安全保障，客服还可以主动介绍商品的使用注意事项，专业地普及商品知识。在关联商品推荐时建议推荐有利于商品安全性的辅助商品。

⑥售后服务需求：例如，“你们有发票吗？”说明客户很关注售后服务和产品质量。客服在介绍商品时，更应该从商品的售后服务等角度进行介绍。在商品关联推荐时，建议推荐质量好、售后服务完善的商品。

总之，客户的需求是多种多样的，客服应该学会在与客户的沟通过程中去了解客户的需求，有针对性地引导需求，做好商品的介绍和推荐。

2）根据客户对商品的了解程度，进行分类沟通。

根据客户对商品的了解程度，可以分为不了解、了解、非常了解这 3 个层次，对商品的了解程度不同，沟通方式也有所区别。

① 对商品缺乏认识、不了解商品的客户。这类客户对商品知识缺乏，对客服依赖性强。对于这样的客户需要客服像对待朋友一样去细心解答，多从客户的角度考虑和推荐，并告诉客户推荐这些商品的原因。对于这样的客户，解释得越细致客户就会越信赖。如情景 4：

情景4

客户：“你好，这款水能量臻纯肌底精华液有什么功效？”

客服：“您好，这款水能量臻纯肌底精华液具有滋养肌肤的功效。”

客户：“这款水能量臻纯肌底精华液具有什么特点？”

客服：“亲，您好，这款水能量臻纯肌底精华液有好多亮点呢，浓缩精华，深入肌底呵护；三大珍贵草本，深层修护；同时帮助您淡化细纹，修护受损肌肤。”

② 对商品有些了解，但是一知半解。这类客户对商品了解一些，比较主观、易冲动、不太容易产生信赖。面对这样的客户时，要控制情绪，有理有据、耐心地回答，向客户展示客服的丰富专业知识，让客户认识到自己的不足，从而增加对客服的信赖。如情景 5：

情景5

客户："你觉得这款哪个颜色比较好看，帮我推荐一下。"

客服："我觉得这款的两个颜色都不错，由于每个人的上身效果和喜好都不一样，顾客都是根据个人喜好选择的，暂时选择 ×× 颜色的顾客比较多噢！"

客户："你们衣服质量我知道，就那样。"

客服："您选择的这款衣服是 ×× 品牌的，质量您绝对可以放心，如果有任何质量问题我们 7 天之内包退换"

③ 对商品非常了解。这类客户知识面广、自信心强，问题往往都能问到点子上。面对这样的客户，要表示对客户专业知识的欣赏，表达出"好不容易遇到同行了 "，用谦和的口气和客户探讨专业的知识，给客户专业的推荐，告诉客户"这个才是最好的，你一看就知道了"，让客户感觉到自己真的被当成了内行的朋友，而且要尊重客户的知识，给客户的推荐肯定是最衷心的、最好的。

3. 处理异议

由于客户无法直接接触商品，在购物时会或多或少对商品有一些担心，会对商品的评价、价格、质量等问题提出一些疑问。如果客服人员能够及时了解客户心理、打消客户疑问，就可以促成商品交易。具体来说，客户的疑问主要集中在商品的质量、物流和价格等方面。

（1）商品质量异议

一般来说，网店商品的价格普遍低于实体店，且看不到实物，很多客户会担心价格低是不是商品有问题。

针对这种情况，可以给客户说明价格的由来，说明价格低并非质量问题。具体可以通过以下方法来对客户的疑虑做出解释。

方法一：承认不足。

对于售前客服来说，承认不足会给客户留下诚实的印象，打消客户对商品质量的担心和忧虑。特别是事先说明商品的质量情况，也可以避免后续的纠纷。如情景 6：

情景6

客户："我看这件衣服这么便宜，是不是有质量问题呀！"

客服："亲！您好，这件衣服不是新款的，咱们的详情页是有标注这个信息的哦！如果您对款式有特别要求的话，请购买我们的新款商品，这款慎拍哦！"

方法二：给出证据。

如果客户通过竞品比较，声称商品的质量可能有问题，可以给出证据，给客户分析、说明情况。比如，可以通过售后服务、商品质保证明等信息。如情景 7：

情景7

客户："你们家的手机为什么比旗舰店的便宜那么多呀，质量没问题吧！"

客服："亲，关于质量问题，您可以放心，我们的商品是 30 天无条件退换货，退货邮费我们承担的哦！手机串号是可以在官网上查到的，您可以到售后网点进行检测哦！"

方法三：应用同理心。

如果客户对商品还有疑虑，可以站在客户的角度，应用同理心，借用客户的评论来让客户信服。如情景 8：

情景8

客户："你们的商品没有质量问题吧？"

客服："亲，以前老客户也有同样的疑虑，有过类似的问题。现在商品正在促销，质量绝对没有问题，而且亲，给您看看我们的客户评价——'质量还挺不错，给 5 分'。"

解决客户对商品的疑虑还有很多方法和技巧，在工作中应该边思考边总结，对于一些好的技巧要及时记录。

（2）商品价格异议

有时客户会对价格产生异议，认为商品价格比他想象的要高得多。这时，必须证明商品的定价是合理的。如何证明商品的价格是合理的呢，最常见的技巧有以下几个。

① 强调商品的质量："一分价钱一分货"，通常商品的价格与质量有相当紧密的联系。客服在说服客户时，可以提醒客户在购买商品时不能只看价格，要注重商品的质量。同时可以应用说服技巧，透彻地分析、讲解商品的各种优点，明确客户购买商品后的利益所得远大于支付价格。

② 比较法：为了消除价格障碍，在洽谈中可以采用比较法，它往往能收到良好的效果。比较法通常是拿所推销的商品与另外一种商品相比，以说明价格的合理性。例如，"亲！公司对商品价格都做了最低的销售标价了，亲可以看看同样的商品，我们只卖75元，别人卖95元哦（附上另外一个店铺的截图）！"

③ 平均法：客户在讨价还价时表现出很想买，但由于现在经济情况很差而犹豫不决，此时可以应用平均法，把商品的价格与日常支付的费用进行比较等。由于客户往往不知道在一定时间内的日常费用加起来有多大，相比之下使用商品后日常费用会大大降低，自然就愿意购买商品了。如情景9：

情景9

客户："你们家的抽油烟机怎么这么贵呀？"

客服："亲！我们的抽油烟机是品牌直销，商品的价格是2000元，价格的确有点贵，但它的使用期是10年，这就是说，您每年只花200元，每月只花16元左右，每天还不到6角钱。为了您的健康还是值得的哦！"

在讨价还价过程中，买卖双方都是要做出一定让步的。尤其是作为售前客服而言，如何让步是关系到整个洽谈成败的关键。

虽然每个人都想在讨价还价中得到好处，但并非每个人都是贪得无厌的，多数人只要得到一点儿好处，就会感到满足。因此在洽谈中要在小事上做出十分慷慨的样子，例如，送客户一些小礼品、小配件等。使客户感到已得到对方的优惠或让步。

同时在与客户讨价还价时，要分阶段进行，不能一次降得太多，而且每降一次要装出一副一筹莫展、束手无策的无奈模样。

4. 促成商品交易

在接待客户的过程中客户会出现不再回复和下单后却迟迟没有付款的情况，如果客服放任不管，不进行追单催付，很有可能造成订单的流失。如何进行订单催付、促成商品交易，可以从以下几个方面来努力。

（1）利用“怕买不到”的心理

人们常对越是得不到、买不到的东西，越想得到它、买到它。可利用这种“怕买不到”的心理来促成订单。当对方已经有比较明显的购买意向，但还在最后犹豫中的时候，可以利用客户“怕买不到”的心理来进行催付。例如，“这款是我们最畅销的了，经常脱销，现在这批又只剩 2 个了，估计不到一两天又会没了，喜欢的话别错过了哦”，或者“今天是优惠价的截止日，请把握良机，明天您就买不到这种折扣价了。”

（2）利用客户希望快点拿到商品的心理

大多数客户希望在付款后越快寄出商品越好。所以在客户已有购买意向，但还在最后犹豫中的时候。可以说：“如果真的喜欢的话就赶紧拍下吧，快递公司的人再过 10 分钟就要来了，如果现在支付成功的话，马上就能为您寄出了。”

（3）“二选其一”的技巧

当客户一再出现购买信号，却又犹豫不决拿不定主意时，可采用“二选其一”的技巧。可以对客户说：“请问您需要红色的还是粉色？”或者说：“请问要平邮给您还是快递给您？”，这种“二选其一”的问话技巧，只要准客户选中一个，其实就是帮他拿主意，下决心购买了。

最后，在催付的过程中，一定要准确分析客户未付款的原因，根据客户的需求灵活使用催付技巧。如果客户仍然不为所动，可适时抛出店铺礼品，从而提高店铺的付款率。

5. 售中客服的服务技巧

售中客服主要的工作是查件和处理问题订单，服务处理流程如图 4-11 所示。其主要的工作职责有以下几个方面：

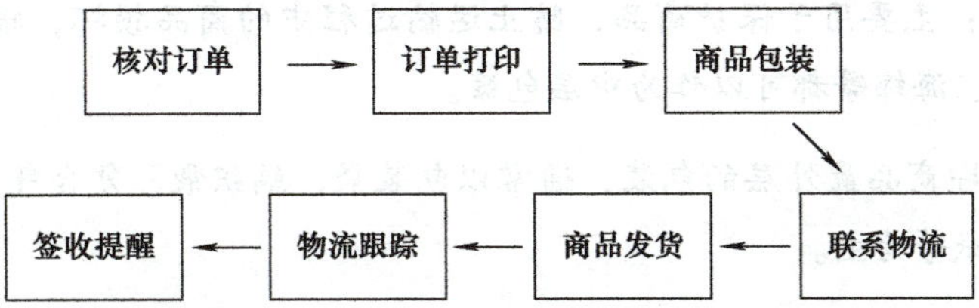

图 4-11　在线客服售中服务处理流程

（1）核对订单

核对订单就是对于下单的客户，售中客服通过标准话术对生成的订单详情进行描述，让消费者再次确认。一般来说订单核对的内容按重要程度依次为：核对地址、核对商品信息、核对备注。

核对地址是订单最重要的部分，地址不对将直接影响收货时间。其次，要核对收货人的手机号码，手机号码是商家与物流联系的直接通道。

商品信息的核对可以降低客户多选、错选商品的概率。客户拍下的订单中，完整的商品信息结构为：商品名称 + 商品属性（颜色、尺码、规格）+ 商品数量。

除了收货地址和商品信息需要核对外，如果遇到商品购买有特殊要求的，则需要进一步确认备注信息：如包装、快递要求、发票等信息。如果客户要求开具发票，作为客服一定要和客户核对以下信息：发票抬头、金额、种类等要求。

核对订单是一项不可缺少的工作流程，它可以有效地降低订单差错率和商品退换率，提高客户的满意度。

（2）订单打印和商品包装

订单核对完成后，就进入订单打印和商品打包环节了。一般来说，可以选择一款订单打印软件，勾选要发货的订单，单击“打印快递单”按钮即可。

为了防止运输过程中的磨损、保证商品完好无损，商品包装是非常关键的，下面了解一些包装小知识吧。

业务小知识

1. 商品打包的原则

不易拆封原则、无损商品原则、礼貌提示原则。

2. 包装的几种形式

内包装：主要有 OPP 自封袋、PE 自封袋和热收缩膜等。

中层包装：主要用于保护商品，防止运输过程中的商品损坏，报纸、纸板、气泡膜、珍珠棉、海绵等都可以作为中层包装。

外包装：即商品最外层的包装，通常以包装袋、编织袋、复合气泡袋、包装盒、包装箱、包装纸等为主。

（3）联系物流

作为售中客服不仅需要确认订单、进行包装，还需要联系物流及时地将快递寄出去，了解和掌握必要的物流技巧是非常重要的。

①了解自己所在区域有哪些快递。首先要了解自己所在的区域有哪些物流公司，一般国内快递比较常用的有圆通、中通、申通、百世汇通、韵达、顺丰等快递公司。

②比较各个快递公司，根据客户需求和商品的特点选择适合的快递。例如，速度快、质量好的快递公司一般价格会高一些，如顺丰快递；还有一些快递公司发货速度稍慢，但价格合理，如果客户没有特殊要求，也可以选择这些快递公司。

（4）及时发货并跟踪物流

联系好物流公司并打包好商品后，待快递人员取货成功，即表示商品已进入物流运输阶段，此时客服人员要在淘宝后台中设置商品发货，告知客户商品已经正常发货。同时售中客服需要进入快递公司官网输入快递单号进行查询和跟踪。

如果卖家迟迟不发货或延迟发货，将承担相应的损失。例如，淘宝要求，客户付款后卖家要在 72 小时内完成发货，特殊情况下，如双十一期间，卖家需要告知客户延时发货，否则淘宝会认为卖家妨碍客户高效购物的权益，对卖家处以扣 3 分的处罚，并向客户赔偿商品实际交易金额的百分之五（最高不超过 30 元）。

（5）签收提醒

当快递在派件途中，客服可以以短信的方式提醒客户注意签收。这样会让客户感觉到店铺的细心和温馨，还能及时向客户反馈包裹的发送进度。例如，“亲！您购买的商品已经签收，若满意请给五星好评作为鼓励吧！将好评截图发给客服还可以获赠 10 元无门槛优惠券哦！如果对商品和物流有任何问题都可以联系我们，感谢您的支持。”

必备知识

1. 了解千牛工作台

千牛工作台是客服人员在工作中经常使用的沟通工具，是阿里巴巴集团官方出品的供淘宝卖家、天猫商家使用的工作软件。常用功能包括宝贝管理、店铺管理、货源中心、营销中心、接待中心等。目前有计算机版和手机版。

① 登录千牛系统。

在千牛工作台中输入淘宝卖家的账号和密码，登录千牛系统，如图 4-12 所示。

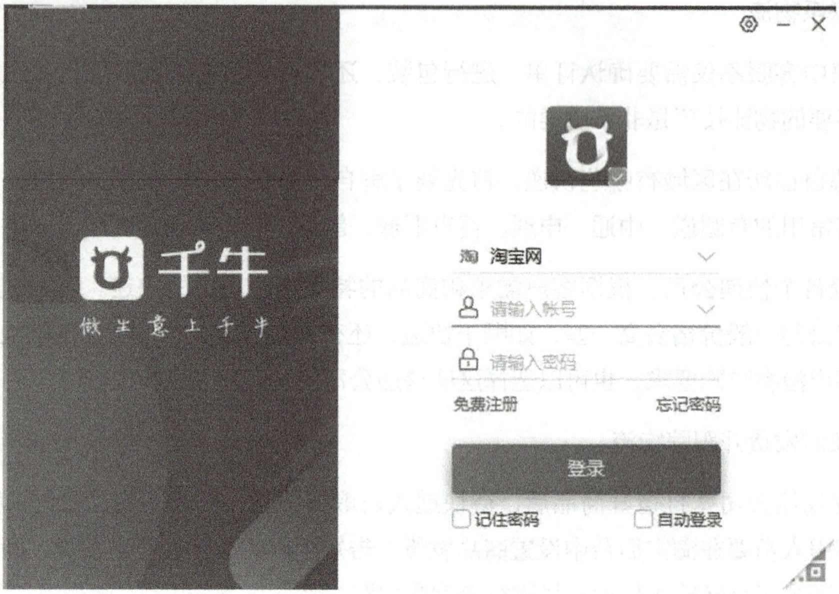

图 4-12　登录千牛系统

② 设置系统自动回复。

系统自动回复是千牛工作台的功能之一，是将设置好的客服话术保存在千牛工作台系统内。客户在进店询问时，系统自动回复客户。一般来说客服需要手动回复，但在一些特定情况下，例如，活动期间或者咨询客户较多的情况下可以设置系统自动回复，取得缓冲时间。

在千牛中设置自动回复的步骤如下：

步骤一：单击“接待中心”按钮，进入接待中心面板，如图 4-13 所示。

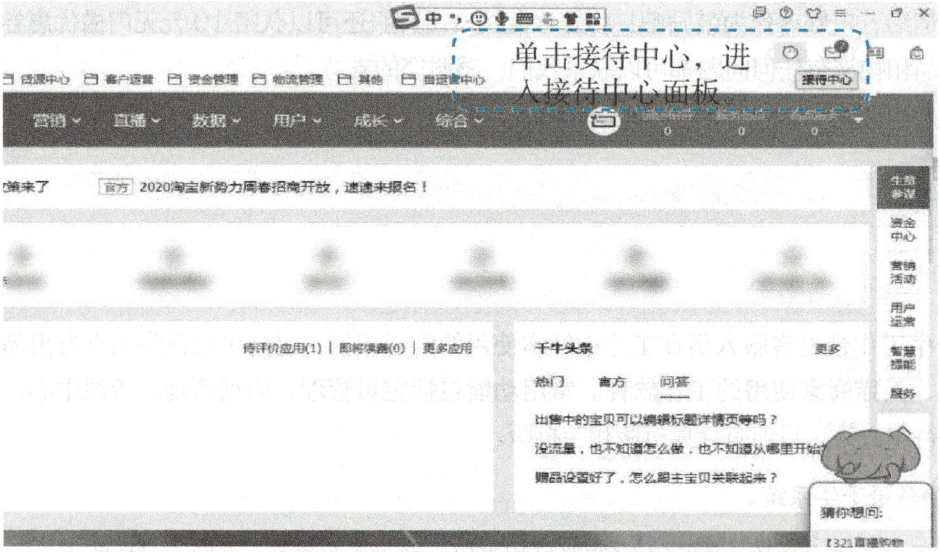

图 4-13　单击“接待中心”按钮

步骤二：单击“系统设置”按钮，进入系统设置面板。单击“接待设置”按钮，进入接待设置面板。单击“自动回复”按钮，进入自动回复面板。在自动回复文本框内，输入编写好的客服话术，单击“新增”按钮即可，如图 4-14 所示。

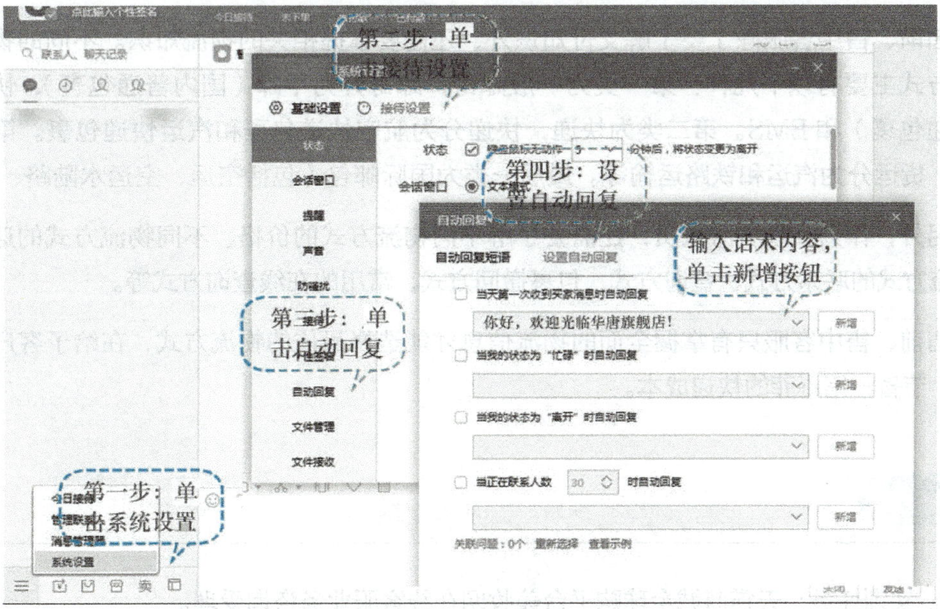

图 4-14　设置面板

2. 售前客服必备的淘宝知识

（1）淘宝付款规则

售前客服不仅需要了解商品知识，还需要了解网店的付款规则，才能更好地提供服务。以淘宝网为例，目前支付宝支持网银支付、快捷支付以及货到付款 3 种付款方式，客户可以根据实际情况，选择最适合自己的付款方式。无论使用哪种支付方式，淘宝交易都会担保。

方式一：网银支付。

网银支付的操作方式是客户可以在支付宝收银台选择“网上银行”付款方式，跳转到银行页面输入银行相关信息完成付款。

方式二：快捷支付。

快捷支付是支付宝联合各大银行推出的一种全新的支付方式，只要有银行卡，就可以在支付宝付款。无需登录网上银行，可直接输入卡面信息及持卡人身份信息，根据安全规则可通过验证银行预留的手机接收校验码完成签约或支付，是一种便捷、快速、安全的付款方式。快捷支付（含卡通）类型：储蓄卡快捷支付、信用卡快捷支付和原来的支付宝卡通。

方式三：货到付款。

在淘宝上，不是每个商家都开通了货到付款功能，只有客服开通这个功能后，客户才有该支付选项。如果客服开通了此项功能，客户可以在下单时单击“立即购买”按钮并选择“运送方式”为“货到付款”即可。

（2）物流知识

售前、售中客服除了要了解支付知识外，还需要掌握相关的物流知识。不同的物流及其运作方式主要有以下几种：第一类为一般邮寄，邮寄分为平邮（国内普通包裹）、快邮（国内快递包裹）和 EMS。第二类为快递，快递分为航空快递包裹和汽运快递包裹。第三类为货运，货运分为汽运和铁路运输等。最后一类为国际邮包（包括空运、空运水陆路、水路）。

另外，作为在线客服人员，还需要了解不同物流方式的价格、不同物流方式的速度、不同物流方式的联系方式、查询方式、包裹撤回方式、常用的在线查询方式等。

售前、售中客服只有掌握全面的物流信息才能选择最佳的物流方式，在给予客户免邮优惠时，节省一笔不菲的快递成本。

任务拓展

1. 实训任务：天猫商城全球购平台美妆网在线客服业务咨询受理。

2. 任务形式：两人一组，以 QQ 账号来模拟客服账号，登录 QQ 账号，完成客户和在线客服人员的在线业务咨询和受理。

3. 任务时限：30 分钟。

4. 任务要求：

1）仔细查阅下面的商品页面背景资料，熟悉商品信息，完成客户对于商品的在线咨询。

2）客户主要围绕商品特点、商品适合的肤质、商品使用、商品价格等问题展开咨询。

3）在线客服人员根据客户提问来解答，并运用在线客服技巧促成订单交易。

4）完成模拟在线咨询过程后，将咨询过程写在下方的沟通记录中。

沟通记录

客户	
在线客服	
客户	
在线客服	
客户	
在线客服	

（续）

客户	
在线客服	
客户	
在线客服	
客户	
在线客服	
客户	
在线客服	
客户	
在线客服	
客户	
在线客服	
客户	
在线客服	

背景资料

天猫商城全球购平台美妆网主要在线销售国外的各类美妆商品，主要的客户群体是女性顾客，以下商品是客户咨询购买的科颜氏金盏花面膜，商品信息如图 4-15~ 图 4-19 所示。

图 4-15 产品信息 1

图 4-16　产品信息 2

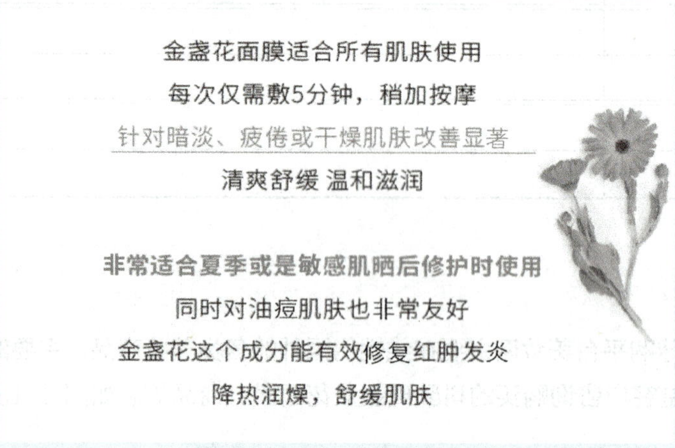

图 4-17　产品信息 3

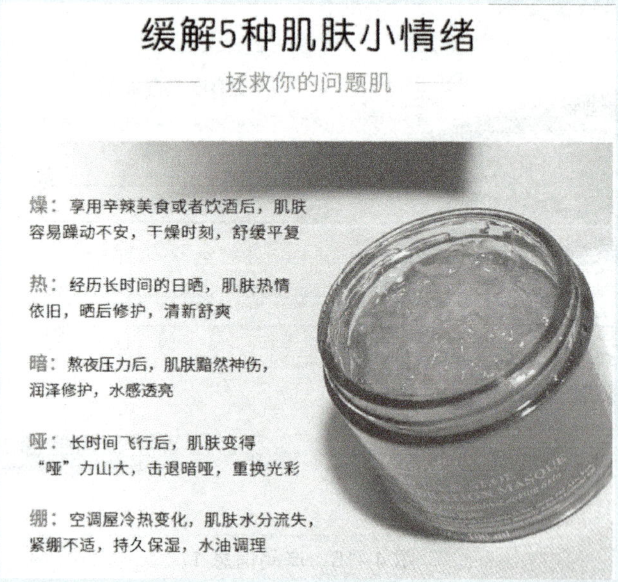

图 4-18　产品信息 4

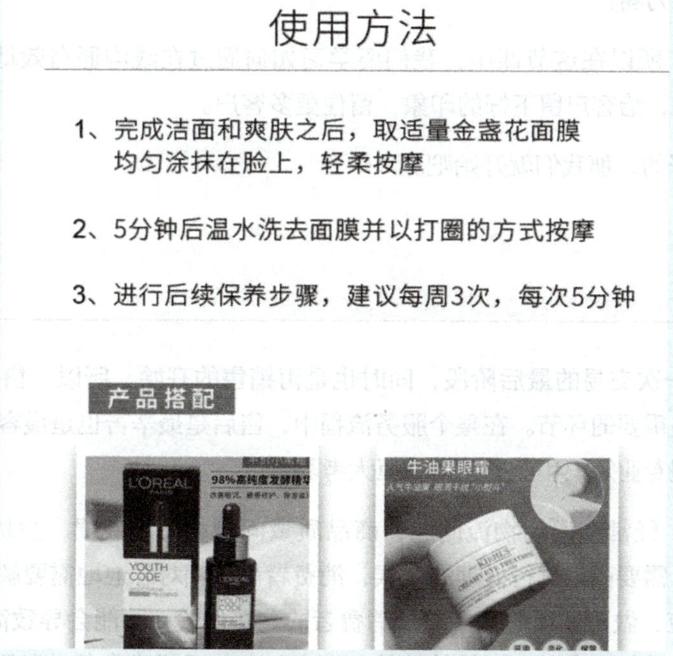

图 4–19　产品信息 5

任务 3　在线客服的售后服务

任务情景

花花：师傅，您好。我们前两次课学习了在线客服的售前、售中服务技巧，今天该学习售后服务了吗？

糖糖：是的啊花花。售后与售前、售中有很大的区别。

花花：师傅，那最大的区别在什么地方呢？

糖糖：售后主要面临的都是客户的质疑和问题，所以对我们客服的素质要求很高。不只要有足够的耐心，而且要能接受客户的非议。

花花：这样的啊。那是不是要求我们不仅要第一时间响应，而且要有解决问题的能力和安抚客户情绪的能力啊？

糖糖：对的，所以在这节课中，我们要学习如何通过在线沟通有效地解决客户的问题，而且还要通过沟通，给客户留下好的印象，留住更多客户。

花花：哦，好的，那我们就开始吧。

任务分析

售后工作是一次交易的最后阶段，同时也是再销售的开始。所以，售后服务是客服工作流程中的一个至关重要的环节。在整个服务流程中，售后是最辛苦也是最容易遭到客户非议的环节，更是对客服专业知识和业务能力的巨大考验。

在成交之后，经常会遇到物流问题、商品质量问题、货物破损、少货、发错货等问题，当客户遇到问题、需要商家进行处理的时候，消费者都是相对急迫地需要解决问题，售后客服不能第一时间响应、做出处理，就会降低消费者的购买体验，可能会导致简单的问题复杂化。所以，为了掌握主动权，客服可以持续地关心客户，主动了解消费者对商品的满意度。如果客户提出意见，要及时采取措施，迅速有效地解决问题，从而增进与客户的良好关系，并使自己的销售服务水平得到改进。

本任务主要学习在线客服售后处理的典型问题，通过基本知识及案例的学习，掌握常见售后问题处理的技巧与相关知识。

任务实施

在线售后客服人员在受理售后业务时，典型的售后业务主要有：快递物流信息的查询、一般的售后问题咨询、纠纷处理、退换货／退款处理。

1. 快递物流信息的查询

客户购买商品后，等待快递的心情一般都是非常急切的，现在大部分的网上商城，尤其像天猫、京东这样的大型电商平台都会很迅速地发货。若长时间不发货或快递信息未按预期时间更新，会出现咨询或质问快递的情况。快递物流咨询的问题通常有以下两种情况：一是快递的物流信息没有及时更新，客户不知道包裹的去向；二是由于不可抗力或快递公司未能及时派送等原因，导致客户的快递未能准时到达。当客户迟迟收不到商品并开始产生不良情绪时，客服人员首先要稳定客户的情绪。

如果遇到库存不足等原因导致未能及时发货，则应及时回复客户，安抚客户的情绪，给客户一个合理的解释，以求得到客户的谅解。

【案例】

客户：在吗？

客服：您好，很高兴为您服务，请问有什么可以帮助您的？

客户：我买的东西都一个星期了，怎么还没收到啊。

客服：非常抱歉，稍等一下，我查询一下物流信息（应尽快查询，不能让客户等待过长时间）。

客户：快点查询。

客服：您好，刚查了物流信息，包裹已经到达您所在的地区了。可能是快递员还没有来得及配送。这样，我现在立刻联系快递公司，问明原因，然后回复您，争取尽快为您送到。

客户：好吧……

客服：感谢您的理解，十分抱歉，给您添麻烦了。

在客户比较着急的情况下，客服应第一时间做出响应，告诉客户我们已经是第一时间帮忙处理了，让客户耐心等候，处理的过程可能会有点慢、会耽误点时间，要跟客户解释清楚，请求客户的谅解。在应对客户的质疑时，态度是最重要的，响应速度一定要快，还要有足够的耐心。一定要让客户感受到真诚，而不是什么话都不说，自己闷头处理。

应对客户关于快递的疑问一般遵循以下流程：

1）安抚客户不要着急，承诺会立刻为其联系快递公司，给出一个满意的答复。同时，要求客户配合工作，例如，再次确认收货信息等。

2）确认客户的收件地址和后台发货地址一致，立刻对快递单地址进行确认。

3）联系发货的快递公司询问情况，并做详细记录。一定要确认包裹的位置、运送的方式等，及时跟进。

4）回复客户从快递公司了解到的信息，耐心与客户交谈，告知对方包裹的情况，正在努力配送，让其耐心等待。

5）如果遇到发货物品被搁置，首先与快递公司协商并确认责任人，让快递公司赔偿损失，然后跟客户联系，协商事情的处理方法。

按照这样的处理方式，客户的气应该消了一大半。要想做好这项工作，客服需要熟悉业务，能迅速联系快递公司、核实信息，弄清楚具体情况后给客户一个答复。

快递的查询是相对简单的售后工作，具体步骤是先查询客户订单，根据订单号查看物流信息，然后和物流公司保持畅通联系，及时准确地查出客户的订单是否发出、是否到达、是否在派送中。遇到延迟的快递，客服要弄清楚具体问题出在哪，与快递业务员核实信息并催促派件。有了确定的快递送达信息后，要及时告知客户。

2. 一般的售后问题咨询

在客户通过线上平台购买商品之后，可能会对商品等相关信息进行咨询，比如，客户收到商品之后会咨询客服人员商品的使用方法。这个时候在线客服人员一定不能因为订单已经成交就怠慢客户，而需要耐心地回复客户。一个好的售后服务能够为网上店铺增加信誉，带来回头客。

对比以下两个案例：

【案例】

客户：老板，游戏机收到了，怎么下载游戏呢？

客服：亲，用数据线连接游戏机和计算机，用计算机下载就行了。

客户：还是不懂，去哪里下载呢？

客服：看说明书。

客户：什么态度啊。

客服：您好，我不在计算机旁，有事请留言（自动回复）。

客户：你告诉我从哪个网址下载就行了，问你的问题也不回答我。那我退货了啊。

客服：您好，我不在计算机旁，有事请留言（自动回复）。

客户：我要退货。

【案例】

客户：老板，游戏机收到了，怎么下载游戏呢？

客服：亲，用数据线连接游戏机和计算机，用计算机下载就行了。

客户：还是不懂，去哪里下载呢？

客服：亲，在线有点说不清楚，我给您发个说明书的电子版吧，这个说明书上面有具体操作方法和使用技巧。您仔细看后就能学会哦，如果有哪里不明白的地方可以再来问我，好吗？

客户：哦，好的，谢谢你啊。我看一下，有什么不明白的你一定要教我啊。

客服：嗯，好的，有什么问题给我留言，我会及时回复的。保证让您学会使用方法。

客户：好的。

案例中客户在收到商品后，就商品的使用问题咨询客服人员，第一个案例中客服人员由于态度冷淡、敷衍且回复不及时，让客户感觉到非常不满意，以至于产生了退货的想法。所以一旦出现这种情况，客服人员首先要安抚客户，在了解问题后耐心地提供解决方案，让客户没有后顾之忧，体会到你在真诚地为他解决问题。问题解决后，也要告诉客户以后遇到问题随时可以来找自己，以表示对客户负责，给客户留下好的在线服务体验。

3. 纠纷处理

客户购买后，如果对商品不满或者在使用中出现了问题，可能会向客服抱怨和投诉。纠纷处理是十分重要的，处理不慎就会使客户做出差评甚至使店铺遭到投诉，从而影响店铺的整体评分。

在交易过程中，买卖双方发生纠纷是不可避免的，当遇到客户的投诉和抱怨时，作为一名客服人员应该尽量协调和妥善地解决问题，在不影响生意的情况下，尽快找到一个双方都可以接受的平衡点。

（1）商品质量问题

如果客户在收到商品之后发现商品质量方面有问题，那作为客服，首先和客户确认是否真的是产品质量问题。如果是由于客户原因损坏了商品，那么一般来说这样的情况是不承诺给客户退款或调换商品的。

如果是因为客户使用方法上的问题，那么客服人员一定要在线指导客户进行正确的使用，避免客户对商品产生误解。

如果确定是质量问题，那么客服人员根据公司的对于质量问题的规定予以处理。一般来说，首先要给客户致歉，根据商品性质给客户调换商品或者补发质量合格商品。

（2）商品货物少件

很多电商平台个体商家在收到客户反映收到货物少件的第一时间就怀疑客户，在沟通中还带着很多情绪。对于这种情况，客服应该调整心态，理解客户，把事情弄清楚，把责任厘清楚。只要找到责任方，就可以轻松地解决问题了。当遇到这类问题的时候，应该怎样处理呢？

1）请求客户提供货物、快递包装袋等照片，确认货物的真实情况，与客户确认签收时的情况。这个时候要注意与客户说话的语气和态度，让客户感觉到是带着解决问题的诚意来提要求的，大部分客户是愿意配合的。

2）自检发货环节是否出现了问题，如果是自身发货出现问题，直接对客户致歉，并表示补发货物或者退款。

3）如果自检环节没有问题，可以向客户了解是否本人签收，是否有验货等情况，并向快递公司进行核实和索要底单凭证。

4）如果是客户本人签收发现问题，商家需要立即与客户协商补货或退款事宜。处理好客户的问题后，商家还需要与物流协商赔款事宜。

5）如果货物在客户不知情的情况下第三方签收出现了问题，商家可以联系物流公司索赔并给客户补发或者退款。

（3）发错货

很多商家都出现过发错货的情况。当出现发错货问题的时候，只要不是客户急用的商品，一般只要客服致歉并承诺尽快调换，客户都是愿意配合的。具体可以按照如下流程与客户沟通：

1）先确认客户网上的订单商品是否和发货时的商品一致。

2）如果一致就可能是客户下错了订单，客服要仔细向客户解释。

3）如果发现商家发的商品和客户订单确实不一致，那么就可以确认是发错了商品，及时向客户致歉，安抚客户情绪，尽最大的努力做出补偿，如包邮退换、送优惠券、红包或小礼物等。

4. 退换货/退款处理

随着电商产业的爆炸式发展，退货率也在增长，对于网店经营来说成本也在不断地增加，对于客服来说，应当处理好退货问题，尽可能降低商家的损失并从中吸取经验教训。不管是什么原因引起的退货、退款，应对起来都是有共同之处的。

（1）延迟发货的退款

通过网络电商平台购买商品经常会发生由于商家延迟发货而产生的退款情况。在这种情况下，如果是由于商家的客观情况而发生的发货延迟，一定要在客户在线购买之前或者购买之后立即告诉客户，让客户有心理准备。如果客户在等了两三天之后还没有发货，一定会咨询客服人员，客服人员应该及时向客户解释原因，并告知发货时间，如果客户得不到回复，则会发生取消订单、退货的现象。

如果是商家因缺货、遗忘等原因延迟发货，错过了发货时间，那么就应该主动致歉，并给予客户一定的赔付。

（2）七天无理由退换货

现在很多电商平台都有了七天无理由退换货服务，但是退货时双方总会因为客户是以个人原因退货，还是因为商品质量问题或者描述不符等原因退货产生。作为客服应该怎么办呢?

首先，当客户反映是商品有问题而想要退货时，需要与其进行在线沟通，然后将了解记录截图保存，方便以后取证。

其次，如果是因为客户的原因，如衣服尺码不合适、商品功能不能满足需求等，客服需要主动告诉客户，商品都是有标准的，如果是客户自身原因导致的不合适，客服需要向客户解释清楚，然后让客户按照“七天无理由退换货”进行退货。

【案例】

客户：“在吗？”

客服：“在的亲，请问有什么可以帮您的？”

客户：“衣服我收到了，但是我刚才试了一下，尺码有点小，我穿不上，你们家不是七天无理由退款吗？我想退了重新买一件别的款式。您看需要怎么处理？”

客服：“亲，我们是支持七天无理由退换货的，请问衣服的商标、包装都还在吗？因为这也算是商品的一部分，如果没有了，我们收到了也是不能二次销售的，所以跟您确认一下，如果没有问题，您可以拍照给我看一下，然后申请退款就行了。”

客户：“好的，东西都在呢，放心吧。照片已经拍好了，您看下。”

客服：“好的，照片看到了，没有任何问题，我们的地址是×××，这是我们的一些退换货的注意事项，您看一下，没有问题的话就直接退回来吧。”

客户：“好的，我现在就给你们邮寄过去。”

客服：“好的，没问题，我们店又出了几个新款的衣服，都挺受客户欢迎的，里面也许就有您喜欢的款式，您可以看看哦。”

客户：“好的，那我去看看。”

（3）质量问题退换货

如果是因为商品存在质量问题，客服人员要及时向客户致歉，并给予解决方案。一般客服可以根据以下情况进行处理：

1）如果瑕疵品不影响使用，则可以协商补差价不退货。

2）如果客户不接受瑕疵品，则可以承担来回运费让客户换货。

3）客户不想要该商品了，可以协商补差价换购其他款式。

4）如客户执意要退货退款就尊重客户的想法，配合客户完成退款流程的申请操作。

（4）客户主观原因要求退换货

很多时候的退货并不是商品的问题引起的，而是客户个人主观喜好提出的要求，这时售后客服应该如何应对呢？首先询问客户出于什么原因需要退货，当了解了具体原因之后要进行分析，如果是客户确实不喜欢或者尺寸不合适的原因，也是可以退换货的，但是需要客户来承担运费，在沟通过程中一定要有理有据，耐心与客户沟通。在任何情况下，都不能与客户发生争吵。

必备知识

1. 客服售后纠纷处理原则

（1）快速反应

客户提出收到的商品与描述的不一样或者有其他问题，客服一定要第一时间做出反应。告诉客户，我们已经收到您的反馈，会尽力配合客户处理这个问题。

（2）耐心倾听客户抱怨

客户由于商品或者服务原因抱怨的时候，作为在线客服人员一定要用积极的语气回应客户。相对于电话坐席人员来说，在线客服人员的压力较小，对于客户抱怨也是通过在线沟通来解决，因此更要有耐心并做出必要的解释。

（3）诚恳地向客户做出适当道歉

不管是自己的原因、客户的原因，还是快递服务的原因，在发生产生质量问题后都要诚恳地向客户道歉，让客户有被尊重的感觉，并能够挽留住客户，避免客户流失。

（4）提出补偿建议

不管是哪方面的原因，都要提出补偿建议。比如，客户收到货后不满意，给他提出补偿建议并给予退货，实际上只要是加入了“七天无理由退换货”，客户就有权利退货，但是由客服提出来比客户自己提出来的效果要好。

2. 中差评回复常用的解释话术和解决方法

（1）客服回复慢引来的差评

有时候由于咨询的人比较多，客服回复慢而引来的差评可以算是最不该出现的、最可惜的和最应该解决的情况了。

这时候要先拿出道歉的态度，耐心地向客户解释问题产生的原因。这样既可以吸引客户回顾店铺，又可以让客户消消气，改评价的概率也就大了。

解释话术：亲，您好，由于光临本店的客户比较多，客服暂时忙不过来，回复您慢了真的感到抱歉。您的差评是我们客户服务的警钟，我会加强客服培训，避免以后出现类似的情况。也感谢您对我们店的支持，您的光临是我们的动力，希望您能够有一个完美的购物体验！

（2）客服服务态度不好引来的差评

这可以算是一种比较常见的情况，这种情况的产生是由于客服本身的语言素质、客户比较难缠等原因导致的。无论是客服的原因还是客户的原因，作为卖家都必须先向客户致歉，站在客户的立场思考问题，要让客户体验到被重视、被热情款待，给客户留下好的印象，差评的问题也就迎刃而解。

解释话术：亲，真的很抱歉，由于客服面对的客户比较多，真的很辛苦，难免会心浮气躁，对于这点我已经严厉批评他了，也做出一系列的惩罚与改革，作为店长我向您保证，您下次光临本店时将竭力为您提供优质的服务。

（3）关于发货问题引来的差评

很多卖家有时候比较忙，特别是举行一些比较大型的活动时，往往会出现发错货、忘记发货、发货不及时等现象。作为客户遇到这种情况时，常会给卖家中差评。

解释话术：亲，由于本店宝贝很受欢迎，购买人数较多，工作人员忙不过来，由于疏忽给您发错货 / 忘记发货 / 发货不及时，我们深感歉意！为此我们制定了一个改革机制，对每一个下单的客户按下单时间顺序排列起来，按顺序发货，避免发错单 / 漏发单 / 延迟发货。希望下次能够给更多客户一个完美的购物体验，也谢谢亲的支持！

（4）物流速度比较慢引来的差评

对于一些偏远地区或者是由于气候影响导致物流速度减慢，很多客户不能准时收到货，气冲冲地就给了一个中差评，这点对于卖家确实有点冤。

解决此类问题时完全可以从物流方面进行解释。

解释话术：您好亲，在发货途中，由于地区还有天气的问题延缓了发货速度，我已经跟快递公司的老板联系上了，他让我转达对您的歉意！如果您下次能再光顾一次小店，他亲自给您打包包裹，第一时间给您发出。确实对不起了，拆包裹的时刻是最幸福的，耽误了那么久的幸福时刻，给您添麻烦了，商品有后续问题请及时联系我们，优先处理哦。

（5）发货途中物件损坏引来的差评

运货途中由于快递工作人员疏忽损坏了运送物件，这也是一种常见的现象。客户收到货后，以为是卖家的宝贝有问题，二话不说给了中差评。

解释话术：您好亲，经查实验证，我们发货时的宝贝完好无损，是发货途中由于快递工作人员的疏忽导致物件损坏，他们也是深感抱歉！我也联系过他们老板，下次如再出现必将终止合作，他们也会给亲做出一定的赔偿处理。

（6）质量问题引来的差评

客户一般都比较注重商品质量，所以必须要保证商品的质量过关，这样才可以留住老客户。所以有时候由于疏忽对商品处理不当而导致中差评的必须严格对待，及时处理。

解释话术：亲，确实抱歉，由于生产过程中很难避免会出现一些瑕疵，所以导致质量方面的会稍微差一些，我们也跟厂家反映过这个问题了，我保证下次绝对不会再出现这种类似情况，这边也会加强发货之前的检验工作，尽力做到万无一失。对于出现此类问题的客户们，我们的售后都在，帮您解决问题是我们的宗旨，给您一个满意的答复是我们的目标。祝您购物愉快！

（7）实际商品与商品描述不同引来的差评

由于色差或者尺寸导致实物跟描述中的不同而引来的中差评也是比较常见的，应付这种情况也需要一定的技巧与方法。首先了解实物哪方面与描述不同，然后加以解释。

解释话术：（色差方面的）亲，由于拍摄过程中不同光线导致跟实物有误差，我们为给您带来的不便感到抱歉！我们会尽力把误差最小化，如果对此有所忌讳的亲们请慎重拍下。（尺寸方面的）亲，购买之前尺寸不懂的话最好咨询客服或者参照详情页的尺寸表，根据不同需求选择不同的尺寸，同时建议根据平时自己的尺寸来选择，不过有点误差还是在所难免的，毕竟布料等都是不同的。我们的宝贝还是比较受客户欢迎的，质量有保证，售后完善，大可放心订购！

（8）其他问题引来的差评

有时候一些客户比较纠结，常会选择购买比较便宜的商品，可是收到货后发现跟之前想象的差别很大，一气之下就给了中差评。这类问题是客户期望值过高等原因造成的。

解释话术：亲，老实说，这个价格已经是对得起这个质量了，我们虽然比不起大卖家，但是我们都是会凭着良心做事，先谈质量、再谈价钱，大家有目共睹，我家商品也是受大多数客户的欢迎，希望您是第一个不满意的，也是最后一个不满意的，店铺优惠期间，买2包邮，优先抢购吧！

（9）款式不喜欢等客户主观原因引来的差评

这主要是客户的问题，但是不要觉得客户是在无理取闹，尽量保持好的态度跟客户沟通。

解释话术：亲，相信您是经过千挑百选才会决定下单的，但是收到货后却说款式不喜欢，难道亲在挑选的时候是光看价钱不看商品图片，还是我们的图片没能吸引您的注意，还是您下错单了呢，如果真的是这样，那我只能说跟您说声抱歉！也提醒各位客户选择自己心仪的商品再下单，要不我们快递小哥辛苦的工作就白费了，望亲体谅，谢谢！

任务拓展

1. 实训任务：请根据在线售后客服服务技巧，正确处理任务中给出的情境。

2. 任务形式：两人一组，角色扮演客户和客服，然后交换角色，完成后进行互评。

3. 任务时限：10分钟。

4. 任务要求：熟悉售后客服的服务技巧及应对话术，客服角色面对客户设定的情境给予最合理的、能够为商家带来最大利益的回复。

5. 模拟过程中按照以下场景进行（见表4-2）。

表4-2 模拟场景

场景	问题
场景一：客户询问快递问题	1. 怎么到现在还没有发货
	2. 我的快递到什么地方了
场景二：售后接待	1. 这个商品是怎么使用的啊
	2. 我根据说明书正确使用，怎么还是不能用啊
场景三：纠纷处理	1. 商品质量有问题
	2. 收到商品有破损
	3. 少发货
	4. 发错货

（续）

场景	问题
场景四：退换货 / 退款处理	1. 延迟发货
	2. 七天无理由退换货
	3. 商品质量问题
	4. 客户主观原因要求退换货
场景五：中差评处理	1. 质量问题
	2. 服务问题
	3. 物流问题
	4. 心情问题

任务 4 在线客服的关键绩效指标与评价

任务情景

花花：经过这段时间的努力，我已经掌握了在线客服的服务技巧，但是我有个问题，如何对这些服务质量进行评价呢？

糖糖：花花，你问了一个很好的问题，这就涉及在线客服的关键绩效指标与评价。

花花：哦，在线客服和电话客服一样，也有绩效指标呀？那都是哪些指标呢？

糖糖：主要是围绕在线客服的服务态度、服务质量来展开的评价标准。

花花：好的，那本节课我们就要学习这些内容了。

任务分析

为了公平、有效地评价在线客服人员的工作业绩、工作能力和工作态度，及时纠正偏差、改进工作方法、激励争先创优、优化整体客服团队，从而全面提升客服质量和企业效益，需要对在线客服人员进行绩效考核。对在线客服人员进行绩效考核的结果可以作为公司进行人员薪资调整、培训规划、职位晋升和岗位调动的决策依据。将绩效考核融入公司管理过程，在考核中形成员工与公司双向沟通的平台，有利于增进管理效率、推动公司良好运作。

本着公平、公正、引导、激励的原则实施考评，客服人员的考评结果将与本公司业绩和个人业绩直接挂钩，业绩考核除了能够体现一个客服人员的专业素质之外，也是薪资的主要参考依据，直接决定着个人的收入和职业生涯。

根据在线客服人员服务阶段的过程，绩效指标也涵盖售前、售中和售后的评价指标。本任务将共同学习在线客服人员几个阶段的绩效评价指标。

任务实施

一般来说，售前在线客服人员主要负责售前接待，处理客户在购买过程中遇到的各种问题。售后客服则有所不同，更多地倾向于解决客户在购买后存在的各类问题。针对售前、售中、售后工作性质的区别，售前客服的考核主要为接待响应，售中客服的考核主要为销售绩效和服务绩效，售后客服的考核绩效则以服务绩效为主。

1. 售前KPI指标

售前客服主要为接待响应，包括接待能力和接待效率。

1）接待能力主要包括访客数、咨询客服人数、客服咨询率、咨询客服人次、客服回复人次，通过这些指标可以知道店铺的接单量。

①访客数：指访客唯一 IP 的总数量。

②咨询客服人数：指统计周期内，所有咨询过人工客服的累计去重人数。

③客服咨询率：指统计周期内，所有咨询人工客服的人数 / 店铺所有访客数。

④咨询客服人次：指统计周期内，所有用户咨询过人工客服的总人次数（如一个用户咨询了 *n* 个客服，则咨询客服人次为 *n*）。

⑤客服回复人次：统计周期内，所有人工客服在线回复所有咨询客户的总人次数（如一个客服回复过 *n* 个客户，则客服回复人次为 *n*，不包含自动回复）。

2）接待效率主要包括客服平均响应时长（秒）、客服首次响应时长（秒）、客服回复次数、客服 30 秒内响应次数、客服 10 分钟内未响应次数，通过这些指标可以知道客服在接待过程中的效率。

①客服平均响应时长（秒）：所有人工客服响应总时长 / 总客服人数。

②客服首次响应时长（秒）：所有人工客服第一次回复客户的响应总时长 / 总客服人数。

③客服回复次数：所有人工客服回复客户咨询问题的数量累计数（如客服回复一个问题则计为 1 次）。

④客服 30 秒内响应次数：指客户进入队列后，人工客服在 30 秒内的咨询量占比，即 30 秒内的接待量 / 咨询量。

⑤客服 10 分钟内未响应次数：指周期内所有人工客服超过 10 分钟未响应咨询的总次数。

2. 售中KPI指标

根据售中客服的服务性质，将指标分为销售绩效和服务绩效两个部分。

（1）销售绩效

①咨询客服次数：所有客户咨询单个客服的问题数量累计数，即客户咨询一个问题则计为 1 次。

如果咨询客服的次数较少，则有可能是因为网店缺少流量，关注的人太少。根据这种情况，商家可以进行多渠道引流，多参加一些促销活动，并针对老客户举行优惠活动，从而提高店铺的流量。

②客服支付金额：所有同单个客服咨询过且引导成功的支付商品的总金额。

如果有部分客服所引导的支付金额较低，则可能是由于他们对商品不够熟悉、客服主动性不够、沟通话术欠缺、推销技巧欠缺等。根据这种情况，客服主管应该对客服人员进行商品信息的定期培训与考核，加强客服服务意识、沟通话术与销售技巧的培训与考核。

③客服询单 - 支付转化率：所有同单个客服询单且支付的人数 / 总询单人数。

如果客服询单 - 支付转化率较低，可能是由于客服的积极性不高、对商品不熟悉、对催付话术与时间点掌握不当。根据这种情况，店长要激发客服的积极性，客服主管要对客服人员进行商品信息的定期培训与考核，加强客户服务意识、催付话术与注意事项方面的培训。

④客服成功退款金额：店铺成功退款的订单中，如果该订单曾被计算为客服支付订单，则该订单计入客服退款订单，客服成功退款金额为以上订单的退款金额求和。

如果部分客服成功退款金额过高，则可能是由于客服的态度不委婉，看见退款订单不过问而直接同意客户的退款申请。根据这种情况，客服在看到退款订单时要及时询问客户想要退款的情况，从而降低退款率。

⑤客服客单价：是指通过客服服务成交的客户平均每次购买商品的金额。所选周期内客服客单价为单个客服总支付金额 / 单个客服总支付的客户数。

如果部分客服显示的客单价过低，则可能是由于客服对商品关联性销售技巧不熟悉、客户服务的积极性差、对于关联和搭配套餐的推广欠缺。根据这种情况，应该对客服人员进行商品关联销售的专业培训，加强客户服务意识和销售技巧。

如何提升客单价呢？除了商家的促销活动，如满减、折扣、关联促销等因素，客服的推荐成了非常重要的人为因素。人为地推荐商品促进客户购买可增加客单价，例如，搭配推荐、根据客户的问题挖掘客户的需求，从而推荐相对应的商品和可以搭配的商品。这些都可以一定概率地促使客单价提升。客单价提升意味着销售额的提升，能够体现客服的专业能力，对整个店铺都是非常重要的。不论商家规模的大小，都可以将客单价作为其中一项必要的 KPI 指标。

（2）服务绩效

服务绩效不像销售绩效那样注重业绩的指向，而是更偏重客服的基本业务素质，如客服的工作态度指向的回复率、响应时间、答复比等。

①回复率：通常在线客服都会设置自动回复，回复的内容会根据商家的运营需要进行调整，例如，简单的进店问候、商家活动的介绍、优惠券的发放等。自动回复能够以最短的时间让消费者了解店铺的政策，引导消费者按照商家预先设计好的路径和形式进店消费。此外，回复内容中还可以增加新品的推荐，上新率也是运营的一个重要指标。

在大促销活动期间，回复率很容易被部分商家忽视，因为庞大的咨询量让客服团队应接不暇、力不从心。运营会强化客户静默下单，通过智能回复和视觉上的引导让购物流程简单化、营销内容清晰化。回复率的考核方式是从回复比例的维度进行的。

②响应时间：以客服第一次人工回复的时间核算，客服人工回复的消息与客户消息之间的时间差。响应时间能够反映客服的工作量与工作状态。客服工作量增加，响应时间也会相应增加。另外，客服在工作中是否投入精力也能够从响应时间反映出来。

客户从商品浏览转向咨询时，购物意向会比较强烈，此时更容易转化，所以优化客服的响应时间可以更好地提升客户体验并促进交易。

③回应问答比：指的是客服回复条数与客户回复条数的比例。这个指标强化的是客服细节服务的意识。当客户在聊天工具中输入问题时，客服应该陆续进行问题解答和回复，若等待全部文字编辑完成后再进行回复（快捷回复语除外），因耗时较长，会使客户等待太久，从而降低购买体验。合理断句、将回复频率提升，在回答同样的问题时就会让客户有更好的体验感。

3. 售后KPI指标

售后客服考核主要受售后接待、退款审核、退款处理等因素的影响，一般可以使用第三方软件来获取数据，这些数据能够直观反馈出售后客服的能力，所以数据的选用非常关键，这样相对而言也更有针对性。

①首次响应时间：售后客服与售前客服都要考核首次响应时间，但是售后客服的响应时间更为重要。二者在服务对象上有些差异，售前客服的服务对象是对商品有购物需求，并且需要购物帮助的客户；售后客服的服务对象是使用商品时产生问题，需要商家处理问题的客户。遇到售后问题的客户会相对急迫地需要解决问题，售后客服若不能第一时间响应、做出处理，就会降低客户的购买体验，导致简单的售后问题复杂化，甚至可能导致矛盾的激化。看似很小的一个数据指标却是售后客服优化客户体验非常关键的指标。

②回复率：售后服务中如果不及时回复客户，首先会导致售后周期延长、工作量的增加；其次导致客户不满而投诉商家，增加售后处理难度，因此回复率是商家必须关心的一个必要的考核指标。

优化回复率，要调整的不仅是售后客服的工作状态，还需要提升售后客服的责任感。如遇到活动促销，售后工作量直线上升，可以寻求运营的帮助，设置自动回复，提示客户由于售后工作量的增加，可能无法第一时间回复客户，强调商家非常重视每一位进店购物的消费者，为保证有质量地解决好每一个售后问题，承诺售后客服会在看到动态的限定时间内，通过在线或者电话的方式主动联系客户，进行售后问题的解决。

③售后服务时长：售后服务时长 =Average（服务单暂完结时间 - 服务单申请时间），即店铺的平均售后服务时长。暂完结时间中，返修换新以“换新订单生成”时间为结点；退货以“出纳审核通过”时间为结点；换良、原返以“换良原返单创建”时间为结点，单位为天。

④中差评处理：联系客服并说服其修改中差评。

⑤退换货率控制：有效地减少不必要的退换货。

⑥交易纠纷率：（商家责任仲裁单量 + 双方责任仲裁单量 - 申诉通过单量）/ 下单单量。

⑦退换货满意度：来自退换货或返修服务单完成后的“售后服务满意度调查”中的评价。

⑧退换货返修率：实际发生退换货返修的服务单量 / 已完成的商品件数。

⑨平均退款速度：当售后问题必须要用退款来解决的时候，应当注意退款的周期。退款分为直接退款和协商退款。直接退款则要全额支付，协商退款可以协商退部分款项，降低损失。退款之前要和客户确认退款的原因，如果是由于客户的主观原因，又过了退款周期，则要拒绝客户的要求。如果是退货退款，则不论是客户的“七天无理由退货”还是商品的问题，首先要确认商品是否全部寄回，再核实客户的退款周期及退款的物流订单，收到商品后检查商品是否完好。对于七天无理由退货，要确认商品是否影响二次销售，确认无误后及时给客户退

款。退款流程化能够有效提升平均退款速度，提升退款速度的关键就是提升售后问题的处理效率。

⑩ DSR 动态评分（店铺动态评分），通过商品与描述相符、卖家的服务态度、物流服务的质量组合评价得到。客服在售后问题的处理上对评分有着很大的影响，例如，店铺中差评的处理。

必备知识

作为一个电子商务平台网上商城或者店铺的经营者，要想做好商品销售，除了商品本身的品质之外，也需要做好售前、售后服务工作。提升服务质量的关键是要做一个比较全面的在线客服绩效考核方案。一个比较完整的在线客服绩效考核方案主要包含以下几个方面：

1. 考核目的

为了公平、有效地评价客服人员的工作业绩、工作能力和工作态度，及时纠正偏差、改进工作方法、激励争先创优、优化整体客服团队，从而全面提升客服质量和企业效益，特制定本考核方案。

2. 考核原则

本着公平、公正、引导、激励的原则实施考评，客服人员的考评结果将与公司业绩和个人业绩直接挂钩，业绩考评也将作为薪资的主要参考依据，直接决定着个人收入。

3. 考核形式

以业绩考核为主，多元考核形式并用来进行综合考量，以求考核效益最大化。

4. 适用对象

适用于在线客服人员。

5. 考核周期

每月进行一次 KPI 考核，次月核实考评结果后公布考核成绩并与次月工资一同发放。

6. 考核方式与内容

在线客服人员绩效考核的指标（KPI）可以参考表 4-3。

表 4-3　在线客服绩效考核指标评价表

KPI 指标	详细描述	标准	分值	权重比	权重分
DSR	与月初基准值相比较（由运营团队针对客服团队集体打分）	提升	100	5%	5
		持平	80		
		下降	60		
		严重下降	50		
销售额	销售额占比 =（客服个人销售额 / 平均销售额）×100% （平均销售额 = 客服总销售额 / 人数）	? ≥ 110%	100	30%	35
		100% ≤? <110%	80		
		80% ≤? <100%	70		
		70% ≤? <80%	60		
		50% ≤? <70%	50		
		<50%	30		
接待量	接待量占比 =（客服个人接待数 / 平均接待数）×100% （平均接待数 = 客服总接待数 / 人数） 所有店铺一起算总和	? ≥ 120%	100	5%	10
		100% ≤? <120%	80		
		80% ≤? <100%	70		
		70% ≤? <80%	60		
		50% ≤? <70%	50		
		<50%	30		
首次响应时间	客服首次响应时间（去除自动回复），根据后期活动调整	? ≤ 8	100	5%	10
		15 ≥? >8	80		
		25 ≥? >15	70		
		35 ≥? >25	60		
		45 ≥? >35	50		
		? >45	30		
平均响应时间	平均响应时间（S） （客服登录的各个店铺的平均时间）	? ≤ 20	100	5%	10
		30 ≥? >20	80		
		40 ≥? >30	70		
		60 ≥? >40	60		
		80 ≥? >60	50		
		? >80	40		

（续）

KPI 指标	详细描述	标准	分值	权重比	权重分
客单价	客单价（元）（客服登录的各个店铺的平均值）	？ ≥ 85	100	5%	5
		85> ？ ≥ 80	80		
		80> ？ ≥ 75	60		
		75> ？ ≥ 70	50		
		70> ？ ≥ 60	30		
		？ <60	0		
转化率	转化率（%）（客服登录的各个店铺的平均值）	？ ≥ 70	100	5%	10
		70> ？ ≥ 60	80		
		60> ？ ≥ 55	60		
		55> ？ ≥ 50	50		
		？ <50	40		
客户满意度	中差评 / 退款维权等是客服的主观原因导致的，如态度差、专业技巧、主观不作为、客观失误	0 次	100	10%	10
		1 次	80		
		2 次	60		
		2 次以上	0		
执行力	按照主管要求完成分配的任务 / 平时的工作表现（如考勤等）	上级打分	100	5%	5
			80		
			60		
			50		
其他加分					

任务拓展

1. 实训任务：电商在线客服人员服务质量评价。

2. 任务形式：课后独自完成并在课堂上进行分享。

3. 任务时限：课下时间不限，课上分享每人 10 分钟以内。

4. 任务要求：

1）登录国内任意一个电商平台网站，咨询某商品的客服人员一些你想了解的问题，问题可以围绕所购商品的相关信息。

2）根据客服人员绩效评价指标，针对你所咨询的客服人员，在响应速度、服务时长（是否在有效时间内解决了你的问题）满意度等方面进行评价，并分享是否有可以改善的地方（如果你是这位客服人员，你将如何改善）。

项目综合实训

1. 实训目的

要求能够掌握商品基本信息，包括品名、属性、包装、重量等信息；掌握商品的具体使用方法，能够快速总结归纳商品的特点和卖点；掌握在线客户服务的服务规范、服务技巧及平台规则知识，并自觉规范自己的行为，热情地接待客户。

2. 实训要求

要求学生在掌握对应的商品知识、客户需求后，在系统中受理多个客户的在线咨询，回答客户的问题，引导客户购买本店铺商品（服务要求见表 4-4），通过观察服务过程，对比服务时间、答客比例、客户评分等多个维度进行评价。

表 4-4　服务要求

打字速度	60~80 字 / 分钟
首次响应时间	10 秒以内
平均响应时间	通常 20 秒以内
答复比	客服回答字数 / 客户回答字数 =110% 以上
回复率	客服回答句数 / 客户回答句数 =100%
服务态度	礼貌、热情、同理心、及时解决客户疑问
销售技巧	适当的时机为客户推荐优惠
了解商品	了解商品基本信息、特色及卖点、支付、配送和售后保障，了解 B2C 平台的卖家常见问题
促成订单	掌握客户心理，及时推送优惠及相关售后保障

3. 答题时限

本任务完成时间要求在 30 分钟以内，请合理控制时间。

4. 评价标准（见表4-5）

表 4-5 在线客服评价标准

评价内容	评定方法	评分标准	单项分值	总分值
在线客服	系统自动评分	服务指标（答客比、首次响应时间、平均响应时间、完成率）达成率	8	15
		服务过程标准规范	2	
		商品知识解释恰当，运用合理	3	
		积极引导客户成交	2	

5. 系统操作

1）参考前面的步骤要求，登录系统，单击进入“考试管理”→“初级技能考核”界面。

2）选中“在线客服”并单击“开始考试”按钮进入项目训练，如图 4-20 所示。

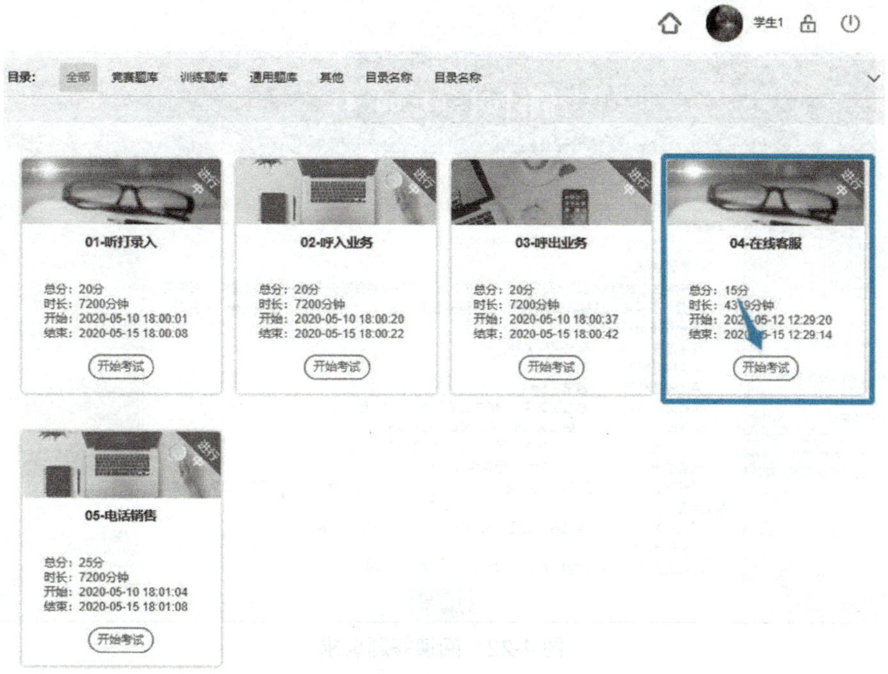

图 4-20 项目训练入口

3）进入项目训练页面后，需单击“答题要求”按钮根据要求进行答题，如图 4-21 所示。确保了解了答题要求后单击“确认”按钮开始答题，如图 4-22 所示。

图 4-21 阅读答题入口

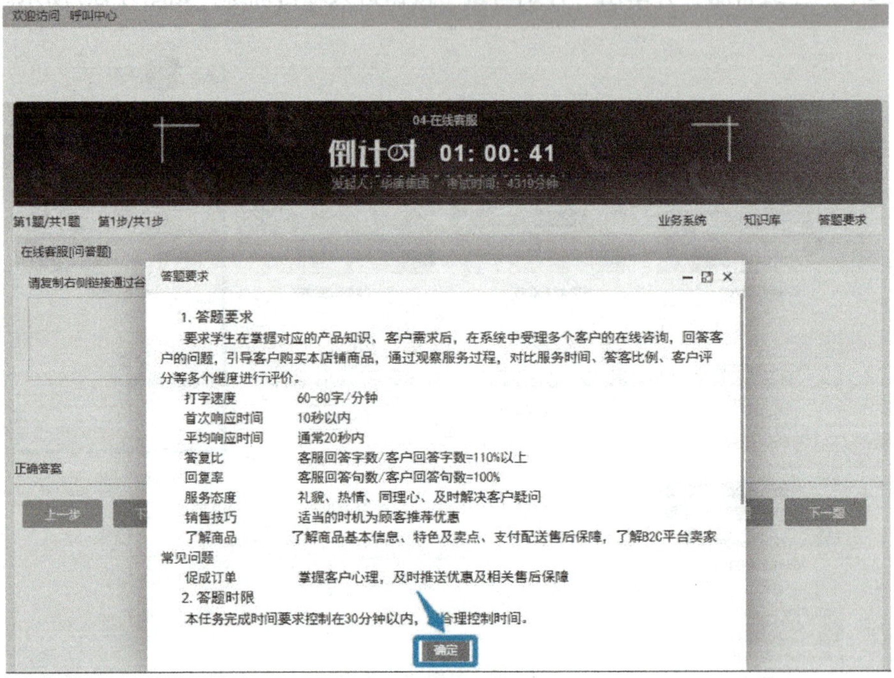

图 4-22 阅读答题要求

4）答题要求阅读完毕后，根据页面链接通过谷歌浏览器（Google Chrome）跳转至在线客服考试入口，如图 4-23 所示。

图 4-23 考试入口跳转

5）通过链接进入考试页面后，输入对应的账户信息即可进入考试，如图 4-24 所示。

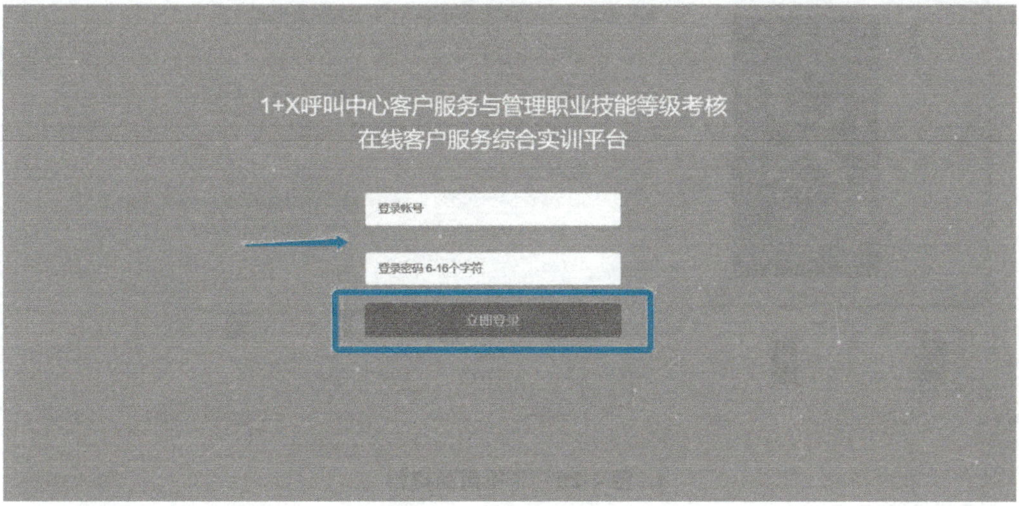

图 4-24 登录信息入口

6）此项考试时间为 30 分钟，其中 15 分钟了解商品知识、15 分钟完成与客户的对话。单击“详情”按钮进入商品详情页面，如图 4-25 所示。

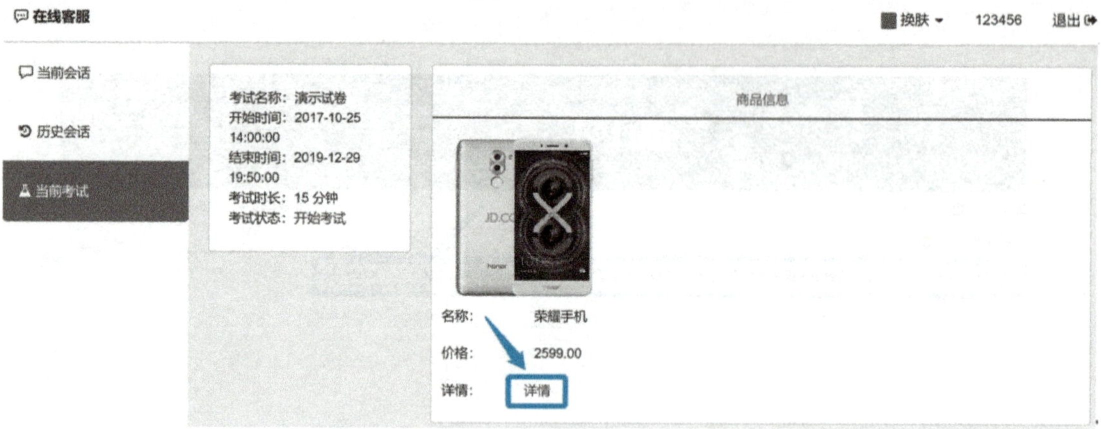

图 4-25　商品详情入口

7）按照答题要求用 15 分钟了解商品知识，答题期间关闭网络搜索，商品信息浏览只限在当前界面，允许打开 Word 整理话术及粘贴商品信息，如图 4-26 所示。

图 4-26　了解商品资料

8）商品知识了解完成后回到答题页面，单击“开始答题”按钮后，系统自动开始 15 分钟倒计时，客户对话可采用一问一答，中间可运用表情，如图 4-27 所示。

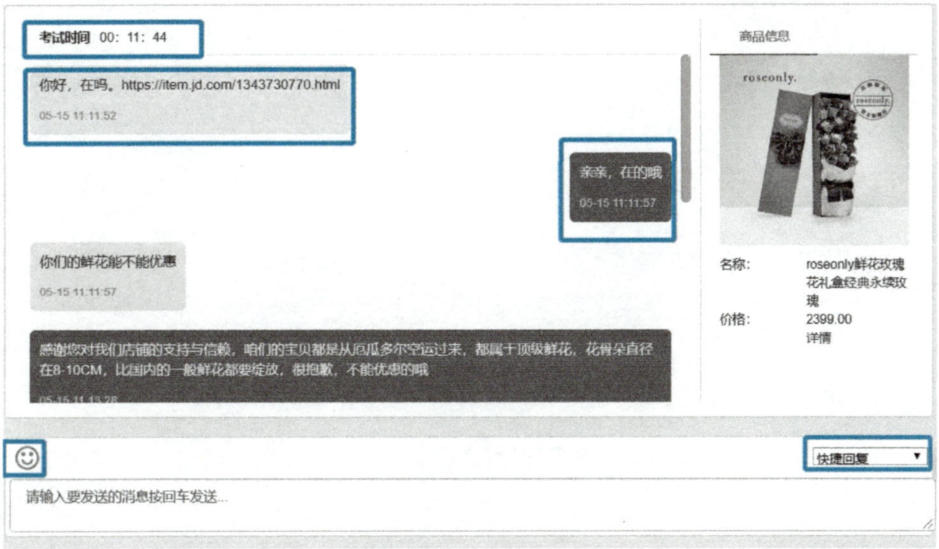

图 4-27　答题页面

9）为便于项目练习，练习期间开放了多套题目，且允许重新做题和查询成绩，正式考核该功能将关闭，比赛期间只需要完成 1 个商品的咨询，一次性答题，不允许重复答题，如图 4-28 所示。

图 4-28　系统答题操作

Project 5

项目 5 呼叫中心电话销售业务

项目描述

电话销售业务是呼叫中心典型的呼出业务，越来越多为客户信息服务的呼叫中心正在向兼具电话销售的综合性呼叫中心转变，主要的原因在于电话销售业务可以为呼叫中心带来更多利润。从呼叫中心的电话流向角度来说，呼叫中心业务分为呼叫中心呼出业务和呼叫中心呼入业务。从业务类型来说，有服务类业务、市场类业务、销售类业务。从这个分类来说，呼叫中心电话销售是最主要的呼叫中心业务类型之一。

对于很多呼叫中心的坐席代表来说，掌握电话销售的技能是获得以后更长远发展的必要条件，因为电话销售坐席代表往往具有更加灵活的思维、更加伶俐的口齿和更加成熟稳定的心态，能承受更大的工作压力。最重要的是，电话销售是呼叫中心业务类型中唯一的能够创造利润的业务，电话销售坐席代表如果有很好的成单率，也会得到较高的薪资。这也意味着电话销售坐席代表需要更高的技能和职业素养。

本项目意在使学生了解呼叫中心的电话销售业务知识，熟练掌握电话销售技能，为将来走上呼叫中心电话销售岗位打下坚实的基础。

项目内容

电话销售的基本流程

运用 SPIN 电话销售法挖掘客户需求

运用 FABE 电话销售法正确介绍产品

运用 LSCPA 电话销售法处理客户异议

促单达成交易

设计电话销售话术脚本

任务 1 电话销售的基本流程

任务情景

花花：师傅，我们呼叫中心最近进行了业务拓展，新成立了一个电销事业部。

糖糖：电销事业部的主要工作任务是销售产品，如果是企业自营的呼叫中心，电话销售主要是围绕本企业自己的产品进行；如果是外包型呼叫中心，则主要是代理其他企业的集中性的、且以电话形式销售为主的产品或服务。

花花：哦这样，感觉做电话销售比我之前做的电话调研、满意度调查等呼出项目难度更大。

糖糖：是的，无论是业务难度，还是对坐席代表承压能力、受挫能力的要求都增加了，但是薪资也会更高。

花花：我也想试着挑战一下自己。

糖糖：那我们来一起学习一下电话销售的相关技巧、技能和必备知识，希望你能通过练习具备一名电话销售人员的工作技能。

任务分析

与传统销售方式相比，电话销售不但成本低、效率高，而且可以与客户不断巩固彼此的关系，因此从 20 世纪 70 年代首次使用至今，仍然是销售领域中的一种主流的销售方式。由于经济环境和服务的行业不同，电话销售技巧也在不断地进行发展和调整，但是电话销售的基本流程并没有产生巨大变化。作为一名初级电话销售人员，需要按照电话销售的基本流程与客户进行沟通，记录下沟通过程中客户透露的重要信息，掌握客户的需求点。电话销售并不是单纯的随机应变，而是一种目的性很强的销售行为。正确合理的电话销售流程将有助于分析客户行为，也将为成功销售商品提供助推力。

要想顺利完成电话销售，首先要熟悉并掌握电话营销的 4 个基本流程，即开场白、商品介绍、解答疑问和促单成交。其次，在这 4 个流程基础上结合各个流程的特点，掌握一定的沟通技能，如明确什么能说、什么是客户忌讳的方面、基本的客户疑问类型判定等。最后则是需要根据不同的销售对象，灵活运用所学的知识和方法，探知客户的真实目的，一步步完成最终销售。

本项目中，通过学习电话销售的基本流程，学生可以掌握在第一次与客户电话联系时使用合适的开场白、向客户介绍销售产品、在介绍商品之后解答客户疑问、最终实现商品销售的 4 个实训技能，能够独立完成一次完整的电话销售。

任务实施

一通电话往往难以完成销售的全部流程，因此之后的销售人员拨打客户的电话时，可能会处在 4 个基本流程中的任意一个。这时销售员需要根据与客户的沟通进度确定所处流程，做好准备工作。下面按照电话销售的基本流程来描述任务实施的具体内容。

1. 电话销售开始前的准备工作

（1）客户信息准备

打电话之前先整理好要联系的客户的信息，放在手边随取随用。在已有客户信息的基础上通过感性提问的方式多角度收集客户信息。

（2）电话分类准备

制作一个经常使用的电话号码一览表，在这个电话号码一览表中写清当天要拨打的 50 个电话号码，然后把它张贴在电话机旁。这张一览表还应该包含公司上司以及经常与自己有业务往来的同事的电话，以免需要时手忙脚乱。

（3）声音准备

在电话沟通的过程中，销售员的心情和肢体语言都能巧妙地体现在语调中，并传达到客户的耳朵里。因此想要把真诚传递给客户，不能在语言中虚伪掩饰，而应端正自己的姿态、注重自己的谈吐，用合适亲切的语调与客户沟通，让客户如沐春风。

（4）备忘录准备

在电话销售中，要养成随身携带备忘录、随时记录下重要的客户信息的好习惯。这种备忘录不局限于纸笔，任何有记录用途的载体均可以使用。在打电话之前，为了将事情简洁地传达给对方，可以将要说的内容清晰详细地记录在备忘录中，以免东拉西扯抓不住谈话重点，影响谈话质量。与客户在电话沟通中获取的新信息也要通过备忘录记录下来，方便下一次与客户沟通时引导客户思路。

2. 产品或服务介绍

（1）产品信息准备

产品或服务介绍是电话销售流程中最基础的一个环节，作为销售人员必须熟悉所销售产品（服务）的特色、性能、优势、规格、价格等，还需要对公司的经营类型、业务类型了如指掌。只有在保证熟悉产品信息的基础上，才能通过简洁、准确、生动、流畅的语言向客户介绍清楚产品并回答客户针对产品或服务等方面提出的问题，显示销售人员的专业性。产品的基本信息应该是电话销售人员仔细整理过的，在介绍产品时要将资料放在手边，方便随时查阅。产品的基本信息一般包括以下内容：

1）产品的优点；

2）产品的成分及先进工艺；

3）产品的价格；

4）产品的缺点；

5）产品的售后服务；

6）产品的包装；

7）产品的运输方式；

8） 产品的结算方式；

9）同类竞争对手的产品情况；

10）产品的发展趋势。

（2）推介思路梳理

在介绍产品之前要整理推介思路。对于呼叫中心电话销售人员来说，一般要有一个基本的电销话术脚本，能根据基本的话术结合客户特点情况灵活应变。目的是保证电话销售人员在电话接通之后不会语无伦次，导致客户失去兴趣、挂断电话，而没有机会将应该介绍的产品介绍出来。

（3）目标客户筛选

这一步骤和收集客户信息一样是贯穿于整通销售电话中的，有些客户可能对销售的产品和服务根本不感兴趣，因此需要对客户进行筛选，保证时间和精力不浪费在不合适的客户身上。在此之前可以设计一份客户需求表，设定问题或假设，满足需求表中的几项即可符合目标客户标准，以便继续沟通。

3. 解答疑问

（1）心态准备

在情绪平稳的时候才能更理性地思考和解决问题，解决客户的疑问和痛点。电话销售人员乐观、积极的心态在带给客户信任和愉悦的同时也能提升自身能力。

（2）分析疑问类型

客户在购买某一推销品时，首先要考虑的是产品的使用价值，即推销品能否满足客户某方面的需求；其次受到经济条件、心理因素、环境条件等因素影响会提出一系列的问题。可以先对客户所提疑问进行简单分类，按照分类有针对性地设计解答方法。通常划分为以下 8 类（见表 5-1）：

表 5-1　客户疑问分类

疑议类型	具体阐述
需求疑问	客户认为产品不符合自己的需要而提出反对意见
商品质量疑问	客户针对推销产品的质量、性能、规格、品种、花色包装等方面提出的意见，也称为产品疑问
价格疑问	客户认为价格过高或者价格与价值不符而提出的反对意见
服务疑问	客户针对购买前后一系列服务的具体方式、内容等方面提出的反对意见
购买时间疑问	客户认为现在不是最佳的购买时间或者对销售人员提出的交货时间表示反对意见
进货渠道疑问	客户对销售产品的来源提出的反对意见
销售人员疑问	客户对销售人员的行为提出的反对意见
支付能力疑问	客户由于无钱购买提出的反对意见

（3）正确解答疑问

正确区分客户疑问类型后，按照客户有无明确提出拒绝可将疑问进一步分为拒绝和顾虑两类。处理客户拒绝时首先要端正心态，对客户拒绝原因进行解答，可以选择正面回复或者委婉回避；处理顾虑时可以从换位思考和提供有力证据两方面来打消客户顾虑。

4. 促单成交

（1）判断客户犹豫点

打消客户的犹豫后往往可以促成成交，这需要根据客户的语言和肢体动作判断客户真正的犹豫点是什么，哪些是他的托词，以寻找突破口。

（2）捕捉成交信号

关注此时客户的语言信号和事态信号。一旦出现成交的积极信号，就要及时促进。常见的客户表现出想要成交的语言或者行为信号有：

1）言谈中给予一定程度的肯定和赞同或者频繁点头表示同意。

2）询问价格。

3）客户关心售后服务问题，问一些售后程序的信息。

4）询问产品的细节，对产品质量以及加工提出具体要求。

5）和同伴讨论产品。

6）重复已经问过的问题。

7）当你将产品的有关细节和付款方式说明之后，客户显示出认真的语气。

8）推销介绍结束后，客户轻轻松了一口气。

9）客户积极参与讨论或者专心倾听。

10）客户再次询问产品样品、说明书、广告等。

（3）最终成交

准备好合同书、产品资料等相关资料提交客户签署，根据客户需要提供合适的付款方式，然后再次告知客户售后服务内容。成交之后仍然要与客户保持联系，做好客户维护与售后服务工作。

【案例】

汽车销售案例

小田："您好，请问是白泽，白先生吗？"

白先生："是的，什么事？"

小田："您好，白先生，我是流星车行的小田，今天给您打电话最主要目的是想感谢您对我们公司一直以来的支持，谢谢您！"

白先生："这没什么！"

小田："前段时间听说您太太的单位搬迁，上班的路程变远了，您家考虑再添置一台车给太太上班用，请问您目前有心仪的车子了吗？"

白先生（机警地）："你听谁说的？"

小田："您的同事杨菲告诉我的，杨菲是我高中同学，而且同桌了一年，比我大一岁。"

白先生："哦，是杨菲呀，上星期我还和她提到过这件事，问她女性比较适合怎样的车子呢。"

小田："没错白先生，上周我打电话拜访杨小姐，为她解答汽车维修保养的问题时她和我说起了这个问题，问我有没有什么合适的车可以推荐给您太太呢。请问您现在有什么中意的车型吗？"

白先生："暂时没有，有没有推荐的？"

小田："那您对给太太买的车有什么具体要求吗？"

白先生："主要是给她上下班代步用，希望经济实惠、性价比高一点，外观要符合女性审美"。

小田："按照您说的这个标准我倒是有几款车可以推荐给您呢。而且这段时间正值我们店 10 周年店庆，买车可以享受超值折扣还送购车大礼包呢。我建议您最近抽个时间带上太太一起来我们车行看看，每款车的信息我都会为您做详细介绍，遇到喜欢的还可以试驾看看呢。"

白先生："我先了解一下车辆信息再说吧。"

小田："好的，白先生您看这样可以吗？我先把符合您购车意向的几款车的资料和我们店庆的具体优惠信息寄给您，就寄到您公司可以吗？"

白先生："可以。"

小田："那稍后就为您寄出，您先和太太了解一下。正好下周是五一黄金周，您可以和太太来我们车行体验试驾的，您觉得可以吗？"

白先生："好的，那先暂定这样吧。"

必备知识

一般来说，一个完整的电话销售流程包含开场白、商品（服务）介绍、解答疑问、促单成交。电话销售的一般流程如图 5-1 所示。

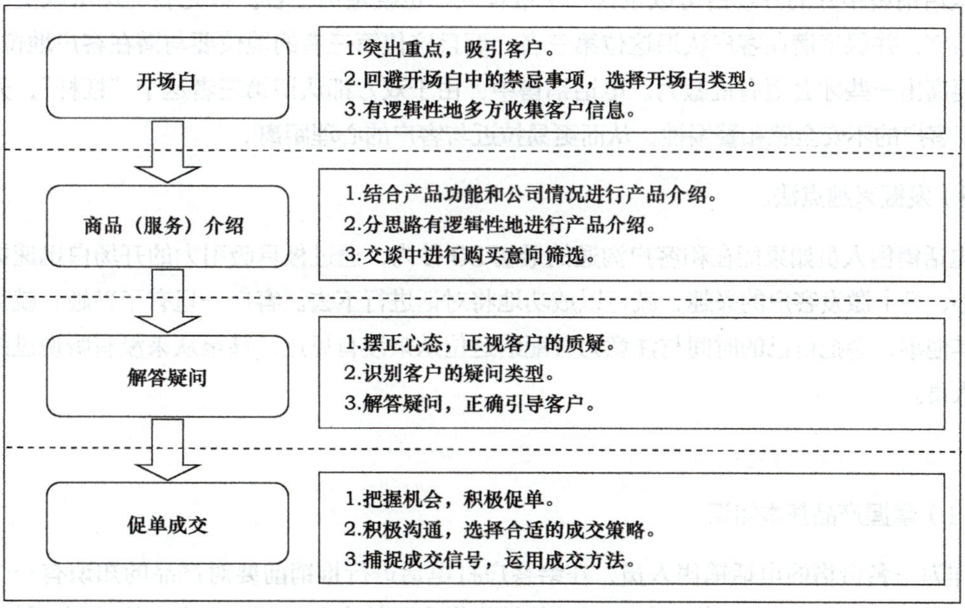

图 5-1　电话销售的一般流程

1. 精彩的开场白

（1）开场白包含的内容

1）你是谁 / 你代表哪家公司：电话销售人员要郑重地介绍自己和所在的公司，以给对方留下深刻的印象。

2）是否有相关的人为你引荐：如果有相关的人引荐，就要对此做一个简明扼要的说明，这等于建立起一座与客户沟通的桥梁，也比较容易取得客户的信任。否则，开门见山地直接进入话题会显得很唐突，也不利于建立起融洽的关系。

3）打电话给客户的目的是什么：电话销售人员及时说明致电给客户的目的有利于客户明确是否对此服务感兴趣，如果一个客户完全对此产品没有任务需求，电话销售人员也避免浪费时间。

（2）开场白的类型

1）开门见山法。

在电话销售中，有些场合需要直截了当地切入正题。比如，客户已经知道这次电话拜访的来意或者是初次电话拜访中已经约定了这次谈话，那就不需要说很多题外话，而应该直奔主题，这样可以让客户在短时间内集中精神与你交谈。如果电话销售人员不急于将交谈转入正题，而是说些无关的题外话，然后再将客户引入正题，会让客户以为你在拖延时间，会失去耐心反而错失成交的良机。

2）杠杆撬动法。

电话销售中好的开场白可以包含一个推荐人，也就是第三者。首先要确保可以使用第三者的名字，并保证潜在客户认识这位第三者，而且这位第三者的地位要与潜在客户地位相当，甚至要高出一些才会更有说服力。电话销售中，由于双方都认识第三者这个“杠杆”，无形中解除了客户的不安全感和警惕性，从而更易拉近与客户的心理距离。

3）发掘兴趣点法。

电话销售人员如果能在和客户沟通的最初 30 秒内，通过极具吸引力的开场白迅速抓住客户的心、马上激发客户的兴趣，就可以成功地将对话进行下去。客户一旦有了兴趣，就暂时不会想其他事，会把自己的时间与注意力分配给这位从来没有见过、甚至从来没有听说过的电话销售人员。

2. 商品（服务）介绍

（1）掌握产品基本知识

作为一名合格的电话销售人员，在给客户打电话进行推销前要对产品的知识有一个全面的了解。这是因为只有熟记产品知识，才能够知道自己的产品是否适应客户的需要，然后灵活自如地把产品和客户需求结合在一起，说服客户购买。可以说，产品知识就是电话销售员建造城堡所需要的砖，没有砖就永远建立不起一座属于销售精英的城堡。产品的基础知识包括如下内容：

1）产品的基本构成：

产品名称；物理特性，包括材料、质地规格、颜色和包装；产品功能；技术含量，产品的技术特征；产品价格和付款方式；运输方式等。

2）产品为客户带来的价值：

产品的品牌价值；性价比；产品的服务特性；产品的特殊优势。

3）公司的全面情况：

公司的长远发展目标或未来发展方向；公司最近的某些重大举措及其意义；公司的历史沿革以及过去取得的重大成绩；公司主要管理人员的姓名；公司承载的社会责任等。

（2）推介思路

准备和客户交流时，措辞是很重要的，电话销售人员水平的高低就体现在措辞上。这就要求电话销售人员保持清晰的思路与客户交流，是否具备清晰的思路决定着所表达的语言是否能让客户清晰、明了。此外，在日常的电话销售中经常会遇到很多问题，而且大部分时间是需要独立思考的，因此，时刻保持清晰的思路将决定行动的成败。在电话沟通中有以下 5 个方面要注意：

1）回答问题应有逻辑性。

2）配合肢体语言：电话销售中心的肢体语言体现在声音的传达上，如某些地方加上重音，适当的地方稍作停顿。

3）积极的措辞。

4）自信：说话自信、果断，不模棱两可。

5）简短清晰：用简短、清晰的话表达清楚自己的观点，不说废话。

（3）筛选目标客户法则

很多情况下，潜在客户有很多，但并不意味着电话销售人员拨打的所有电话都有意义，因为与你通话的某些客户可能对你的产品或服务根本不感兴趣。如果缺乏对潜在客户的筛选，就会使你的时间和精力浪费在不合适的客户身上；虽然辛苦但收不到良好的效果，特别在保险、房地产等直销领域，这种现象更为明显。筛选目标客户法则包括 3 步：

1）筛选目标客户：筛选目标客户是指搜索到一个潜在客户后，对客户资料进行仔细分析，明确电话的进攻方向。

2）评估潜在客户：评估客户是否具有购买力、客户是否具有购买决定权、客户是否有需求。

3）明确最佳客户和最差客户：最佳客户是指对你微笑、喜欢你的产品或服务、使你有生意可做的那些客户，他们是电话销售人员希望的回头客；而最差客户则完全相反。通常情况下建议花 80% 的时间与最佳客户沟通，而花 20% 的时间与最差客户沟通。

3. 解答疑问

（1）消除疑问的方法

电话销售人员要想有效地消除客户疑问，就应遵循一定的程序。

1）认真听取客户的疑问。回答客户疑问的前提是要弄清客户究竟提出了什么疑问。销售人员要认真听客户讲完，不要打断客户的话。

2）寻找恰当的时机回答。尽可能让客户表达完自己的想法，等客户表达完见解后选择合适的时机回答客户的疑问，不要直接打断客户。一方面让客户感受到他的意见是被尊重的，另一方面以一个专业的解答化解掉客户的疑问，这样可以达到事半功倍的效果。

3）复述客户提出的问题。目的是为了向客户表明自己理解了他的意思。

4）回答客户。清楚地回答客户的疑问。

5）同意和补偿处理法。如果客户提出的疑问有道理，电话销售人员采取否认策略是不明智的。这时应首先承认客户的意见是正确的，肯定产品的缺点，然后利用产品的其他优点来弥补这些缺点。

（2）正确认识拒绝

在电话销售的过程中，遭到客户的拒绝是很正常的。电话销售人员不应心灰意冷，要抱有“拒绝不等于结束”的心态，设法将对方的回绝变成对自己有利的因素。在回应客户的拒绝时，一定要摸清客户的心理，否则还会遇到其他障碍。

4. 促单成交

（1）成交策略

1）捕捉成交信号。成交信号就是客户决定与电话销售人员达成交易的外在表现，包括语言信号和事态信号。

2）辨识决策者。电话销售人员如果找不到决策人，这种销售沟通就像是在射击比赛中没有找到自己要瞄准的靶心一样，即使有正确的方向，到最后也是白白浪费了时间和精力。只有找到真正起决定作用的人，具有实际意义的销售沟通才可能开始。

3）不要打破客户的沉默。一般来讲，在客户沉默的时候，电话销售人员必须要有信心和耐心等待客户的决策，不要给客户太大的压力，不要打断客户的思考。

（2）成交方法

1）直接成交法：这是一种最简单、也是最常见的促单成交的方法。电话销售人员利用各种成交机会积极提示，主动向客户提出成交要求，努力促成交易。

2）假定成交法：就是让客户进入一种“已经做出购买决策”的情景，从而强化客户的购买意识，只要做得恰如其分，通常能够比较顺利地促成交易。假定成交法不谈及双方敏感的“是否购买”这一话题，减轻了客户购买决策的心理压力，以“暗度陈仓”的方式自然地过渡到实质的成交。

3）连续肯定法：电话销售人员所提的问题要便于客户用赞同的口吻来回答，也就是说，让客户对所提出的一系列问题连续地回答“是”，等到要求签订单时，已形成有利的情况，好让客户再做一次肯定答复。

4）二选其一法：电话销售人员向潜在客户提供两种隐含着客户已经决定购买但在某一问题上还需客户选择的询问促成方法。这种方法的主要目的在于对客户形成成交暗示，使其默认成交，然后在这个基础上进行成交的具体选择。比如，买这个还是买那个、买多还是买少、今天买还是明天买，无形中使客户难以拒绝成交。不论客户如何选择，结果都是成交。

【案例】

计算机产品的销售案例

电话销售人员：“您好！韩经理，我是××公司的丁香，今天打电话给您，主要是想听听您对上次和您谈到购买计算机的事情的建议。”

客户：“啊，你们那款计算机我看过了，品牌不错，产品质量也还好，不过我们还需要考虑考虑。”

（客户开始提出顾虑或疑问。）

电话销售人员：“明白，韩经理，像您这么谨慎的负责人做事时考虑得都会十分周全。只是我想请教一下，您考虑的是哪方面的问题？”

客户：“你们的价格太高了。”

电话销售人员：“您主要是与什么产品比呢？”

客户：“你看，你们的产品与×××公司的差不多，而价格却比对方高出1000块钱呢！”

电话销售人员：“我理解，价格当然很重要。韩经理，您除了价格以外，还关心哪些方面呢？”

客户："当然，买品牌计算机我们还很关心服务。"

电话销售人员："我理解，也就是说服务是您目前最关心的一个问题，对吧？"

客户："对。"

电话销售人员："就我们的服务而言，您觉得怎么样呢？"

客户："你们的技术支持工程师什么时候下班？"

（客户还是有些问题需要解释，这是促成的时机。）

电话销售人员："一般情况下是晚上 11 点！"

客户："11 点啊。"

（听到客户有些犹豫。）

电话销售人员："是这样的，也是考虑到商业客户一般情况下 9 点钟都休息了，所以才设置为 11 点的，您认为怎么样？"

客户："还好。"

（客户开始表示认同，这就等于发出了购买信号，这时可以进入促成阶段了。）

电话销售人员："韩经理，既然您也认可产品的质量，对服务也满意，您看我们的合作是不是就没有什么问题了呢？"

客户："其实吧，我是在考虑买兼容机好一些呢，还是买品牌机好些，毕竟品牌机太贵了。"

（客户有新的顾虑，这很好，只要表达出来，就可以解决。）

电话销售人员："当然，我理解韩经理这种为公司节省采购成本的想法，这个问题其实又回到我们刚才谈到的服务上。我担心的一个问题是，您买了兼容机回来，万一这些计算机出了问题，您不能得到很好的售后服务保障的话，到时带给您的可能是更大的麻烦，对吧？"

客户："对呀，这也是我们为什么想选择品牌机的原因。"

（客户认同电话销售人员的想法，这是促成的时机。）

电话销售人员："对、对、对，我完全赞同您的想法，您看关于我们的合作？"

客户："这事，您还得找采购部人员，最后由他们下单购买。"

电话销售人员："那没关系，我知道韩经理您的决定还是很重要的，我的理解就是您会考虑使用我们的计算机，只是这件事情还需要我再与采购部人员谈谈对不对？"

任务拓展

1. 实训任务：请根据所给材料，运用所学内容完成一次有效的电话销售。

2. 任务形式：两人一组，模拟通话，完成后双方互评。

3. 任务时限：30 分钟。

4. 任务要求：

1）认真阅读背景资料，了解公司业务范围、产品信息和客户基本情况。

2）能结合客户实际情况有针对性地做产品介绍，并且进一步收集客户信息。

3）模拟对话中，扮演客户一方的同学在销售员介绍完后至少应询问 3 个相关问题。

4）完成从开场白至促单成交的完整电话销售模拟。

背景资料

流星车行主要从事上汽大众汽车系列产品的销售服务业务。流星平行的硬件和软件严格按照上汽大众标准建设，是集汽车销售、维修、零配件销售、信息反馈为一体的标准 4S 店，坚持“以客户需求为导向，高质量、高效率”的管理方针，向客户提供一流的购车及用车体验。主营途铠、途观、朗逸、途昂、途安 LMPV、大众 Polo 和凌度等车型。推行“一条龙”服务，为客户提供整车销售、车辆维修保养、零配件销售、保险、装潢、挂牌及二手车置换等服务。公司始终坚持“诚信为本、客户至上、以专业高效体现优质服务”的经营理念，为客户提供购车、用车、售后服务及车辆年审等全方位、高质量的服务。秉承“以人为本，客户至上”的企业宗旨，始终把消费者的利益放在第一位，推行“比你更关心你”的客户关怀，以百年的品牌、高质量的产品、优质周到的售后服务，赢得了广大消费者的信赖。

主推产品：T-Cross 途铠（小型城市 SUV）

- 颜色丰富：罗曼红、活力金、梦幻蓝、星辰灰、极地白，内饰有 12 种颜色可选。

- “Color Matching”设计：采用个性十足的设计手法，中控饰板与车身内外同色，贯穿一线，整车由内而外展现了色彩搭配的潮流美学，还有“王者荣耀”联名定制车贴。除此之外，T-Cross 途铠的腰线是“箭形”双腰线设计，搭配蜂窝的格栅，贯穿尾灯和“双五福”的轮圈更是增加了它的辨识度。

- 超大后排空间：前后门板内侧都可放置大容量的饮料瓶、后排座椅可按 4：6 的比例放倒，后排腿部空间甚至超过两拳，让你舒适出行；全景天窗让整台车的内部空间看起来很宽敞，还有容量可观的行李舱，短途旅行超级方便。

- 10.2 英寸的高清彩色液晶仪表、8 英寸的全玻璃设计多媒体娱乐导航系统，未来科技感十足。还有 17 英寸的轮圈、前排侧气囊、前后头部气囊、AEB 主动刹车、LED 大灯、全景天窗、后驻车雷达。

- Beasts 音响系统，有着 6 扬声器 8 声道。
- 性能：车辆搭载 1.5L 自然吸气发动机和 7 速双离合变速器，最大功率为 83kW（6 000r/min），峰值转矩为 145N · m/（r/min），作为城市代步车而言足够用。

近期购车优惠：

1. 最低首付仅需 26 000 元；
2. 保险补贴 1 950 元；
3. 置换补贴 5 000 元；
4. 6 次原厂保养（含首保）；
5. 价格在 12~15 万元以内。

客户信息：叶女士，28 岁，从事广告设计行业，业余时间喜欢游泳，不是本市人。

任务 2 运用 SPIN 电话销售法挖掘客户需求

任务情景

花花：师傅，作为坐席代表，之前我已经学习了电话销售的基本功，练习得也差不多了，但是我发现一个问题，每次电话销售时我总是捉摸不透客户的真实需求。

糖糖：嗯……看来花花需要学习的还有很多啊！具体体现为什么呢？

花花：感觉，客户不信任我，很怀疑我是不是骗人的。每次我和客户通话都很不自信。

糖糖：电话销售实际上有很多方法，很多国内外销售大师都总结提炼过一些方法，被销售行业广泛采用，在挖掘需求方面，有一个很著名的方法叫作 SPIN 顾问式销售。

花花：SPIN 是什么意思呢？

糖糖：我们在接下来的培训中再详细介绍吧，学习完之后也需要重复地练习来掌握这个技巧，才能在与客户的沟通中运用自如。

任务分析

通过前期的培训，各位学员已经熟悉了电话销售的基本流程，还学习了电话销售中商品的介绍。现在，各位需要解决销售难点——客户需求的挖掘，即如何准确地挖掘客户的真实需求，做到精准销售。

准确挖掘客户需求是呼叫中心一线坐席代表进行客户服务的本质，也是电话销售是否成功的关键环节，更是提升客户服务满意度的前提。利用合理的方式和技巧，有助于坐席代表准确地切入用户痛点和痒点，找到客户深层次需求，也有利于呼叫中心顺利开展增值业务。

SPIN 顾问式销售是美国 Huthwaite 公司的销售咨询专家尼尔·雷克汉姆与其研究小组历经几年研究出的成果。在整个研究过程中，他们分析了 35 000 多个销售实例，观察了 10 000 多名销售人员在销售会谈中的实际行为，研究了 116 个产生销售行为影响的因素。该成果——SPIN 模式于 1988 年正式公布，这项销售技能领域中最大的研究成果引起了人们对销售技巧认识的一次新的革命，推动了销售技巧的进一步完善。

本任务将 SPIN 顾问式销售法运用到电话销售中，从本质上明确“顾问决定价值”，职业地运用实情探寻、问题诊断、启发引导和需求认同 4 大类提问技巧来发掘、明确和引导客户需求与期望，从而不断地推进销售过程，为销售成功、更好地维护客户关系创造基础。

任务实施

SPIN 顾问式销售法最初源于工业品的销售，后来逐渐衍生为消费者并不熟知的、细节非常多、技术比较烦琐、专业性相对比较强的产品销售。大部分客户并不是专家，销售人员有时比客户懂得多，客户想到的，销售人员已经涉及了；客户没有想到的，销售人员已经写在方案上了；客户没有了解到的，销售人员已经开始引导了。所以销售人员才是专家，销售人员才是解开客户心结的那把钥匙。客户不仅将电话销售人员单纯地看作销售人员，更看作一位咨询顾问，客户也会更加信赖。不过顾问式销售对电话销售人员的要求非常高，需要电话销售人员掌握非常全面的产品知识，并且能够引导和洞察客户的需求。

SPIN 中 4 个字母代表顾问式销售法的 4 个销售步骤：

- S——Situation Questions，创造情境，情境提问。
- P——Problem Questions，探寻问题。
- I——Implication Questions，暗示性问题。
- N——Need-Payoff Questions，解决性、收益性问题。

1. 创造情境，通过背景性问题挖掘客户需求（S）

这一步既是沟通的暖场，也是探寻客户背景的阶段，主要目的是利用一系列背景性问题将客户带入到沟通的情境当中，同时搜集信息、了解客户的业务现状，通过现状了解可能存在的需求，为下一阶段的谈话做准备。

例如，下面这段电话销售与客户的对话就是利用对现状背景的提问来了解客户现状，通过现状引入接下来的对话，挖掘可能的需求。

下面是典型的运用 SPIN 销售方法挖掘客户需求的案例。

情景1——了解客户背景

销售人员：咱们企业的机房大概有多大规模呢？

客户：大概有几十台服务器。

销售人员：那规模也不小了，都有哪些业务呢？每天产生的数据量应该很大，都用什么样的储存方案呢？

客户：有不同的业务。有生产的、财务的、销售的，数据都是按不同业务挂载磁盘阵列进行储存。

2. 探寻问题，通过询问现在存在的问题、难题来探寻需求（P）

结合了解到的客户信息，提出客户业务中存在的问题，问题可以由销售人员提出，也可以通过对客户的引导由客户提出，然后通过与客户沟通交流对存在的问题进行确认，使客户明确存在的问题。

情景2 ——寻找问题

销售人员：那存储的安全性怎么样？如果存储出现问题，很容易造成数据丢失，以前有过数据丢失的情况发生吗？

客户：确实有，不过一直没有什么很好的办法。

销售人员：那以往出现像服务器死机、存储出现问题的情况都怎么处理呢？

客户：基本就是人工恢复，能恢复多少就恢复多少。

3. 暗示问题的存在，引导客户表达需求（I）

通过一些暗示性提问强化问题的存在，引导客户意识到问题的严重性，激发客户对现状的不满和重视。

暗示问题的存在并不是说要电话销售人员“无中生有”，非要把不存在的问题编造出来强加给客户并给客户洗脑。非法销售才会这样做，而销售除了利用销售技巧之外，还要遵守诚信的基本道德原则。因此，暗示问题是在诚信原则基础之上，本着专业的顾问式姿态，让客户意识到原本存在的问题的弊端，为客户提供所需范围之内的更专业的解决方案。

情景3——提出存在的问题

销售人员：如果企业的重要数据丢失了，岂不是造成很大的损失？

客户：是啊，我们为了避免此问题的发生，主要是日常多巡检、多维护，出了问题赶紧处理。

销售人员：那你们的工作也是够辛苦了，得24小时绷紧神经，这对于咱们这样的企业，不是长久之计啊。

客户：是啊，一出问题业务部门就找我们抱怨，我们也很为难。

4. 呈现愿景和收益（N）

通过描述愿景和新的产品（服务）带来的收益，把客户的思路引导到对解决方案的探寻上来，同时可以抛出自己的解决方案，并为客户描绘愿景，使客户明了产品价值和收益。这一步也是导入产品的好机会。

情景4——呈现产品或服务所带给客户的收益

销售人员：那有没有考虑过其他的优化方案呢？比如说在现有存储基础上再进行增量备份？

客户：以前确实考虑过，但没有找到太好的解决方案。以前考虑的是能够对所有业务的数据进行自动备份，出问题了之后可以按时间节点进行数据还原，你们能做到吗？

销售人员：我们公司现在有一款产品，可以自动对数据中心所有数据进行增量备份，这样即使服务器死机、存储器坏掉都没有关系，都可以做数据的无缝还原，可以最大限度保障数据安全。

客户：你们有这样的设备吗？

销售人员：是啊，这样既能避免因设备故障带来的业务中断和数据丢失，又能减轻你们的工作压力。您感觉对你们来说有帮助吗？

客户：可以啊，那要不你给我详细介绍一下。

必备知识

1. 电话销售的提问流程

SPIN 销售方法通过逐步进行提问，逐渐让客户在回答问题的过程中识别出采购的核心要素。电话销售人员要避免一开场就滔滔不绝地宣讲产品信息，因为客户通常没有足够的耐心去听，而利用提问的方式可以让客户感觉是在帮助他们解决问题、了解他们的困难。

以下是每一步骤的提问需要注意的事项：

1）情境性问题：每一个问题都是在收集有关客户现状的事实、信息及背景数据。

询问情境性问题时，要把握两个原则：数量不可太多；目的要明确。询问那些可以开发成明确需求并且是产品或服务可以解决的难题方面的问题。

2）探究性问题：每一个问题都是针对难点、不满来问，而且每一个问题都是在引导客户说出隐含需求，因此称为探究性问题，也称为难点问题。

询问探究性问题时，要避免问到涉及潜在客户个人隐私和情感方面的事情，也不能对潜在客户近期的一些重大购买决定评头论足，更不能使问题的核心围绕在已经购买了的产品和服务上，这往往会引发潜在客户对产品或服务的不满，为销售人为设置障碍。

3）暗示性问题：暗示性问题是对客户所存在的难题的影响和后果的暗示。

询问暗示性问题时，要注意措辞是否恰当和问题的数量是否适中。因为它往往会使潜在客户心情沮丧、情绪低落。如果还没有问情境性问题和探究性问题，过早引入暗示性问题往往会使潜在客户产生不信任甚至拒绝。

4）解决性问题：以对策、解决方案为核心内容的问题称为解决性问题。这一类型的问题表明了对策的积极因素并且防止客户产生不舒服的感觉。

询问解决性问题时，销售人员最易犯的错误就是在积聚起问题的严重性之前过早地介绍对策，在潜在客户没有认识到问题的严重性之前为销售需求开发设置障碍。因此，问解决性问题的最佳时机是在通过暗示性问题建立起买方难题的严重性后，而又在描述对策之前。在每笔成交订单中，出色的销售人员较之一般销售人员所问的解决性问题的数量要多 10 倍。

2. SPIN销售提问的4项原则

电话销售人员应熟练掌握提问沟通的 4 项原则，将它们应用于 SPIN 模式中，避免使用错误的提问方式或内容而使客户产生心理排斥。

第 1 项原则——问题简单易答。每次提问不应该包含一个以上的内容，如果一个问题涉及的内容太多，会使潜在客户难以回答。

第 2 项原则——问题可预测、可回答。电话销售人员应该在提问时问自己能够预测出答案的问题，或者不会使自己陷入困境而不能脱身的问题。提问是一种强有力的推销技巧，但使用不当会适得其反。

第 3 项原则——提出问题后给潜在客户一些时间思考回答，这需要暂停或等待。一个问题接着一个问题，会给潜在客户造成压力，给他们的感觉就像在法庭上受盘诘的证人一样。没有给潜在顾客足够的时间也就等于没有达到询问的主要目的，即没有建立起潜在顾客与销售人员之间的双向交流。

第 4 项原则——倾听。潜在顾客会欣赏好的听众，他们认为注意聆听是销售人员对自己的情况感兴趣的一种表示。许多销售人员只注重自己问问题，而不注重倾听潜在顾客的回答（或者忽视非语言信号）。销售人员要有意识地倾听潜在顾客在讲什么，这样才能问出明智的、有意义的问题，从而既帮助自己也帮助潜在顾客确定存在的需要和问题以及相应的解决方案。

3. SPIN提问的技巧

SPIN 模式提问的根本意义在于通过一系列提问启发准客户的潜在需求，使其认识到购买此产品能够为他带来多少价值。

以下是提问方式的归纳总结：

（1）情境性问题

情境性问题的目的是了解客户的现状。情境性问题能够提供事实性信息，这些信息有助于了解客户的背景，特别是在销售过程的最初阶段使用得更多。

例如，我听说您最近有为孩子购买意外保险的打算。您之前还购买过其他保险吗？

（2）探究性问题

探究性问题是在现状的基础上进一步针对性探究，找出客户关心的问题。经验十足的销售人员最有可能问的问题有：

1）对于现在的设备您是否满意？

2）你们正在用的办法有什么缺陷吗？

3）你们现在的系统在负荷高峰期时是不是很难承受？

4）有没有考虑过这部机器的可靠性问题？

5）以前用的车型还不错吧，有什么问题吗？

（3）暗示性问题

暗示性问题是根据客户关心的问题挖掘最大的痛点，发掘存在的问题而进一步推出针对性的解决方案或者产品、服务。例如：

1）这对产量有什么影响？

2）这会不会降低您提议扩展的速度？

3）这会导致成本的增加吗？

4）不能在规定时间内完成任务，客户会对您有什么抱怨？

5）生产线上的员工跳槽对你的进度有什么严重的后果？

以上这些问题就是在探究型问题的基础上进一步延伸、加重，也就是暗示性问题。可以看到，暗示性问题在决定过程中增大了痛苦需求的程度。

（4）解决性问题

解决性问题是针对最大的痛苦给予快乐的对策。在合适的时机提出解决性问题可以减少异议，使买方说服自己同意销售人员的对策，有助于进行成功的销售。

典型的例子包括：

1）解决这个问题对您很重要吗？我们有合适的方案可以解决您这个问题。

2）贵公司现在的这套系统对管理来说不太能解决最根本的问题吧？

任务拓展

1. 实训任务：你作为某产品的电话销售坐席代表，结合所学 SPIN 顾问式销售的基本概念和技巧，通过电话向客户进行最新产品的销售。

2. 任务形式：两人一组，模拟电话销售产品介绍，完成后双方互评。

3. 任务时限：30 分钟。

4. 任务要求：

1）需使用 SPIN 顾问式销售技巧和客户之间建立信任，充分挖掘客户的潜在需求，结合 SPIN 的含义进行电话销售。

2）作为销售人员，给定销售的产品为净水器，对特定客户进行电话销售。

3）扮演电话销售人员的同学，根据背景资料将可能会提出的问题写在空白处。扮演完成后看看是否按照原计划提出了问题，如果更换了问题，将实际提问的问题写在空白处，并总结说明为什么提问会发生了变化。

4）小组成员需要更换角色扮演。

背景资料

1. 销售人员所在公司资料

某公司正式成立于 2010 年 4 月，是一家以手机、智能硬件和 IoT 平台为核心的互联网公司。创业仅 7 年时间，公司的年收入就突破了千亿元人民币。截至 2018 年，公司的业务已遍及全球 80 多个国家和地区。

公司的使命是，始终坚持做“感动人心、价格厚道”的好产品，让全球每个人都能享受科技带来的美好生活。

日前，公司带来了一款净水器旗舰产品——净水器 S1 800G，正式售价为 2 999 元。它比之前发布的净水器 400G 和 600G 的出水速度有进一步提升，正常情况下可以实现 2L/min 制水量，1min 可以轻松接满 4 瓶 500mL 瓶装水。此外，净水器 S1 800G 依旧采用智能纯水提升技术，可根据自来水水质来自动调整废水量，让纯水更多，废水更少。纯水废水比最高达到 3∶1，相比于前代产品有了大幅提升。它在滤芯更换上也改为横抽式滤芯设计，不用将机器从厨下取出，只需打开磁吸盖板就能直接换芯，方便又省力。净水器 S1 800G 创新加入超滤净化系统，实现 RO+UF 双出水配置，左开 UF 水龙头为生活用水，适合洗菜、洗碗、洗水果等，包含折叠 PP 棉、前置活性炭棒、阻垢剂、UF 超滤膜在内的 4 级过滤系统，无废水产生，日常使用更方便。右开 RO 水龙头为直饮水，经过折叠 PP 棉、前置活性炭棒、阻垢剂、RO 反渗透膜、后置活性炭棒在内的高精度 5 级过滤系统，达到包装饮用水级别，更适合煮茶、煲汤、做饭。此外，智能水龙头加入 OLED 显示屏，不仅有蓝灯、橙灯提醒，还能精确显示滤芯冲洗时间、机器运行状态，甚至连故障提醒都一目了然。通过联网也可以实现 App 掌控，实时了解家中净水器的水质状况。

2. 客户信息

王浩女士，27 岁，单身，研究生学历，在某一线城市从事自媒体行业，热衷追赶潮流，喜欢新鲜事物，是该公司产品的忠诚用户，每款新品发布时会在优先考虑性价比的基础上理性进行购买。

3. 将提问问题写在下方，如果实际提问问题与计划提问的问题一致，则只填写计划问题。如果发生了改变，扮演销售的同学需要总结并说明原因。

计划提问的问题	实际提问的问题

思考：

作为电话销售人员，在本次电话销售过程中是否很好地运用了 SPIN 销售法则来挖掘客户需求？你认为在以后的电话销售中，应该注意哪些？

任务 3 运用 FABE 电话销售法正确介绍商品

任务情景

花花：糖糖，我是第一次做保险电话推销，不知从何入手，能不能传授一点经验？

糖糖：可以的。你今天要完成的任务是什么呢？

花花：今天我的任务是给 300 个客户打电话，推销我们公司最新推出的财产保险。第一次给客户打电话，我感觉很紧张。

糖糖：在进行电话销售前，首先你需要做好一系列的准备，只有准备工作齐全，才能消除你的紧张，让你的工作事半功倍。其次，你要掌握合理的电话沟通技巧。你要学会如何问候客户，可以通过寒暄和问候来开启话题，这是一种表现友好的方式。良好的开场白是电话营销成功的一半。

花花：明白了，那接下来该如何比较专业地介绍产品呢？

糖糖：只是做好准备工作和引起客户兴趣是不够的，引起客户的兴趣只是你的第一步，接下来你要进入电话营销最关键的部分，就是进行商品介绍。

花花：那我只要把准备好的商品资料全部罗列给客户是不是就可以了？

糖糖：合适的商品介绍是电话营销成功的关键，商品介绍也是有很多技巧的。你可以运用 FABE 电话销售法来介绍你的产品，引起客户的兴趣，激发客户的购买欲望。在成功介绍商品后，与客户建立友好联系，运用有效的告别技巧，让客户记住你，提升客户的满意度和忠诚度。

花花：那我应该怎么运用 FABE 商品介绍法呢？

糖糖：我们接下来需要进行专项的培训，让大家掌握 FABE 销售的方法。

任务分析

FABE 模式是由俄克拉荷马大学企业管理博士、台湾中兴大学商学院院长郭昆漠总结出来的。FABE 销售法是非常典型的利益销售法，而且是非常具体、有高度、可操作性强的利益销售法。它通过 4 个关键环节，极为巧妙地处理了客户关心的问题，从而顺利地实现产品的销售。

FABE 模式的 4 个关键环节分别是：F——特征（Features），A——优点（Advantages），B——利益（Benefits），E——证据（Evidence）。FABE 销售法，也叫特优例证法则，它是一个把商品的特征、商品的优势、客户的利益以及对卖点的证明按照科学的逻辑有机地结合在一起的技术和工具。

本任务通过对 FABE 销售法的学习和实操，让学生掌握每一步的销售技能和方法并进行整合和融会贯通，使学生能够掌握本销售方法以顺利进行电话销售工作。

任务实施

FABE 销售法，简单地说，就是在找出客户最感兴趣的各种特征后，分析这一特征所产生的优点，找出这一优点能够带给客户的利益，最后提出证据，通过这 4 个关键环节的销售模式，解答消费诉求，证实该产品确实能给客户带来这些利益，极为巧妙地处理好客户关心的问题，从而顺利实现产品的销售诉求。

1. 发掘产品的特质（F）

F——特征（Features），即产品的特质、特性等最基本功能以及它是如何满足人们的各种需要。许多电话销售人员对一个产品的常规功能都有一定的认识。但是对于一个非常基层的电话销售人员来说，经常按照标准话术去推介产品而缺乏自主的思考，往往会被客户拒绝。因此，无论是面对面的销售人员，还是以电话为主要媒介进行销售的电话销售人员，要深刻发掘自身产品的潜质，努力去找到竞争对手和其他推销人员忽略的、没想到的特性。当你给了客户一个“情理之中，意料之外”的感觉时，下一步的工作就很容易展开了。

下面以楼盘销售为例来说明 FABE 销售法则。

情景1

商品信息——紧邻湿地公园的楼盘

楼盘介绍：作为湿地公园旁的楼盘建筑，它和临海、面山的建筑一样都拥有着独特的自然资源，这些资源都是不可复制的。纵观整个房地产市场，拥有独特自然资源的建筑，它的价值肯定都要高出其他楼盘建筑。

依据 FABE 销售法则，可以将楼盘信息进行如下介绍，先挖掘商品特质：

F（特征）——我们的楼盘位置紧靠湿地公园。

2. 挖掘商品的比较优势（A）

A——优点（Advantages），即商品特性究竟发挥了什么功能。要向客户证明购买的理由，需进行同类产品的比较，列出比较优势；列出这个产品独特的地方；可以直接、间接地描述产品的优势。

电话销售人员的基本职责首先是要非常清楚商品的基本特性，在此基础上如果能够通过与同类产品的比较而分析出产品的优势，那就是帮助客户更清晰地理出了产品能够带给客户的价值。

情景2

商品信息——紧邻湿地公园的楼盘

楼盘介绍：作为湿地公园旁的楼盘建筑，它和临海、面山的建筑一样都拥有着独特的自然资源，这些资源都是不可复制的。纵观整个房地产市场，拥有独特自然资源的建筑，它的价值肯定都要高出其他楼盘建筑。

依据 FABE 销售法则，可以将楼盘信息进行如下介绍，先挖掘商品特质，然后说明比较优势：

F（特征）——我们的楼盘位置紧靠湿地公园。

A（优势）——您下楼步行几分钟就可以到湿地公园散步。

3. 分析产品带给客户的利益（B）

B——利益（Benefits），即产品能带给客户的利益。利益推销已成为推销的主流理念，一切以客户的利益为中心，通过强调客户得到的利益、好处激发客户的购买欲望。这个实际上是在“右脑销售法则”中特别强调的，用众多的形象词语来帮助消费者虚拟体验这个产品。

情景3

商品信息——紧邻湿地公园的楼盘

楼盘介绍：作为湿地公园旁的楼盘建筑，它和临海、面山的建筑一样都拥有着独特的自然资源，这些资源都是不可复制的。纵观整个房地产市场，拥有独特自然资源的建筑，它的价值肯定都要高出其他楼盘建筑。

依据FABE销售法则，可以将楼盘信息进行如下介绍，先挖掘商品特质，然后说明比较优势，接着挖掘其带给客户的切身利益：

F（特征）——我们的楼盘地址紧靠湿地公园。

A（优势）——您下楼步行几分钟就可以到湿地公园散步。

B（利益）——是您晨练、锻炼身体的好地方。

4. 展示佐证材料说明文件（E）

E代表证据（Evidence）：包括技术报告、客户来信、报刊文章、照片、示范等，通过现场演示、相关证明文件、品牌效应来印证刚才的一系列介绍。所有作为“证据”的材料都应该具有足够的客观性、权威性、可靠性和可见证性。

情景4

商品信息——紧邻湿地公园的楼盘

楼盘介绍：作为湿地公园旁的楼盘建筑，它和临海、面山的建筑一样都拥有着独特的自然资源，这些资源都是不可复制的。纵观整个房地产市场，拥有独特自然资源的建筑，它的价值肯定都要高出其他楼盘建筑。

依据FABE销售法则，可以将楼盘信息进行如下介绍，先挖掘商品特质，然后说明比较优势，接着挖掘其带给客户的切身利益，最后对商品的特点和优势进行佐证：

F（特征）——我们的楼盘地址紧靠湿地公园。

A（优势）——您下楼步行几分钟就可以到湿地公园去散步。

B（利益）——是您晨练、锻炼身体的好地方。

E（证据）——您可以看看这里的规划图，有时间的话也可以去旁边的公园实地走走，这个公园非常漂亮，很多客户都已经在最近签了合同（展示已签合同名录）。

【案例】

FABE 销售法——猫和鱼的故事

销售领域有一个非常著名的故事——猫和鱼的故事。

一只猫非常饿了，第一个销售员扔给猫一摞钱，但是这只猫没有任何反应。这一摞钱只是一个属性（Feature）。

猫躺在地上非常饿了，第二个销售员过来说："猫先生，这有一摞钱，可以买到很多鱼。"买鱼就是这些钱的作用（Advantage），猫仍然没有反应。

猫躺在地上非常饿了，第三个销售员过来说："猫先生，这有一摞钱，可以买到很多鱼，你可以大吃一顿（Benefit）。"猫飞快地扑向了钱。

猫吃饱喝足了，需求也变了——它不再想吃东西了，而是想去外面多走走看看，休闲放松一下。这个时候，第三个销售员再次看到了猫先生，他说："猫先生，这里有一摞钱，你可以买很多鱼，又可以去大吃一顿了。"这个时候猫没有反应——因为猫先生的需求已经变了。

通过上面的案例可以看出，销售员要善于挖掘产品的优势以及这些优势能够带给客户的价值，客户才有可能对此产生吸引力，进而引发购买的想法。另外，按照FABE销售法去挖掘产品优势和价值的时候，一定要贴合客户的需求，当客户需求改变以后，要善于洞察，进而挖掘出适合客户需求的特点和价值。否则，再好的优势和价值如果不能和客户的需求相匹配，也是无法达成销售目的的。

任务拓展

1. 实训任务：利用FABE销售法进行某电商网站的笔记本计算机销售。

2. 任务形式：两人一组，模拟电话销售产品介绍，完成后双方互评。

3. 任务时限：30 分钟。

4. 任务要求：

1）先熟悉客户的背景资料，结合客户资料根据 FABE 销售法设计出要推销的电子产品的特点、优势、价值并写在下方横线处作为电话销售过程中的沟通重点。

2）小组成员模拟进行电话销售过程，扮演销售的一方需要注意运用 FABE 销售法，扮演客户的一方要注意围绕背景资料中的产品信息展开与电话销售人员的沟通。

3）小组成员需要互换角色，重复电话销售的过程。

背景资料

1. 客户资料

张小晓，女，29 岁，一线城市民营企业市场部策划经理。

工作状态与背景：

张小晓作为办公室一族，每天的工作都离不开计算机，由于公司今年业务非常好，整个市场部策划了全年近 10 场在不同城市的市场推广及会议推广活动。这意味着在未来的一段时间她需要频繁地出差。由于自己一直从事策划工作，过去一直使用办公室台式计算机，而自己的笔记本计算机比较厚重，不方便携带。因此产生了想购买一台笔记本计算机的想法。最近登录了电子产品电商网站浏览过计算机信息并留下了联系方式。

2. 产品资料

产品外观如图 5-2 所示。

图 5-2　产品外观

产品介绍：

1）可根据需求从平板计算机模式切换为笔记本计算机模式、工作室模式。

2）配备触控笔，可以书写。

3）尺寸大小：292mm×201mm×8.5mm（不含键盘盖）。

4）重量：790g。

5）外观：外壳为特质镁合金一体式机身设计，具有隐藏的外围通风口；颜色有亮铂金和典雅黑。

6）存储：128GB、256GB、512GB、1TB。

7）续航：常规使用时间最高可达 10.5 小时，仅需 1 个多小时就可充电 80%。

在小组模拟开始进行电话销售之前，请先将依据 FABE 销售法总结出的重要商品信息写在下方横线处。

F: ______________________________

A: ______________________________

B: ______________________________

E: ______________________________

任务 4 运用 LSCPA 电话销售法处理客户异议

任务情景

花花：师傅，我在做电话销售时发现客户在购买产品时总是顾虑重重，会有很多疑问，有疑问也很正常，我都会很耐心地解答，但是我发现还有很多客户会有质疑，面对质疑我总是感到很惶恐。

糖糖：电话销售中客户购买产品有顾虑很正常，客户对产品产生兴趣才会有顾虑，这个时候最需要电话销售人员做的就是解答客户问题，帮助客户排除顾虑。

花花：师傅，明白。那对于那些有很大质疑的客户呢？

糖糖：一般来说，客户只要没有完全不听你讲话或者直接挂掉你的电话，而是继续和你交谈，那不管是有疑问，还是有质疑，就说明这个客户对此产品有兴趣，曾经或者现在有购买的计划。对于有质疑的客户，我们可以运用 LSCPA 的电话销售法来处理。

花花：那师傅，接下来您给我们培训一下这个销售方法吧，我们好好学习和练习一下。

任务分析

电话销售中客户有时候并不会直接拒绝，而是提出自己的异议，如果不能尽快解决客户的异议或者打消客户的疑虑，那么客户就会毫不犹豫地挂掉电话。道理很简单，每个人都想自己购买的东西更加符合自己的要求和标准，如果客户觉得有些地方不符合，就会犹豫不决，产生很多疑问。电话销售人员只要能灵活处理客户的异议，离成交也就不远了。

LSCPA 客户异议处理方法是很好的处理客户异议的电话销售技巧，它采用了细致、细腻的推销语言程序来界定和把握客户异议，让客户和电话销售人员的沟通有的放矢。客户在购买产品时总是顾虑重重，而这种方法处理有助于化解分歧，达成共识。

L——倾听（Listen），倾听客户的担忧，确认真正的反对理由；

S——分担（Share），站在客户的角度为其分忧解难；

C——澄清（Clarify），对于客户的担忧加以解释，以确认问题的真正存在；

P——陈述（Present），针对客户的忧虑，提出合理建议；

A——要求（Ask），对于提出的建议，要征求客户的最终同意。

本任务将按照 LSCPA 的步骤，逐一学习并练习如何在电话销售中处理客户异议，在未来电话销售中面对客户异议时，能做到胸有成竹，按照处理异议的方法，有步骤、有条理地进行沟通，提高销售成单率。

任务实施

LSCPA 电话销售法是应用倾听、分担、澄清、陈述、要求 5 种技巧来化解客户异议，从而达到客户购买目的的销售法，其流程如图 5-3 所示。

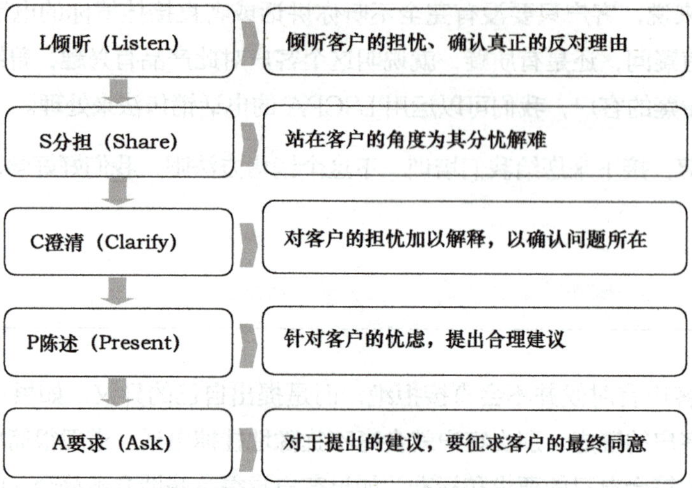

图 5-3　LSCPA 法流程图

1. 细心聆听（Listen）

倾听是作为电话销售人员极为重要的素养。在处理客户异议的时候，倾听也是正确处理客户异议的前提，以表示对客户意见的尊重。通过倾听，弄明白客户异议的真实意思，从而有的放矢地处理它。

当客户提出异议的时候，首先耐心地听，由于在电话中不能面对面，可以在客户表达的时候予以客户一定的回应，让客户觉得你是在认真地听他讲话；也可以对客户说："请您等一下，我要对您的问题做个记录。"对客户问题做出回应的好处是：

1）显示对客户异议的重视。所有人都希望自己能得到重视，希望自己的意见被采纳。在面对客户的时候，千万不要因为想要推销产品而急切地去反驳客户的意见，非常强势和着急地去表达自己的看法。这样会让客户感觉到不愉快，很可能会中断电话沟通。

2）当你要认真记录的时候，客户就会对自己所说的话重视起来，重新考虑自己所说的内容，这样可以排除杂七杂八的无效表述，让你可以更清晰地了解他的异议。

3）记录为你赢得思考和处理异议的时间。客户在对你的产品产生兴趣后，他会担心质量是否过关、价格是否高了等问题。你要仔细倾听他的异议，找出真正的反对理由。常用的细心聆听 5 种话术如下。

①您能说得更详细些吗？

②麻烦您再解释一遍好吗？

③您的想法我能理解。

④好，我明白了。

⑤我会尽可能地帮您找到您喜欢的东西的。

如果客户还是没有消除疑虑，那么是因为他还有些担心你是否真正了解他的想法、他的需求。

下面通过一个电话销售案例来逐步说明 LSCPA 法则。

情景1

电话销售人员：张姐，我们公司最近推出了叮咚系统 3.0 版本，在 2.0 系统上进行了全面升级，您现在时间方便吗？我给您大概介绍一下，看看贵公司是否考虑升级。

客户：哦，小李，你们这个叮咚系统我们用出了很多问题啊，我作为公司内部实施这个系统的负责人，都快累死了。系统使用非常烦琐，每天都有很多同事找我抱怨不会用，还存在运行不够顺畅等一大堆问题，我都快烦死了。这些问题你们得先给我解决啊。

电话销售人员：哦，张姐，您最近也没有找我，不然我们会早点帮您解决的。您先说说，具体都是哪些问题呢？

客户：问题主要是程序流程太烦琐，我们自己内部设置方面不能自行简化。另外，系统经常卡顿也不知是什么原因。还有就是无法实现客户的销售漏斗管理。

电话销售人员：嗯，张姐，理解，我听明白您的意思了。

上面的电话销售人员在与客户的沟通中，本来是想介绍新升级的产品，但是一接通电话客户就是一顿抱怨。这个时候电话销售人员要想顺利地进行到新产品的介绍推广阶段，就必须耐心地倾听，用“L”原则，倾听客户的问题并给予回应，表现出很重视客户想法的感觉。让在电话那头的客户感受到你的重视，这是非常重要的开始。

2. 分享感受（Share）

第二步即是在电话销售人员倾听完客户的意见之后，需要感同身受地分享自己的见解。在电话销售技巧中，当客户讲述完他的异议后，你必须用语言明确表示对客户的尊重和同情，这一点与现场销售技巧是不同的，因为双方看不见对方的面部表情，更仰赖双方的语言和语气的交流。

在处理客户异议前，对客户表示尊重和同情是个十分必要的电话销售技巧。因为在客户讲述完异议后，他预料到你会解释甚至反驳他的异议，此时，他感觉你是和他对立的，他可能为了面子而不想被你说服。最有效的方法是表示对他的尊重和同情，表明你是为了解决他的问题，而不是仅为了向他出售产品，这样在对方心目中，你和他是站在一起的，他才能接纳你。

他需要你肯定他的看法、理解他的感受并用你专业的知识去帮助他找到自己最满意的产品。常用的分享感受的话术如下。

① 我也有同样的感受……

② 我能看得出您的感受……

③ 我知道您的意思了，您是担心……

④ 我知道这种时候会有很多困难……

⑤ 很多客户都这么说，所以我不会对您的想法感到奇怪。

针对情景 1 中客户提出的问题可以做如下应答：

情景2

电话销售人员：张姐，我理解、听明白您的意思了。您说的这几个问题，确实会让您感觉到有些烦琐，可能是前期我们在项目实施的时候没有和公司那边沟通清楚。关于您说的这个流程上烦琐的问题，我们的工程师可以再过去了解您的详细流程需求，帮助您那边再重新梳理系统流程，这个请您放心。系统卡顿的问题我们也会查看是系统问题还是您那边网络问题造成的，如果网络正常应该是不会有系统频繁卡顿的现象出现的。

客户：好的，那你们快点派人过来吧。

在与客户接下来的沟通中，电话销售人员对于客户提出来的“系统流程烦琐”的问题表示了理解，并且承诺会尽快派人去解决这个问题。这样会为客户的情绪和心理上带来有被尊重和重视的感觉。

思考：想一想，还有哪些常用的分享感受的表达方式？和同桌讨论说出 3 个分享感受的表达方式吧。

____

____

____

3. 澄清异议（Clarify）

客户讲出他的异议时很可能是杂乱的，甚至是带有抱怨的。此时，你急于处理客户异议，必然也会陷入杂乱状态，甚至你说了半天却不是客户真正关心的问题，从而浪费了时间，还有可能使得整个推销活动功亏一篑。正确的电话销售技巧是在此时采取澄清客户异议的方法，先将客户意见提纲挈领地归纳成几条，然后通过复述让客户加以确认。

这个电话销售技巧的好处是：其一，通过归纳和复述帮助客户清晰自己的思路，排除那些无效的异议，让你的解释和处理更加有的放矢；其二，通过归纳复述客户异议，也是暗示客户：你的这些异议得到解决后，就应该成交了。

如何澄清客户的担忧，消除误解呢，常用的澄清话术如下。

① 如果我没理解错的话，您是担心……是吗?

② 我是否可以这样理解，您觉得真正的问题是……

③ 您先别急，听我给您解释一下好吗?

④ 从另外一个角度来看，这个问题是……

⑤ 我自己常常也会有同样的想法，问题在于……

情景3

客户：另外，我们业务部门反应系统只能在财务部门进行收入财务管理，与销售业务不能很好地衔接。我看其他公司都有销售模块的功能，你们没有销售漏斗管理这部分的功能吗?

电话销售人员：张姐，是这样的，你们公司现在购买的这套系统就是主要用于职能部门的，行政部门的库存管理和财务部门的业务都可以在这套系统中实现，他的主要功能就是办公室库存管理和财务管理，当时也没有购买销售模块的功能业务。

客户：不会吧。财务部门的管理和销售部门收入息息相关呀，你们当初就应该把这部分功能加上呀。

电话销售人员：张姐，财务模块这部分确实是和销售业务相关的，因为采购和收入都和销售的项目有关，只是说现有的模块是从财务人员入手来管理销售收入和采购支出等其他收入和支出，而销售模块一般是开放给销售人员，销售人员在产生销售收入前是以管理自己的客户和项目的进程为主的。到了产生订单和成交之后，由财务部门接手去管理，它是一个流程链条，更为复杂。

客户：哦，是这样，能理解你说的意思。

从上面的电话销售人员和客户的对话中可以看出，电话销售人员对于客户提出的要求和异议做了很专业、全面的解释，让客户理解并接受，为下一步打下了良好的基础。

4. 提出方案（Present）

现在你可以对客户的异议进行处理了，你处理的电话销售技巧应该是一个解释、一个方案或者是解释加方案。所谓的解释，是向客户进一步说明产品或销售政策，而方案则是一种交易的主张，如优惠、打折或提供一些服务等。你需要详细陈述你的方案，确认你的方案正是他需要的。例如，可以用以下话术开场。

① 我有一个建议，不知您觉得是否可行？

② 前面我们已经确认了您的需要，您对……还有疑问是吗？您看我们是否可以尝试……

③ 另外一种可能性就是……

④ 关于这个问题，您看我们是否可以……

⑤ 既然我们双方都很有诚意，您看是否可以各退一步呢？

情景4

电话销售人员：张姐，关于您说的销售漏斗业务模块，正是我刚才说的我们升级后的系统产品，这个模块可以很好地支持公司的销售管理过程，并且销售人员建立的订单在成单后可以直接转化为财务收入。您觉得怎么样呢？

客户：那我们已经有这套系统了，这个销售模块可以和我们现在的系统对接吗？

电话销售人员：是的，张姐，已经有这套系统了，只需要单独增加销售管理模块就可以，很多新客户都是直接安装上全套系统的，咱们已经有这套系统，只要升级一个销售管理模块就可以了。

张姐：哦，这样，那要不你那边先给我们提供一个方案，我们先看看吧！

通过上面电话销售人员和客户的好沟通可以看出，电话销售人员针对客户的疑问及时提出了新的产品方案并且做了解释。在这样的情况下，客户的接受程度就非常高了。

5. 要求行动（Ask）

如果客户对你提出的解决方案满意或者没有明确地表示反对，那么接下来就是暗示他“这个选择是非常明确的”。你可以说：“您是觉得这种方案更好，是吗？”您真是好眼力！”“您更愿意选择哪种方式呢？”……这样做可以让客户有受重视的感觉。下一步你可以采用一些策略性的技巧让对方购买或签订协议。

你提出的建议方案很好，客户也动心了，他在准备让步，但你最好能告诉他这是他自己的想法，让他自己做出选择。因为客户渴望受重视的感觉。常用的要求行动的5种话术如下。

① 您也是这么想的，是吗？看来真是英雄所见略同嘛！

② 您觉得哪个方案更适合您呢？

③ 您是觉得这种方案更好，是吗？您真是好眼力！

④ 您更愿意选择哪种方式呢？

⑤ 那样做，您觉得是否可以？

情景5

电话销售人员：好的，没问题，我们这边可以出一个方案。不过出方案之前，还是要结合贵公司的实际业务情况。您看，咱们约个时间让我们业务人员去一趟公司和相关业务人员沟通一下好吗？这样出的方案会比较具体，后期要实施的话也会更快。

客户：哦，可以。

电话销售人员：那您看我们约在本周四下午2点，时间可以吗？

客户：好的。

上面的对话中，电话销售人员及时要求与客户方见面沟通。客户做出选择后，他会觉得这是他自己的决定，也就不好意思再提出什么异议了，应该说未来的成交已经算成功了一半。LSCPA话术示例见表5-2。

表5-2　LSCPA话术示例

客户：你们的价格太贵了，我买不起啊！	
L	（不要插嘴，要等客户说完，并不要反问客户）嗯，这样啊。
S	张总，您觉得贵是吗？我原来也感觉有点贵。
C	除了价格外，还有没有其他因素是您不满意的？
P	其实张总，以前也有很多客户觉得我们的产品有点贵，但是自从用了我们的产品后，却专门打电话告诉我说实在太物有所值了。现在，他们很多都会经常给我打电话，让我有新产品的时候别忘记告诉他们。所以，不了解我们产品的客户会觉得我们价格有点贵，但是了解我们产品的客户就知道这个价格实在是很划算的。这样吧张总，您什么时候有时间我带些样品给您展示，您只有试用了我们的产品才能确信我们的产品绝对物有所值。
A	您看怎么样？

需要说明的是，LSCPA 销售技巧不仅可以用来解决客户的异议，还可以用于解决客户的投诉。当客户对购买的产品不满意而打电话向你投诉的时候，你完全可以采取这种策略，先细心聆听，再分享客户的愤怒情绪，使客户觉得你其实是站在他的角度的，然后把客户的问题澄清，使客户认识到自己的问题到底是什么，原因是什么，接着你拿出自己的解决方案给客户选择并征求客户的建议，使客户觉得自己受到充分的尊重。如此，采用 LSCPA 策略就可以轻松地解决客户的投诉了。

必备知识

在电话销售的过程中，客户有时候并不会直接拒绝，而是提出自己的异议，如果不能尽快解决客户的异议或者打消客户的疑虑，那么客户就会毫不犹豫地挂掉电话。每个人都希望自己购买的东西更加符合自己的要求和标准，如果客户觉得有些地方不符合就会犹豫不决，产生很多疑问。其实这恰恰是电话销售的良好机遇，因为这说明客户还是很关注产品的，只是比较谨慎而已，有能力的电话销售人员会在这个时候充分展示产品的优势，同时也展示自己的人格魅力和专业技能，使客户再没有理由进行拒绝了。应该说，只要能灵活处理客户的异议，就离成交不远了。

在处理异议的过程中，也有必要分辨客户产生异议的原因，掌握处理异议的基本原则。

1. 异议产生的原因

一般而言，客户提出异议的原因主要来自自身、电话销售人员以及产品 3 个方面。

（1）客户自身的原因

一般来说，客户自身的原因是异议产生的主要原因，这主要包括客户基于自身的经济状况、使用情况和对同类产品和技术的了解而表达对产品的不认可，如不合适、价格太高、技术落后等；客户因为信息不充分或者缺乏经验而产生了错误的理解；客户情绪低落、胡乱找茬等。

（2）电话销售人员的原因

当电话销售人员态度不好、做了夸大其词的陈述或者对产品的技能了解不充分时，也会引起客户的异议。

（3）产品的原因

如果产品本身具有某些功能缺陷、售后服务不周全或者产品所在的公司具有某些令客户不满意的地方，也可能会引起客户的异议。如果客户本来打算购买此类产品，那么这个时候很可能会导致客户转向其他品牌的同类产品。

2. 处理客户异议的原则

（1）做好充分的准备工作

在打电话之前，电话销售人员应该充分考虑可能遇到的异议的情况并将所有可能的情况写下来，找到对应的解决措施。具体来说，准备工作包括以下内容：

① 把平时遇到的客户异议写下来；

② 把这些客户异议进行分类统计，依照每一项异议出现的次数多少排列出顺序，出现频率最高的异议排在前面；

③ 以集体讨论的方式编写适当以及常用的应答语；

④ 相互扮演客户和电话销售人员，轮流练习标准应答语；

⑤ 对练习中存在的不足通过进一步讨论进行修改和提高；

⑥ 对修改后的应答语再进行练习，并最终定稿备用；

⑦ 装订成小册子发给同事，以供随时翻阅，达到运用自如、脱口而出的效果。

（2）要有真诚的态度

客户提出自己的异议时，电话销售人员要耐心解答，充分尊重客户，哪怕客户的异议根本不成立。只有客户感受到被充分尊重了，才会相信你是在全力以赴地解决问题并愿意和你沟通，提出更多的信息。诚挚的倾听和热情的回应是良好态度的重要表现。

小知识

良好的态度主要体现在以下几个方面：

- 要勇于承担责任；
- 要站在对方的立场上考虑问题；
- 要向对方保证很快解决问题；
- 要向对方说明答复或者解决问题的时间。

（3）要积极进行询问

客户提出异议的原因可能有很多，在回答或者解决问题之前应该仔细询问客户产生这种异议的原因，只有这样才能对症下药，有效地解决问题。因此应该多问客户几个“为什么”，这不仅有助于及时解决问题，而且可以使客户在回答原因的时候不自觉地重新审视自己的问题，这时也许就会主动发现问题的不妥当性。例如，“您为什么觉得我们的产品太过于花哨呢？”“除了价格外，我们还可以在哪些方面改进呢？”

（4）把握准确时机

并不是所有的异议都是在客户提出来之后就解决的，有些异议是可以预见到的，所以你可以在客户提出来之前就进行解答；大多数异议是要立刻解答的，这样才能及时打消客户的顾虑；还有些异议是比较无礼的、没有意义的，如果解答的话可能会带来口舌之争，因此可以不用回答，只是用语气词“嗯”“哦”等应对或者直接跳过问题，接着自己的思路往下说。

例如：

客户：你们的产品怎么就不用范冰冰做代言呢，要是找范冰冰做代言的话我早就和你们合作了。

电话销售人员：哎呀，原来您也喜欢范冰冰啊，我也很想找她做代言的啊。那么您觉得哪种价格比较符合您的要求呢？

3. 客户异议的类型及处理技巧

常见的客户异议主要有价格异议、产品异议、信任关系异议、财力异议等。

（1）价格异议

价格异议是指客户提出产品价格太高，原因有可能是价格确实高于其他卖家，但也有可能是故意通过这种心理战来使卖家降低价格，每个人都想通过尽量低的价格来买到自己喜欢的东西。作为电话销售人员，在判断是否属于价格异议之前，首先要考虑价格是异议的核心问题吗？客户对产品的需求程度如何？客户对价格的抵触情绪究竟有多严重？降低价格后，客户一定会购买吗？要根据实际情况应对客户的异议。

1）产品价格确实太高。如果确实是产品价格太高，首先要认同客户的说法，使客户觉得你在情感上是和他保持一致的，然后给出产品的价值或者给出充分的理由和证据来证明自己产品价格高是物有所值的，一般可以按照如下的回答方式来应对：

① 我理解您的想法，表面上看我们的产品价格确实比 ×× 家的要高一些，但是如果您使用过后就会发现，我们的产品……总之，我们的产品更受欢迎。

② 我开始的时候也和您一样感觉我们的产品价格高了那么一点，但是通过一段时间的调查，我发现我们的产品实际上在市场上同类产品中是性价比最高的。

③ 我们以前的客户在没用过产品之前也是这样感觉的，但是用过我们的产品之后，他们发现长期的收益远高于这些最初的花费。

④ 我们无法用价格引起客户的兴趣，但是我们可以用价值来吸引客户。

在这样说的时候一定要注意理论联系实际，如果只是胡乱地吹嘘自己的产品价值多么高，但是真正到用的时候却无法体现的话，客户会觉得受到了欺骗。

2）价格其实已经很低。有时价格其实已经很低了，但是客户仍然故意找借口说价格高，这个时候就不应该再强调自己的价值了，而是一步步推翻客户的观点，最后使客户认识到产品的优势所在。可以通过反问的策略，例如：

① 您认为我们的产品价格高，是与哪个厂家、哪个品牌的哪种规格的产品相比较的呢?

② 您既然说我们的价格高，那么您一定知道我们的价格到底比谁家的高，是吗?

③ 我们最近刚做的市场调查，我们的产品确实已经是市场上价格最低的了。

在提问的时候一定要语气柔和、前后不突兀，如果让客户觉得你很盛气凌人，也可能会将本来很有机会成交的过程中断掉。

3）适当给客户优惠。也许你也有体会，在买东西的时候如果对方给了你折扣或者适当的优惠，你会觉得非常划算，哪怕这件商品本来就值折扣之后的价钱。就像前面在介绍产品价格时所说的，报价的时候要做好客户砍价的心理准备，可以适当地将产品的价格提高，在客户砍价的时候适当地进行降价。

小故事

办公室里兔子销售员正在和乌龟客户通电话。

乌龟：我觉得你们的价格太高了。

兔子：我们的“跑得快”是比其他厂家的价格高10%，可是我们的产品比其他厂家的使用寿命长20%。您买一辆耐用的车多好啊，否则您用不了多长时间就坏了，还得再买一辆、再花一笔钱。

乌龟：嗯！是这么回事，那好吧，就买你们的啦！

通过上面的小故事可以看出，作为客户的乌龟实际上已经有了购买的强烈意愿，只是再抱怨一下价格，如果能降一点更好，不降价的话其实也是可以接受的。这个时候作为销售人员，就要准确地把握客户心理，掌握好销售进程。对于这类购买意愿已经很明确的客户，其实客户除了价格之外，更愿意听到这款产品的优点，认为自己会买到一个非常优质的商品。这个时候作为销售人员应该及时巩固客户心理，让客户感受到踏实放心，就可以很快成交了。

（2）产品异议

产品异议主要是指客户对产品的质量、操作、保修、送货等方面的质疑，担心产品某方面不能满足其需求。

1）产品质量不够好。当客户说你的产品质量不够好的时候，一定不要生气，要心平气和地询问客户这样说的原因是什么。如果客户是切身体验过才这么说，那么可以进行如下解释：

“您的产品损坏我不知道具体原因是什么，也有可能确实是我们哪里做得还不够好，但是一直以来我们都在努力改进，特别是产品质量，事实上我们的产品质量一直很受客户的认可，您要是再遇到有质量问题的产品一定要及时和我们沟通，我们一定会尽最大努力让您满意，绝对不会让您吃亏的。”

如果客户只是随口说说，其实并没有确切的证据来证明产品的质量问题，那么最好的解释是：

“我不知道您为什么要这样认为，您可以到我们网站上看消费者的评价，基本上全是好评，而且我们的客户满意度已经达到了95%，这已经是相当不容易的了，这也说明了我们的产品质量是很有保证的。您说呢？”

2）产品保修期太短。当客户提出这个疑问的时候，就说明客户其实已经很关注产品了，其购买意向也很高了。对保修期的关注其实就是说明了客户还是很关注产品的质量的，因此我们的解释就应该体现在强调产品质量上，使客户相信产品损坏的可能性是很低的，另外也应该强调保修期是符合行业标准的，行业内大多数厂家都是在这个保修期内，这样客户就不会去计较保修期的长短问题了。

3）产品操作起来不方便。一般客户提出这种问题的时候应该是客户没有看使用说明书，还不了解产品的使用特点。电话销售人员应该引导客户关注使用说明书并告诉客户操作起来并没有那么复杂。如果客户在看过说明书后还是认为操作太复杂，那么电话销售人员应该充分肯定和理解客户的感受并反复强调产品的优点，以弥补产品操作复杂的缺陷。例如：

“您说得对，我们产品确实操作起来不太方便，但是您通过说明书学会并熟悉操作之后就会觉得很好用了，其实都是一种习惯。”

4）产品不提供送货上门的服务。当客户要求送货上门的时候应该尽量满足客户的要求，但是如果产品真的不方便送货上门应该向客户解释清楚，并用其他方式替代客户的要求。例如：

“我们确实不负责送货上门，这是因为我们觉得这种产品邮寄起来更方便，而且我们负责全部的邮寄费用，如果您想要换货或者退货我们也承担您寄过来的费用，也向您保证送货时间和送货安全，绝对不会让您受到任何损失，所以这并不比送货上门要差，您说呢？”

（3）信任关系异议

信任关系异议是指客户对电话销售人员说的话不是很相信，例如，客户不相信价格这么低质量还会很好、不相信一周之内可以随时退货、不相信保修期为一年，甚至不相信可以三天内收到货物。面对这些信任质疑，电话销售人员首先要表示理解客户的担心，然后询问客户这样认为的原因，最后澄清事实并给出相关证据。最后的例证是很关键的，如果没有证据说再多的保证的话客户也仍然会没有安全感。

（4）财力异议

当客户向你抱怨说最近财力紧张，没有钱支付的时候，一方面可能是他想要拒绝，另一方面是他想要以此来让电话销售人员降价。不管是什么原因，如果洞悉到客户还是有意愿去购买，那么应该尽可能说明产品的价值，以此来说服客户。

如果客户真的是有需求但是始终强调财力不够，那么电话销售人员应该把握好下次合作的机会，将客户作为未来的重要目标客户进行信息归档，等到可能的时候再进行合作。

总之，客户会有各种各样的异议，成功地电话销售人员总是能有效地将客户的异议转化为商机，并最终说服客户进行购买。

任务拓展

1. 实训任务：利用 LSCPA 法则完成下面要求的电话销售过程。

2. 任务形式：两人一组，先根据下方内容补充完整电话销售的应对话术，补充完整后进行电话销售模拟演练。

3. 任务时限：40 分钟。

4. 任务要求：

1）根据背景资料，将下面的电话销售话术补充完整，要求运用 LSCPA 法则进行补充。

2）补充完整后，小组成员模拟扮演进行电话销售过程演练，扮演客户的一方尽量围绕所售商品进行提问。

3）扮演完成后，双方互相进行评价，看电话销售的推销话术是否符合 LSCPA 原则，是否还有可以改进的地方。

电话销售人员：您好，张阿姨，我是松山地产的小李啊，上次帮您出租您在丽水花园那边的房子，还记得我吧？

张阿姨：哦，记得啊。今天打电话有什么事情吗？

电话销售人员：是这样张阿姨，上次帮您出租房子的时候我记得您向我打听过咱们这附近有没有好的新楼盘，我想着您可能考虑买房子呢。现在我们公司在咱们这一片区域有一个新楼盘要开始售卖了，您如果还有考虑的话我给您介绍一下这个新楼盘。

张阿姨：自从我委托你们把我的房子租出去后，我就总是接到各个卖房子的人给我打电话，是不是你们把我的信息泄露出去了。推销的房子什么地方的都有，每天都能接到3~5个电话。（客户有点生气）

电话销售人员：

张阿姨：好吧，确实是很烦人。那你现在要说的是哪里的新楼盘呢？如果是很远的地方，生活很不方便，我是不会考虑的，你也不用给我介绍了。

电话销售人员：

张阿姨：那交通方面怎么样？

电话销售人员：

张阿姨：哦，交通还是可以的。不过价格还是太贵，还能打折扣吗？

电话销售人员：阿姨国庆节期间我们会有一个促销活动……

张阿姨：好，那周末提前联系我，我们一起去看看。

背景资料

新城家园楼盘信息

地理位置：紧邻城市人工湖，交通便利，紧邻15号线地铁，出门步行5分钟就有公交车站。

户型：全部是南北通透的两居室和三居室（见图5-4），楼间距大，光线非常好。

小区环境：小区规划了大片草坪、体育设施设备、小广场，有地下停车场。

周边配套：有2个大型超市，1个菜市场，步行15分钟可到城市人工湖。

价格：42 000元/m^2　国庆节期间预定的客户可以享有9.5折优惠。

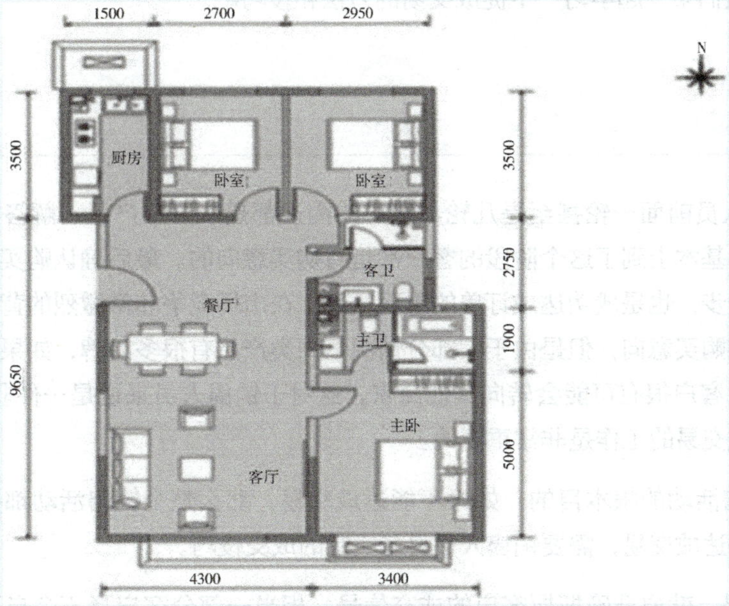

图 5–4　户型示意图

任务 5 促单达成交易

任务情景

花花：师傅，你好，我在电话与客户沟通时发现客户明明对产品感兴趣，可是最后还是没有购买，这是为什么呢？

糖糖：很多时候在销售中发现客户表示了对产品或者服务的兴趣，说明你做得很好，已经成功处理完客户的异议，这时客户也有极大可能购买，客户大概已经做好了购买的心理准备。这个时候千万不能觉得万事大吉。很多时候销售人员就是因为懈怠了，导致客户过了一段时间想法又变了或者购买意向没那么强烈了，造成交易失败。

花花：师傅，促成交易不就是问客户买不买嘛，有什么技巧可言呢？

糖糖：不是这样的，促成交易有很多技巧，也许你的一句话让客户不满意了，前面的所有功夫就功亏一篑了，最后的临门一脚是非常重要的。

花花：那我们来一起学习一下促成交易的方法和技巧吧。

任务分析

电话销售人员前面一轮甚至是几轮与客户的沟通都是以介绍产品、解答客户疑问、排除客户疑虑为主，基本上到了这个阶段的客户都是有购买意向的。最后确认购买意向并促成交易是非常关键的一步，也是成功达成订单的重要一环。在市场竞争非常激烈的背景下，虽然客户有对此类产品的购买意向，但是由于大部分情况下同类产品有很多品牌，如果最后没有做好促成交易的工作，客户很有可能会转向其他商家。这对于销售人员来说是一件非常可惜的事情。因此，最后促成交易的工作是非常重要的。

成交是销售活动的根本目的，如果不能达成交易，那么整个销售活动都是失败的。要想真正赢得客户并达成交易，需要销售人员具备一定的成交技巧。

要促成交易，就要准确把握客户的成交信号。相当一部分客户是不会自己主动提出合作的，而是需要在电话销售人员的促成下才会做出购买决定，所以电话销售人员要具备识别交易信号的能力并能够成功地应用不同方法促成交易。

本任务要求电话销售人员准确把握客户发出的成交信号，运用 6 种成单方法达成交易。

任务实施

对电话销售人员来说，由于没有和客户面对面进行沟通，把握成交的时机就变得非常关键，时机成熟时要运用合适的技巧促成交易。据统计，电话销售平均成交率约为 10%，即电话沟通 10 位客户中就会有 9 位说“不”，成交率比较低。电话销售人员需要接受这一事实、保持心态平衡，才能够卓有成效地把握住 10% 的成交机会。也就是说，电话销售人员首先要有这样的心理准备，即不要害怕客户的拒绝。

一般来说，成功的电话销售推介中有 3~5 处时机可以使销售人员达成交易，即使客户说“不”，只要把握好时机，也可以获得更多的信息以便将来成交。那么，怎样才能增加成交的机会呢？

这需要销售人员在推介的过程中仔细倾听，并做到以下两点：

第一，捕捉和识别客户准备成交的信号，把握好成交的适当时机。

第二，运用有效的成交技巧。

1. 掌握促成交易的时机

促成交易的时机并非只是在处理完异议之后，那么什么时候适合提出成交的建议呢？当客户发出成交信号时，就是成交的最佳时机。

成交信号是指客户通过语言、行动、表情无意中表露出来的购买意图。客户常常不会直接说出其对产品的购买欲望，而是通过不自觉地表露态度或潜在想法，情不自禁地发出一定的购买信号。成交的信号如图 5-5 所示。

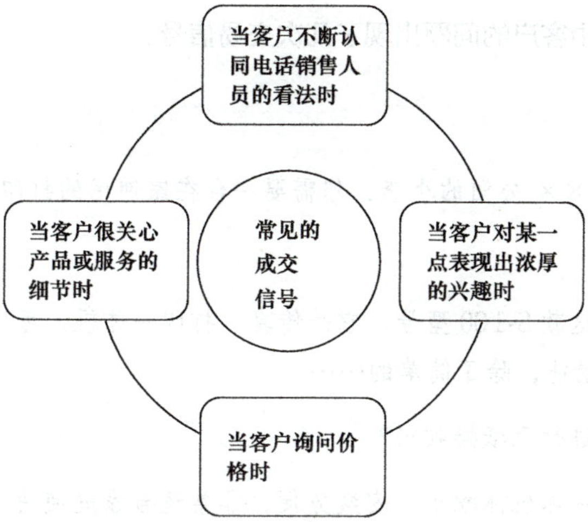

图 5-5　成交的信号

由上图可见，常见的客户成交时机有以下几种：

（1）当客户对产品表现出浓厚的兴趣时

产生兴趣，是客户购买某一产品最大的原动力。如果说客户对产品完全没有需求、没有兴趣，那么电话销售人员就是口才再好也无法说服客户。所以当客户有浓厚的兴趣时，再配合解答客户异议等方法，基本可以达成初步的购买意向。

（2）当客户很关心产品或服务的细节时

一般来说，如果客户对产品完全没有兴趣是不会问很多关于产品细节的问题的。当客户关心产品或针对服务细节开始提问时，说明客户是有意愿去了解产品或有可能曾经考虑过购买此产品。当你解答完客户异议、客户更进一步询问细节的时候，代表成交时机逐渐成熟。

（3）当客户不断询问电话销售人员的看法时

客户在内心基本确定购买意向或者内心很想买但还有一丝犹豫的时候，很需要有人证明这个产品是真的好。所以这个时候，客户就会询问销售人员的看法，比如，“这个产品质量没问题吧？”“你也觉得这个性价比挺不错的？”这时客户已经基本确定要购买，只要销售人员再以个人的态度加以佐证，进一步帮助客户树立信心就可以促成交易。

（4）当客户询问产品价格时

如果客户开始并没有询问价格，而是在销售人员介绍完或者解答完客户异议之后才开始询问价格，那么基本上客户已经对产品动心，询问价格就是要看价格是否在自己的承受范围之内，这个时候销售人员就可以趁机促成交易。

电话销售人员一定要有主动成交的意识，一旦出现以上任何一种信号，就应该抓住时机向客户提出成交的建议。

看看下面这个案例中客户的问题出现了几次交易信号。

【案例】

小李：您好，我是 ×× 公司的小李，您需要一台在家使用的打印机，是吗？

客户：是的。

小李：我为您介绍这款 S-100 型号，它是传真、打印一体机，可以自动进出纸，同时具有来电显示、呼叫转移等功能，除了简单的……

客户：噢。它可以进行无纸接收吗？

小李：是的，这个一体机体积小、安装方便，非常适合家庭使用。

客户：听起来不错，那价格多少呢？

小李：1 580 元，我们的价格很合理。

客户：你们产品的售后服务怎么样？

小李：我们的售后服务非常齐全，产品在买回家后如果出现问题，一个月之内可以包换，一年内包修。同时，在全国 22 个大中城市都有我们的售后服务点，您可以放心购买。

客户：支付方式是怎样的？

小李：我们共有两种支付方式，一是您可以直接把款打到我们的账户上；二是可以通过邮局汇款。这两种方式您可以任意选择。

客户：（沉默）

小李：我们的产品不论从质量还是价格上来说，在目前的市场上都很有优势，性价比非常高。您还有哪些方面的顾虑吗？

上面的案例中，客户出现了 4 处购买信号。购买信号 1：询问产品细节；购买信号 2：询问价格；购买信号 3：询问售后服务；购买信号 4：询问付款细节。

电话销售人员应该及时抓住这些信号，解答客户关心的问题后促成交易。

2. 运用6种技巧促成交易

电话销售人员一定要有主动成交的意识，一旦出现以上任何一种信号，就应该抓住时机向客户提出成交的建议，那么促成交易的方法有哪些呢？

（1）直接促成交易法

直接成交法就是在电话销售人员捕捉到客户的购买信息后直接提出成交的建议。这种方法适用于那些决策力不强、自信心不足的客户，以及经过前期的沟通，发现有成交意向的客户。例如：

“如果没有什么疑问的话，我这就把合同资料传过去，您只要在上面签字或者盖章，然后传给我就可以。”

“您看如果没有其他问题的话，我就帮您下订单，怎么样？”

“既然您现在没有什么疑问了，又觉得产品很适合您，那我现在就帮您下订单吧！您想要多少？”

（2）假设成交法

这种方法是先假设客户已经同意购买，再询问一些有关产品的细节问题，从而促成交易。假设成交法转换了电话销售人员在销售过程中的角色，在此过程中，电话销售人员已经转变成客户的朋友，在和谐融洽的氛围中就产品进行沟通。但是这种方法只是适合那些性格比较温和、决策力不是很强的客户，一旦遇到那些自我意识非常强的客户，这种方法就可能起不到效果。例如：

“您想啊，有了这台计算机之后，就相当于同时拥有了电视，可以在沙发上躺着用遥控器进行调控，还可以通过键盘输入自己想要的信息进行查找，真是一举两得啊，怎么样，我帮您订一台吧？”

“您可以在家里需要的地方各放一把这种拖把，什么时候要用了随手就拿起来，保证您家里干干净净，多方便啊，您看怎么样啊？”

“这种音响效果非常好，您可以在家里‘K歌’，保证效果不比KTV差，而且偶尔家里开个小Party，这种高音质音响是必不可少的啊，您说是吧？那我帮您订一台怎么样？”

（3）选择成交法

选择成交法是指给客户几种选择，让客户选择一种。表面上是充分尊重客户并将主动权给了客户，实际上是将客户限制在一定的选择范围内，这样更容易达成交易。但是，给出的选择一定要合理并适合客户，选择也不应该太多，否则客户会找机会拒绝。例如：

“您看我是现在给您下订单呢还是明天到您公司当面签订合同呢？”

“您觉得我明天上午去您公司合适呢还是明天下午再过去比较合适？”

“您看，既然您没有其他意见了，那我是给您预订这个月中旬的培训班还是预订下个月初的呢？”

（4）最后机会法

客户如果确实已经有了购买的意向，但还是犹豫不决，无法做出成交的决定，那么最后机会法可以较好地促使客户尽快成交。这种方法主要是利用客户对价格比较在意的心理，告诉客户现在不购买的话过段时间就没有优惠或者马上就会涨价的信息，客户就会觉得机不可失，从而下定决心购买。例如：

“您要是现在购买的话可以享受 8 折的优惠，这可是千载难逢的好机会啊，要知道，我们的产品打折的机会是很少的，等过段时间您再想买的话，每台计算机就要多付至少 1 000 元，十台可就是 1 万啊，够您再买两台的了。怎么样，我帮您下订单吧？”

“这个月正好是我们公司的 10 周年活动，不仅全部商品打折，而且凡是购物满 5 000 元就返 800 元，现在已经是月末了，过几天活动就结束了，到时候可就得再等下个十年才有这么好的机会了，怎么样，您想要几台呢？”

（5）利益汇总法

利益汇总法是指电话销售人员在请求成交时将产品能给客户带来的所有利益加以汇总并全部展示给客户，这就会给客户带来强大的心理冲击和暗示，让客户觉得物超所值，这样成交的概率就大很多。在汇总利益时一定要切中要害，每一项利益一定都是客户迫切希望得到的。例如：

“您还犹豫什么呢？这款产品首先使用起来非常方便、快捷，因为它是加速集线架构的，将一些子系统，如 IDE 接口、音效、Modem 和 USB 直接接入主芯片，能够提供比 PCI 总线宽一倍的宽带；其次这块主芯片上装有散热片，能够保证您和您的团队安全、持续地做研究，不用担心芯片温度太高所带来的麻烦；再次，它的信息传送功能非常强大，保证您和您的团队交流畅通，它内建了数据传输功能，包含 56K 数据通信、高速以太网络传输等。您看，这么好的产品完全就是给您这样的从事高端研究的高级知识分子设计的，我给您订上吧！”

（6）欲擒故纵法

欲擒故纵法是针对那些对产品有明显兴趣的客户，通过欲擒故纵的技巧激发客户马上购买的决心。值得注意的是，电话销售人员要操控好“纵”的度，“纵”得太快反而可能会失去客户。例如：

“您说您比较喜欢米色外壳的计算机是吗？这款计算机特别受欢迎，最近卖得特别火爆，您稍等，我帮您查查库存还有没有货好吗？哇，您真是太幸运了，竟然还有 3 台呢，那我帮您定一台好吗？”

"您说比较满意是吗？那我和库存那边联系一下看看最近有没有进货，这款产品因为特别受欢迎，库存经常缺货。恭喜您啊，今天上午刚刚来的新货，您想要多少呢？"

这里介绍的 6 种方法用得较多的是直接促成交易法，其实促进成交的方法还有很多，电话销售人员需要记住促进成交并不是孤立的，而应该和前面的挖掘客户需求以及处理客户异议联系在一起使用。不能将一个完整的销售过程分割来看，这样生硬地学习只会使电话销售受到限制。

必备知识

1. 促成成交的原则

（1）学会主动开口请求

很多人刚开始做电话销售的时候，总觉得磨不开面子，虽然不用面对客户，但是由于心里胆怯，总觉得是在请求别人而不会主动提出请求。实际上在大多数销售的过程中，除非是客户要主动购买某商品，其余的销售过程大部分都是需要销售主动开口去提出客户是否有购买意向。在销售人员的推介过程中，客户如果产生购买意向则要主动抓住成交时机。

（2）自信沟通，促进成交

电话销售人员要建立充分的自信，只有自信才能给客户建立信息。很多销售人员总觉得推销产品会遭到拒绝而缺乏自信，因此在成为一名电话销售人员之前，要调整好心态，如果连销售人员都缺乏自信，那么客户更不会相信你所推介的产品了。

2. 成交的基本策略

（1）掌握洽谈的主动权

掌握主动权是制造成交机会、有效运用成交策略的必要条件之一．销售人员如果掌握了洽谈的主动权，按照事先制订的计划开展洽谈，就可以较容易地获得成交的机会，更有效地运用成交策略。

掌握洽谈的主动权首先要求销售人员在规划洽谈阶段做好充分的准备，制订一个完善的洽谈计划；其次，运用各种方法引导洽谈按既定的轨道前进；再次，不要把掌握主动权理解为操纵与控制客户。销售人员应当鼓励客户表达自己的观点与要求，然后通过对客户的观点、要求做出恰当的反应来掌握主动权。

先提供信息就是向客户介绍产品的特征和利益，或者向客户说明成交条件。后提出问题则是指就产品或成交条件询问客户的看法。当客户的观点与销售人员一致时，可以继续后面的介绍或说明；如果不一致，则要重新讨论，直至双方都能接受。

（2）考虑客户的特点

与销售过程的其他环节一样，促进成交的方法也是因人而异并与客户的需求状况、个人特征相适应。只有这样，成交的方法才能发挥最大效力。对于一些客户来说．直接请求其购买也许是最有效的方法；而对另外一些客户来说，直接请求成交则可能意味着销售人员在给客户施加压力。对于单位的专职采购人员，只需销售人员简明扼要地说一下产品的特征就能够确定是否应该购买；而对于没有多少产品知识的客户来说，只有在销售人员详细说明产品的特征之后，才能决定是否购买。如果销售人员不考虑特定客户的需求状况、个性特征，成交方法的使用就会有很大的盲目性，也就难以取得预期的效果，销售业绩也上不去。

（3）保留成交余地

保留成交余地，就是要保留一定的退让余地。大部分交易的达成都必须经历讨价还价，很少有交易是按最初报价成交的，尤其是在买方市场的情况下，几乎所有的交易都是在卖方做出适当让步之后才成交的。因此，销售人员在成交之前如果把所有的优惠条件都给了客户，当客户要求再做些让步才同意成交时，就没有退让的余地了。所以，为了有效地促成交易，销售人员一定要保留适当的退让余地。比如，一个计算机报价 3 850 元，当客户说要优惠的时候，不能直接告诉他最低的成交价格，而是在 3 850 元的基础上适当地降一点。

（4）诱导客户主动成交

诱导客户主动成交，即设法使客户主动采取购买行动，这是成交的一项基本策略。如果客户主动提出购买，说明销售人员的销售工作十分奏效，也意味着客户对产品及交易条件非常满意，认为没有必要再讨价还价，因而成交非常顺利。所以在销售过程中，销售人员应尽可能诱导客户主动购买产品，这样可以减少成交的阻力。

销售人员要努力使客户觉得成交是自己的意愿，而非强迫。通常，人都是喜欢按照自己的意愿行事。由于自我意识的作用，对于他人的意见总会下意识地产生“排斥”心理，尽管别人的意见是正确的，也会不乐意接受，即使接受了，心里也会感到不畅快。因此，销售人员在说服客户采取购买行动时，一定要让客户觉得这个决定是他自己的主意。这样在成交的时候，客户的心情就会十分舒畅、轻松，甚至为自己做了一笔合算的买卖而高兴。

任务拓展

1. 实训任务：根据下面给出的情景，补充完整销售话术。

2. 任务形式：两人一组，每个人先独自完成补充话术，完成后和小组成员进行模拟电话销售练习。

3. 任务时限：20 分钟。

4. 任务要求：

1）根据6种成交方法，写出案例1的对应话术。

2）在模拟电话销售练习的过程中，扮演电话销售的一方用自己完成的话术进行练习，之后两人互换角色进行练习；

3）完成后，小组成员双方互评完成的话术，讨论是否还有需要改进的地方。

【情景】

如果你是下面的销售按摩器的电话销售人员，面对有成交意向的客户，你会怎么促成交易呢？根据6种成交方法，说明你会这么说的原因。

1. 客户有想买的意思，但是又推脱说过几天再买。

你会这么说：

---

2. 客户明显很喜欢你介绍的中档价格的按摩器，但是又犹豫不决。

你会这么说：

---

3. 客户性格比较温和，也有想买按摩器的冲动，你需要循循诱导其购买。

你会这么说：

---

4. 客户觉得价格有点贵，但是他上班很累确实又很需要这个按摩器，总是在犹豫。

你会这么说：

---

5. 客户是个很好说话的人，也很想买这个按摩器，就是想送货上门。

你会这么说：

任务 6 设计电话销售话术脚本

任务情景

花花：师傅，做了这么长时间的电话销售，我发现想要有一个好的成功率，必须要学会运用前面所学的沟通技巧，并且要在打电话前写下可预测的电话推广脚本话术，这样才能够应对自如。

糖糖：是的，你说的很对。做任何事情之前，都应该深思熟虑，想好对策和应变方式。电话销售的沟通中，设计电话销售话术脚本是非常重要的。

花花：那如何设计电话销售脚本呢？像我这样在打电话之前就想好如何沟通，把可能应对的问题要点都写在笔记本上作为提示就算作话术脚本吗？

糖糖：你这个做法也是非常好的，自己使用的话也可以算作一个简单的话术脚本，但是对于管理者或者电话销售主管来说，要让很多电话销售都具备比较好的成单率，要写一个完整的销售脚本，这样能够保证一个团队的沟通销售质量。

花花：明白了。那接下来您就教我如何设计电话销售脚本吧。

任务分析

一个精心设计的电话销售脚本不但可以很好地引导坐席代表与客户的交流，而且可以增强坐席代表的自信心，使坐席代表的电话销售较易取得成功，提高电话销售的效率，从而销售出更多产品、获得更多收益。

要完成电话销售脚本的设计，首先要熟悉销售产品的特征、优势，知道目标客户的需求，写出 FAQ，然后根据电话销售的流程对电话访谈的整体流程进行设计并对关键点进行文字准备。

本任务要求坐席代表能够根据电话访谈的整体流程独立完成电话销售脚本的设计。

任务实施

电话销售的脚本基本是根据电话销售流程来设计的，所以电话销售人员在设计电话销售话术前，首先要熟练掌握电话销售的流程。一般来说，是按照开场白、挖掘客户需求、步入正题——产品介绍、客户拒绝应对脚本、客户异议脚本、成交话术、客户跟进和关系维护。但是这个流程是理想状况下按照电话销售归纳出来的一般过程和规律总结出来的，并不是每一通电话都会严格按照这个流程和顺序。只有对产品感兴趣的客户，才会进行到产品介绍以及对产品提出的各种异议的流程中。所以电话销售的脚本还要涉及可能发生的各种情况，保证电话销售人员能够应对不同客户提出的不同问题，从而有效促进电话销售的成单。

1. 梳理电话销售流程

电话销售的基本流程是（见图 5-6）：定好潜在客户后，先做好准备工作，准备工作中就包含了写下电话脚本话术，或者说如果手头上已经有了电话销售脚本，那就可以多熟悉、练习几遍，以防在沟通中因为不熟悉话术而现去翻脚本，导致客户失去耐心而丢失了成交的良机。准备好电话接通后的开场白，顺利的话就会进入产品介绍，如果客户非常满意则直接促成交易，如果客户意向不明或者异议多，则需要进行异议的处理、解答疑问等过程。大部分时候一通电话的一次性成交率较低，都需要在确定了客户的基本意向后，定期地进行电话跟进来再次促进。

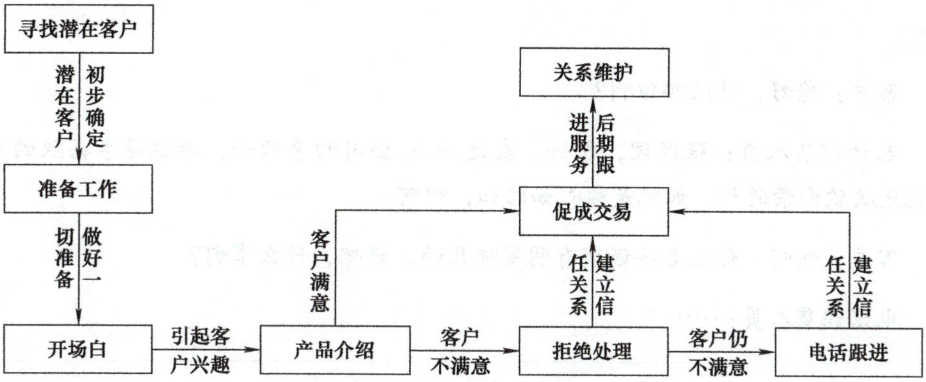

图 5-6　电话销售的基本流程

2. 设计开场白

俗话说："好的开始是成功的一半"。对于电话销售人员来说，一个好的开场白就是成功销售的一半。开场白虽然很简短，往往只是电话开始的前 30 秒所要说的信息，但是其包含的内容却是很多的，而且往往决定了你在客户心中的第一印象，也决定了客户是否愿意听你继续说下去。如果一开场客户就挂断电话，那么这一通电话就是失败的。设计开场白主要围绕以下几个要素：

1）问候及自我介绍，如"×× 先生，您好，我是 ×× 公司的 ××。"

2）与客户建立良好关系，如“最近工作还好吧？”“很开心给您打这个电话。”

3）表明打电话的目的，如“我们公司最近生产了一批新型的设备，质量非常好，效率非常高，相信对您一定会有帮助。”

4）进一步给出证据，如“很多业内著名的企业都在使用我们这款设备，例如××公司和××公司。”

5）探测需求，如“如果您愿意的话我可以向您具体介绍一下。您看如何？”

开场白中除了这些基本的信息外，电话销售人员可以视情况灵活变通。应该注意的是开场白的目的就是为了引出客户的兴趣，从而愿意听你的产品介绍。所以，开场白是要掌握一定的技巧的，很多技巧有助于开始一个有效的开场白，从而帮你扫除不利的障碍，引导消费者对产品的需求。

（1）巧报姓名和职务

大多数电话销售人员每天都是生硬地做着相同的自我介绍，如“××先生，您好！我是××公司的电话销售人员××。”客户往往听到这里就想挂电话了。因为他们接到的这种电话实在太多了，你还没有表明来意他们就已经知道你是销售人员了。你要做的就是改变这种死板生硬的介绍模式，请看下面的情景。

情景1

客户：您好，请问哪位啊？

电话销售人员：张经理，您好，我是××公司的李欣如，李就是李嘉欣的李，欣就是欣欣向荣的欣，如就是林心如的如，呵呵。

客户：呵呵，你这名字还蛮有明星味儿的。说吧，什么事啊？

电话销售人员：……

情景2

客户：您好，请问哪位啊？

电话销售人员：您好啊，祝经理，我是××公司的高级顾问刘涛，有几个投资方面的问题想和您探讨一下，请问您现在方便吗？

客户：高级顾问？呵呵，你说吧。

电话销售人员：……

（2）巧借熟人引荐

对于客户来说你是陌生人，每个人对陌生人都是没有什么感情可言的，所以就算直接挂断电话也不会觉得难堪。那么，如果电话销售人员可以巧借客户的熟人关系，客户碍于熟人的情面就不会果断挂断电话，成功的机会就大大增加。但是电话销售人员一定要记住弄清楚客户和那个“熟人”的具体关系，是商业伙伴还是普通朋友，是亲戚关系还是认识的人等，如果弄错了关系可能会弄巧成拙。

比较下面两段情景对话：

情景3

客户：您好！

电话销售人员：吴主任啊，您好，我是 ×× 公司的何伟啊，我打电话是想……（还没说完）

客户：我不认识你啊，不好意思我现在很忙打电话不方便。（挂断电话）

情景4

客户：您好！

电话销售人员：吴主任啊，您好！真是荣幸啊，今天终于和您通上电话了。

客户：请问哪位？我认识你吗？

电话销售人员：我是 ×× 的朋友陆逊啊，他可能没跟您提过我，但是他可是经常跟我提起你啊。

客户：他啊，×× 公司的吧？对，我们是朋友。

电话销售人员：他之前在我们公司购买过 ×× 系列产品，用着觉得非常好，跟我说您肯定也用的上，这不，我就给您打过来了，希望也能帮到您。

客户：是吗？没听他提过，你跟我说说看，是什么样的产品？

电话销售人员：……

（3）巧借权威或名人力量

有时候你说得再好听客户都不会买你的账，也不会相信你的产品是好的，但是如果你一开始就告诉客户你们公司是 ×× 集团（名企）子公司或者说你的产品 ××（名人）也在使用，而且反馈很好，相信客户就对你接下来说的话相信一大半了。但是利用这一技巧的前提是诚实守信，千万不要因为想建立客户对产品的信任而捏造事实去欺骗客户。这样不仅不能促进销售，反而会产生客户投诉。如果使用产品的公司真的是一家非常知名或者说在业内很有影响力的公司，那么电话销售人员就可以在电话一开场就介绍这些公司反馈作为佐证，在这样的前提下，客户挂断电话的概率就会大大下降。

情景5

客户：你好。

电话销售人员：刘经理您好啊，我是 ×× 公司的高级顾问刘畅，我们公司最近生产了一种新的数据库系统，功能更强大、使用更简单、价格也不贵，相信对您一定有帮助。

客户：我们现在用的这个就很好，用不着更换。

电话销售人员：刘经理，不比较不知道好坏呀。我们的这款数据库客户的反馈真的很好，您知道 ×× 公司（大公司）吧，他们的老总用了我们的系统之后赞不绝口啊，还帮我们免费打广告呢。要知道他们公司对数据库系统可是一直很挑剔的。

客户：是吗？这么好呀，那你给我说说，我看用不用得着。

电话销售人员：好的。……

（4）巧借信件或者邮件

如果你在表明目的之前先提到之前给客户寄过信件或者发过邮件，客户一定会对信件或者邮件中的内容感到好奇，会询问写了什么，你就可以乘机向客户表明目的。客户就算知道你是做销售的也会因为你之前给他写过信件或者发过邮件而不好意思立刻挂断电话，你就可以有机会发挥自己的魅力来抓住客户购买的心。

情景6

客户：您好！

电话销售人员：是钟经理吧，您好！我是 ×× 公司的张峰，请问前两天我给您发的邮件您收到了吗？

客户：邮件？什么邮件？我没收到啊，你发错了吧？

电话销售人员：请问您的邮箱是……1975@126.com 吗？

客户：哎呀，那个邮箱我早不用了。你在邮件里说什么了？

电话销售人员：是这样的，听说您的公司员工每年都有几次外出旅游的机会，是吗？

客户：是啊！怎么了？

电话销售人员：呵呵，你们公司的员工真幸福啊！正好，我们公司现在也在做旅行社业务，现在有很多的团体旅游优惠活动，我给您介绍一下吧。

客户：是吗？那你说说吧。

电话销售人员：好的。……

（5）巧用资格限制

每个人都希望自己是特殊的那一个、是可以享受到特权的那一个，利用客户的这种心理，可以巧用资格限制的方法来使客户觉得能买你的产品是很了不起的，同时在沟通时故意抬高客户，满足客户的虚荣心。如果客户知道自己符合购买的要求一般为了自尊心是不好直接拒绝的。

情景7

客户：请问哪位？

电话销售人员：您好，是王教授吧？哎呀，久仰久仰啊！我是××出版社的小张，我之前可是看过很多您的著作啊，特别是您的那本《××》，我觉得写得特别有深度。

客户：呵呵，您过奖了。请问有什么事情啊？

电话销售人员：是这样的，我们出版社对之前出版过3本书籍以上，而且至少有一本销量在30万本以上的作者的书籍印刷费可以打七折，听说您最近又有新书要出版了是吗？

客户：是啊，我之前可是出版过不止3本啊，而且每本都销量超过50万。呵呵，现在又有一本新书要出版，还在联系出版社。

电话销售人员：那就好啊，您完全符合我们优惠活动的条件，很是难得啊。别人最多可是只打8折的啊，像您这样受欢迎的作家真是很少啊。您看看怎么样啊？

客户：那很好啊……

开场白可以有很多很多种，关键看面对的客户和推销的产品特色是什么样的。任何时候都不要生硬地套用开场白形式。在进行各种各样的、富有创意的开场白设计时还要注意倾听技巧和说话方式技巧，一定要将这些技巧与开场白技巧结合起来，这样才能在保证开场白内容具有吸引力的同时也能保证客户听到悦耳和谐的声音，感受到诚意，得到最好的尊重。关于倾听技巧和说话方式技巧将在必备知识环节学习。

3. 设计客户需求挖掘脚本

很多时候当客户说“我不需要”的时候并不表示客户真的不需要，因为有时候连客户都没有意识到自己的需求，往往只是在看到别人买某种东西的时候才想到自己也需要。但是聪明的电话销售人员是可以通过有效的方式来挖掘出客户的潜在需求的，甚至当客户真的没有需求的时候也能为客户创造出需求。一个好的电话销售人员是可以通过有效的提问和聆听来获得客户的需求信息并对其进行有效的挖掘。

（1）问出客户的需求

提出恰当的问题是一种激发客户潜在需求的好方法。想知道客户的具体需求，就需要在电话中设计一些问题并适时地向客户提出问题。那么应该怎么问出客户的需求呢?

根据挖掘客户需求的一般流程可以将问题分为以下 5 种，电话销售人员可以按照以下顺序来进行提问，引导客户的需求。

1）基本信息的提问。当与陌生客户进行沟通的时候可能并不清楚客户的基本信息，也就无法直接挖掘客户的需求。因此，首要的事情就是了解客户的基本信息，其目的有两个：一是更多地了解客户与自己的产品应用有关的环境条件，以利于更好地了解客户的需求。二是判断客户是否符合自己的目标客户条件。

脚本示例：

- 请问您的公司现在有多少话务员?
- 您的电话使用了多长时间?
- 您现在使用的是什么品牌的电话?
- 您主要负责哪些方面的工作?

2）引导客户发现问题的提问。在了解了客户的基本信息之后，心中就大概可以判断其是否是目标客户、有没有这种需求。如果客户告诉你现在已经转行做不相关的业务了，那就不必再花费时间进行下一步提问，但是一旦客户有可能是目标客户，就应该继续对其引导，从而发现客户现在存在的问题。

脚本示例：

- 您对目前公司的业务满意吗？
- 您觉得现在使用的电话效果好吗？
- 您有没有遇到话务员因为电话的问题而影响到绩效的情况？
- 您觉得您现在的状况可以改进吗？

3）引导客户解决问题的提问。当客户意识到目前存在的问题时，其实也就进入了挖掘其潜在需求的环节了。有问题就必须解决，因此接下来就要引导客户来解决问题。这样做的目的主要有：扩大客户对现有产品的不满；引起客户的重视；使客户看到问题解决后的好处。

脚本示例：

- 这些问题任其发展的话可能最后会很麻烦，您觉得呢？
- 如果解决了这些问题贵公司的工作效率一定会大大提高，您也就是大功一件了，对不对？
- 您的老板应该也意识到这些问题了吧？
- 电话可是话务员最重要的工具，一点儿小问题也是不能轻视的，您说呢？

4）探寻客户需求的提问。你已经成功地让客户意识到自己面临的问题，并且现在有了很好的机会来进行改进，那么客户的潜在需求就已经变成了明确的需求。但是在你推销自己的产品之前还需要进一步探寻客户的需求，其目的在于了解客户的具体需求，明确知道客户想要的是什么样的产品，才能更有针对性地介绍自己的产品。

脚本示例：

- 您能告诉我您理想的电话是什么样的吗？
- 您更注重的是电话的使用寿命还是通话质量呢？
- 您觉得配备电话耳麦重要吗？
- 您对电话还有什么其他要求吗？

5）引导购买的提问。在知道客户的具体需求之后就可以抓住机会向客户提出你的解决方案，当然就是乘机向客户推销你的产品。此时推销的产品一定是要在某种程度上符合客户的要求，最起码是能弥补客户所提出的缺陷的。此时万万不可被动地等待客户自己做出购买决策，而是通过一步步的问题来引导客户做出购买决策。

脚本示例：

- 您觉得我们的产品符合您的要求吗？
- 您觉得我们的产品哪里不符合您的要求呢？
- 您下一步有什么打算呢？
- 我还要怎么做才能符合您的意愿呢？
- 您能告诉我是什么原因阻碍您购买吗？
- 如果您觉得我们的产品可以满足您的要求，我们现在可以谈谈具体的细节问题吗？
- 能否请问一下，除了我们以外，还有哪些公司和您联系过吗？

需要说明的是，在正式与客户沟通这些问题之前往往需要征求客户的意见，例如，“我可以问您几个问题吗？”“我想请问您几个问题，您不介意吧？”因为如果没有得到客户的同意就直接问很多问题，客户会觉得像被审讯一样，同理，问题太多也会让客户有这种感觉，应尽量避免太多问题连着问。

还需要注意的是，聪明的电话销售人员是懂得随机应变的。这些提问的程序并非一成不变，有时候遇到急性子的客户，他可能不等你提问题就让你赶快介绍产品了，有时候你只是问了一个简单的问题，他却将可能问到的所有问题都一起回答你了。你要做的就是根据客户的性格特点在和合适的时机提出合适的问题。

情景1　问出客户的需求

电话销售人员：您好，郝总，我是 ×× 人才网的小美。您现在是我们网站的企业会员，是吗？

客户：对啊，我已经在你们网站上发布招聘信息了。

电话销售人员：那我现在想做个售后调查，不知道有没有打扰到您（征询提问意见）？

客户：没事，你说吧。

电话销售人员：我想请问贵公司除了用我们的网站发布招聘信息外还用其他网站了吗（了解基本信息）？

客户：没有呀，我们就只用你们的网站发招聘信息。

电话销售人员：那真是感谢您对我们网站支持，我们网站的发展绝对离不开像您这样的忠实的客户。那么您现在觉得招聘的效果怎么样呢（引导客户发现问题）？

客户：还好吧，就是感觉一些高端的人才比较难招到。

电话销售人员：这样啊，那您认为高端人才的招聘对公司发展重要吗（引导客户解决问题）？

客户：重要啊，我们现在很需要一些高端的人才来帮助公司发展。

电话销售人员：那您是否希望通过某种方式可以招聘到高端的人才呢（探寻客户的需求）？

客户：当然啊，但是通过猎头公司成本又太高，真是头疼啊。

电话销售人员：您的问题很常见，一般而言高端的人才比较忙是不太会到招聘网站上去注册和看招聘信息的，所以就算您发布了招聘信息效果也不会很好。刚好我们网站首页的广告位就可以帮您解决这个问题，价格绝对比猎头公司低很多，已经有很多像您这样的企业开始实施了，您需要了解一下吗（引导客户购买）？

客户：是吗？你再介绍具体一点吧，价格是怎么算的？

电话销售人员：……

（2）听出客户的需求

倾听在整个电话沟通过程中都是相当重要的，在挖掘客户需求的过程中也自然发挥着不可低估的作用。一个成功的电话销售人员是可以通过有效地聆听来挖掘出客户潜在的需求的。通过前面的学习已经知道了如何进行有效的倾听，下面主要学习怎样听出客户的需求。

1）听出客户有无需求。这是最基本的倾听内容。电话销售人员首先要从客户的话语中听出客户是否具有产品或者服务需求，也就是说判断出客户的预期与其现状之间有没有差距，如果其现状达不到其预期的状况，则说明存在着潜在的需求。以下例子可以判断出客户存在着需求：

- 我们现在用的计算机还是6年前买的，很多功能跟不上了。
- 我们的电话总是出现问题，修了好几次了。

- 我们之前买 ×× 牌的计算机，但是他们从来不给我们打折。
- 最近有客户反映我们的网站设计太烦琐。
- 我们的库存可能还可以用一个月。

2）听出客户的需求是什么。如果确定客户存在着需求，那么继而就要弄清楚客户对产品有什么要求，即客户的具体需求是什么。只有明确了客户的具体需求，才能有针对性地推销自己的产品。

小知识

一般而言，客户的需求可以分为以下几种：

- 功能需求，即关注产品或服务的某种特殊功能。
- 质量需求，即关注产品或服务的质量。
- 外形需求，即关注产品的外形特点。
- 价格需求，即关注产品或服务的价格信息。
- 售后服务需求，即关注产品的售后服务。
- 交往需求，即关注交易对方对自己的态度。
- 体验需求，即关注自己对产品或服务的体验和使用感受。

例如，如果客户对你说："我希望电话的使用寿命长一些，不用经常更换。"这说明客户关注的是产品的质量需求，对此你应该强调自己的产品质量很好、使用周期长；如果客户对你说："现在我们想增添一些有配套耳麦的电话。"这就说明客户关注的是产品的功能需求，你要做的就是向他介绍符合这种功能的产品信息；如果客户对你说："上次我们买的计算机保修时间太短了，而且明明不是人为损坏，他们非要说是人为的，也不跟我们做具体的解释，维修费还特别贵，我们觉得很不值。"这就说明客户很关注产品的售后服务需求，你要做的就是向客户再三保证售后服务的质量；如果客户想要在购买之前试用产品，则说明客户具有体验需求，你应该在可能的范围内满足客户的需求。总之，客户的需求离不开这几种，你应该学会仔细聆听、揣摩客户的具体需求是什么，再对症下药。

3）听出客户的需求是否强烈。有时候就算客户表达了自己的需求，你也不能一味地进行推销。因为对于需求强烈的客户来说你的推销很管用，但是对于需求暂时不强烈的客户来说，你要做的是耐心地等待，给对方一定的时间，在这段时间内继续和客户保持良好的关系，那么当客户的需求变得强烈的时候你就会很容易地达成交易了。怎样知道客户的需求是否强烈呢？下面的一些例子可以帮助你进行判断，但是你真正要做的是学会举一反三、灵活运用。

- 我们前几天刚刚和 ×× 公司签订合同了，两个月内是不需要再采购了（需求暂时不强烈）。
- 我现在做不了决定，等过段时间我们老总回来之后再说吧（需求暂时不强烈）。
- 我觉得现在还没有必要买，过段时间有需要的话再和你联系吧（需求暂时不强烈）。
- 我们资金最后周转不是很方便，所以暂时就不考虑换新的了（需求暂时不强烈）。
- 我们的业绩已经因此受到影响了，必须赶快进行产品更新了（需求非常强烈）。
- 我压力很大啊，老总说必须赶紧解决这个问题（需求非常强烈）。
- 你们能不能打折啊，我可能一次会买很多的（需求非常强烈）。
- 你的产品确实很符合我们的要求（需求非常强烈）。
- 我最近已经和好几家公司沟通了，感觉都不错（需求非常强烈）。
- 我现在比较忙，你能不能明天这个时候再打给我，到时我们再谈（需求非常强烈）。

情景2　听出客户的需求

电信客服：您好，我是电信 1122 号客服，请问您是王小姐吗？

客户：是的啊，什么事？

电信客服：王小姐，您好！为了能够更好地为您服务，方便问您几个问题吗？不会占用您很多时间，而且您现在的接听是免费的。

客户：那好吧，你说吧。

电信客服：我想问您平时有没有遇到过这样的烦恼，当您出门在外的时候无法知道家里是否有人打过电话或者电话响了也不知道来电的号码是谁的？

客户：嗯，是有这样的情况（初步确定客户具有需求）。

电信客服：那如果有机会您希望改善这种状况吗？

客户：当然啦，如果可以这样的话会方便很多（再次确定客户具有需求）。

电信客服：我们现在有一种业务就是帮助您解决这种困难的，无论什么时候、无论是谁，电话都会准时地记录下来电时间和来电号码。

客户：那很好啊，这样会方便很多了。早就该实行这种业务啦。不知道怎么收费的啊（确定客户需求比较强烈）？

电信客服：王小姐，我的理解是这个业务很适合您，只是担心收费会太高，是吗？

客户：是啊，如果价格合适的话是可以的（确定客户的具体需求：关注价格）。

电信客服：这个业务实用却不贵。每个月才5元钱的业务费，而且如果你一次性交足两年的费用即120元的话我们还有优惠，给您打八折，您只需要交96元就可以了，真的很划算。

客户：嗯，确实不贵，那就帮我开通吧。

电信客服：好的。您稍等……

需要强调的是，在挖掘客户需求时，问和听的技巧是相互配合的，不能将两者隔离使用。应该学会将问和听充分地结合起来，既知道如何问也知道如何听，从而有效挖掘客户的需求。

4. 设计产品介绍脚本

在介绍产品之前需要注意的是每一个客户对产品的要求都是不一样的，而产品的介绍必须符合客户对产品的需求，所以要有针对性地介绍产品，绝对不要千篇一律。我们探寻客户需求的目的也就在于为客户介绍合适的产品。

很多销售人员总是急于求成，害怕客户不给自己足够的时间来介绍产品，所以总是贸然地在还没弄清楚客户的确切需求之前就向客户介绍自己的产品。例如，客户想要解决的是录音的问题，而电话销售人员却强行推销一个收音机给客户，这怎么可能成功呢？因此，电话销售人员介绍产品时可分为3个步骤，如图5-7所示。

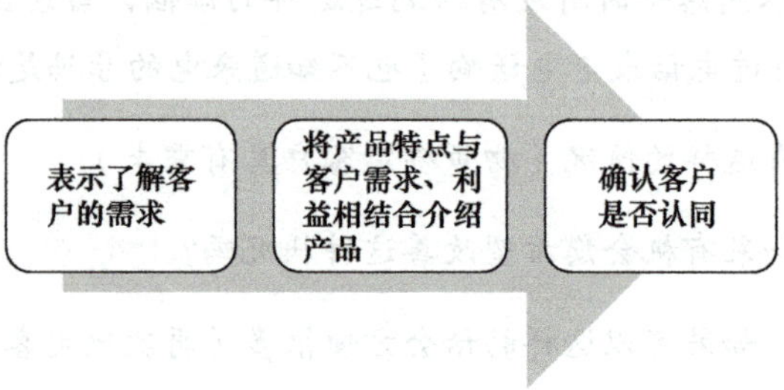

图5-7　产品介绍流程

（1）表示了解客户的需求

在正式介绍产品之前应该向客户表示了解客户的需求，与客户达成共识，才能防止客户在你滔滔不绝地介绍完产品之后来一句“不需要”，例如：

电话销售人员：何小姐，您好，我是 ×× 化妆品公司的小成。

客户：您好！

电话销售人员：是这样的，我们公司出品了一种新化妆品，原料来自西藏雪原，非常珍贵，美白和去皱的效果非常好，连续用一个月就可以明显改善肤色……

客户：对不起，我还年轻，没有皱纹，不需要这个，我这边还有点事要忙一下……

在“挖掘客户的需求”的内容中已经了解了客户的需求种类，所以在表示了解客户需求之前，需要探寻、挖掘客户的需求，再和客户达成共识，一般可以说：“按照您的意思，我觉得您很看重产品的售后服务，是吗？”或者“听您这么说，我认为您非常注重计算机的大小和重量，对吗？”和客户达成共识之后，就可以开始有针对性地介绍产品了。

（2）将产品特点与客户需求、利益相结合介绍产品

一般而言，在介绍产品的时候主要介绍的是产品的特点、功能和价格以及该产品可以给客户带来的利益。其实在介绍产品的时候不需要将产品的所有特点进行详细介绍，这样不仅会让客户觉得烦琐，还让客户觉得找不到重点。正确的做法是将产品的特点与客户的需求和利益结合起来介绍，也就是说介绍产品的某一个特点或者功能可以满足消费者的某一个需求、可以给消费者带来好处、这些好处的证据有哪些等，只有抓住客户的需求才能一步步引导客户满足其需求。

在介绍产品时不要主动告知价格信息，最好等到客户主动询问的时候再告知。因为客户通常只有在了解了产品的使用价值是否符合自己的需求之后才会想要知道价格是否符合自己的预期。

【案例】

电话销售人员：张经理，您刚才说你们的员工每天都是在办公室长时间坐着，长期这样的话估计颈椎、腰部都很容易受损吧？

客户：是啊，我自己都觉得挺难受的。

电话销售人员：工作所需确实没有办法改变，但是我们可以通过使用按摩器来进行缓解啊。我相信，您一定是一个体恤下属的好老板。

客户：什么样的按摩器呀？

电话销售人员：鉴于您的员工都是公司白领，不方便经常活动，我向您推荐轻巧型的××型号按摩器，这种按摩器小巧美观，使用起来也非常方便，不仅可以按摩颈椎，也可以按摩腰部，非常适合您公司的员工使用。如果您能给他们每个人发一个这种按摩器，相信他们会非常感动，工作也会更加卖力的。

客户：那倒是，不过这么轻巧的话质量是不是就不可靠了啊？

电话销售人员：怎么会呢，我们这种按摩器可是经过了严格的质量检测的，不出意外的话最短可使用 4 年。您知道 ×× 公司的销售总监吴 ×× 吧，他就在我们这里买了很多这种按摩器，到现在都两年多了，一个也没有出问题。您就放心吧！

客户：是吗？那价格怎么样啊？

电话销售人员：我们向您保证我们的性价比在行业里是最高的，这款轻巧型按摩器最近还在做促销活动呢，原价 280 元一个，您要是买够 20 个，我们就能给您打八折呢，折后才 224 元一个，真的已经是非常实惠了。

客户：还要 200 多元？这么贵啊，我不想买这么贵的。

电话销售人员：张经理，您想想啊，您要是买那些没有质量保证的按摩器给您的员工，到时候出现什么问题的话他们会怎么看您呢？到时候恐怕他们不仅不会感动，反而会觉得您是个很小气的老板，那您不是被冤枉了吗？更何况我们这款按摩器最低也值 300 元啊，现在您只要 200 元多一点的价格就可以买到，真的是非常划算了。

客户：听你这么说，那我就狠狠心，买 25 个吧。

案例中的电话销售人员在介绍产品之前首先了解了客户具有购买的需求，即他的员工需要具有这种功能的按摩器。然后结合这个需求电话销售人员又聪明地说明了这种产品可以为客户带来的好处，即可以使员工因为感动而更加卖力地工作。这样就激起了客户购买的兴趣，客户自然就会询问价格，当电话销售人员报完价格后，客户对价格不是很满意，但是该电话销售人员并没有放弃，而是进一步结合产品给客户带来的利益来使客户意识到产品的价值，最后成功达成交易。

（3）确认客户是否认同

介绍完产品信息之后，如果客户没有主动提出购买的话，就应该进行询问，以确认客户是否购买。如“您觉得这款机器如何？”“您觉得这款计算机符合您的要求吗？”，以此发现客户的真实想法。如果客户还有自己的一些想法的话，电话销售人员还需要向客户做进一步的解释。

5. 设计客户拒绝脚本

无论是多么用心地介绍产品，客户知道是电话销售人员之后总会怀有芥蒂之心，这也是为什么 100 个电话中只有 5 个能成功交易。在面对客户的拒绝时不应该就此放弃，而应采取有效的方式来推翻客户拒绝的理由。一般而言，电话销售人员面对的主要拒绝来自客户拒绝通话、客户拒绝购买或上门。

（1）客户拒绝通话

当客户拒绝继续通话的时候，电话销售人员可以采取以下措施：

1）争取下一次沟通的机会。

电话销售人员：您好！张经理，我是中国制造网的小乔，看到您在我们网站上（或其他网站）注册了账号，不知贵公司在业务推广方面是否关注网络平台的推广方式。

客户：我现在比较忙（我在开会），我们暂时不需要。

电话销售人员：抱歉，打扰您了，那您看什么时候有空，希望能够有个机会向您介绍一下我们网站。

客户：明天上午吧（明天再谈时会比较顺利）。

2）直接被拒绝时要抛出产品的优势。

电话销售人员：您好，张经理，我是中国制造网的小乔，了解到贵公司有外贸方面的业务，希望有机会向您介绍一下我们的平台。

客户：（打断谈话）我们暂时不需要。

电话销售人员：呵呵，好的，我们网站专门从事国内产品出口推广已有 15 年了，也得到了 ×× 行业多数企业的认同（客户的行业），希望以后也能够有机会和贵公司合作。

（2）客户拒绝上门或者购买的时候

客户可能会采用如下理由来拒绝购买或者拒绝电话销售人员上门详谈，相应的电话销售人员也应该采取措施进行挽回。

1）你把资料寄过来就好。

当客户说“你把资料寄过来就好”的时候，往往只是一个挂电话的借口。此时，你应该尽量解释资料的重要性或者资料的烦琐性，找机会登门拜访。例如：

电话销售人员：好的，不过资料内容还是比较多的，如果让您逐条研究的话还是比较辛苦的。这样吧，我把资料给您送过来，顺便用几分钟时间把服务内容介绍一下，这样您看的时候也方便多了（让客户感觉你在为他承担部分工作量）。

2）最近比较忙，下午我有事也不在公司。

客户说比较忙是最常见的借口，对此电话销售人员不应该驳斥对方，而应耐心地向客户征询其他方便的时间或者其他方便的联系人。例如：

① 电话销售人员：哟，那我这时间段选的不太对啊，张先生，您看要不我先把资料给您送过来，待您方便的时候我们再具体面谈，或者下周二我再上门与您沟通（二选一的提问，客户一般会选前者）？

② 电话销售人员：哦，这样啊，那您看要不我先和您部门的其他同事沟通一下（哪怕能与业务员沟通一下，也会对合作有所帮助）？

③ 电话销售人员：您是外贸经理，什么事都得由您来拍板呀，肯定忙了，所以才想和您电话确认一下，看看您什么时候方便，我们另约个时间当面谈一下。

④ 电话销售人员：其实张总，以前我有很多客户都是因为太忙而没时间去了解我们的培训服务；但当他们听了我们公司的电子商务培训后，都觉得很有兴趣，而且对他们了解市场发展有很大帮助。现在他们很多都经常打电话给我，要我早点通知他们最新的培训时间表。这样吧张总，我们下个月还有二期电子商务培训的位置，时间分别是……您现在留下一些资料给我，等我先帮您预订位置，到时再打电话联系您，那么您的手机号是……

3）我们目前还没有计划。

客户说目前还没有购买的计划，并不代表客户就完全没有购买的需求。就算客户现在不打算购买，电话销售人员也应该抓住机会为下次合作做准备。例如：

电话销售人员：呵呵！是呀，主要是向您介绍一下，让贵公司对我们的服务也有个了解，这样在后期贵公司再有计划的时候，我们才有机会合作呀。如果下次贵公司的计划已经做好了，我才来和您介绍的话，不就迟了嘛（开玩笑式的）！

4）我现在没什么兴趣（我不需要）。

客户说“没兴趣”也许是因为他对你的产品或者服务还不是很了解，所以你要做的就是说服客户去了解你的产品或者服务。例如：

电话销售人员：呵呵！这肯定了，我也是这样，对不太了解的东西很难有很大兴趣，所以才希望能够有机会让您了解一下我们的服务，我相信，我们的服务一定能够引起您的兴趣的（微笑式）！

5）我们已经有其他供应商了。

当对方说已经有供应商的时候，千万不要趁机诋毁对方的供应商。道理很简单，你说客户千挑万选的供应商不好的话其实也就是在说客户不好。聪明的做法是称赞对方同时巧妙地展示自己产品的独特卖点，让对方做一个比较。例如：

电话销售人员：您真有眼光啊。××公司的产品的确很不错，他们在行业内的口碑也很好。不过时代在进步，一切都在变化之中。我们公司最近推出了一款产品，在性能和质量方面比目前市场上的其他产品更胜一筹，而价格却要便宜 10%。我建议您不妨尝试一下我们的产品。

电话销售人员：我当然知道啊，像你们这么有名的公司肯定有很多供应商排着队来为您服务。上一个星期，我们的市场调查员做了一个调查。结果显示，我们的产品在降低成本方面是占有更大优势的。如果您对降低成本感兴趣的话，我们可以好好讨论一下。

6. 设计客户异议脚本

在前面的内容中已经学习了面对客户异议的处理技巧和方法，如果想要在电话销售过程中灵活地面对客户提出的异议，必须要在电话沟通前就做好话术编写，将客户可能提出的异议尽可能全面地设想出来。

客户的异议主要是对产品、价格、服务等展开的，因此只有客户对产品有兴趣才会产生异议。设计好对不同问题的应对话术是电话销售取得成功的关键。

（1）面对客户对产品有异议的脚本

对客户提出的围绕产品展开的异议主要从产品的性能、功能、对比同品牌优势等方面来解答。只要是产品本身的优点都要挖掘出来。例如：

客户：你们的产品我觉得操作起来太复杂，不够便捷。

电话销售人员：我们的产品功能按钮比较多，这也可能是给您造成操作不够便捷的原因。我们的产品是因为功能强大丰富才会有这么多按钮，您设想一下，如果一个按钮集成了众多功能，反而会造成更多不便，用户会记不清楚哪个按钮都负责哪些功能。另一方面，也可能是用户习惯的问题，很多客户在使用我们的产品一段时间以后，就会觉得很方便。

（2）面对价格异议的脚本

如果客户对产品价格提出异议，说明客户已经有了购买意愿，在考虑价格的问题。面对这样的客户异议，类似的脚本有：

电话销售人员：我们的价格在同类产品中是偏高，但是我可以给您介绍一下我们的功能以及品质，这个也是同类产品中最好的。一分价格一分货，我们肯定是遵循市场规则的，否则我们的产品也卖不掉呀。

7. 客户跟进与关系维护脚本

客户跟进是指电话销售人员通过电话等方式与那些之前未能达成交易的目标客户进行多

次沟通，其目的是与客户建立良好的关系，进一步了解客户的需求，最终完成交易。一般来说，符合以下任一条件的客户都是需要进行跟进的：

- 已经购买了其他品牌产品的客户；
- 因为财力问题未能购买的客户；
- 表示再考虑考虑的客户；
- 曾经咨询过产品信息的客户；
- 之前因为时间关系未能签约的客户；
- 之前在电话沟通中对产品表示过兴趣的客户；
- 之前在电话沟通中态度一直很好的客户。

对这些客户，在第一次打完电话之后应该做好记录，准备过段时间之后再打电话跟进，绝对不要错过任何可能成交的机会。虽然他们在第一次通话过程中拒绝了你的交易请求，但是只要你有耐心并且懂得如何跟进客户，那么这些潜在的客户总有一天会被你打动，成为你的真实客户。

既然已经知道哪些客户是需要跟进的，那么就该采取有效的跟进策略。但是客户既然之前没有购买你的产品，之后也不一定会购买你的产品，你的跟进最重要的不是督促客户赶快购买，而是应该以建立良好的关系为目标。等到一段时间之后，客户需要购买时自然就会先想到你。那么，该怎样找各种理由和客户建立良好关系呢？

（1）聊兴趣

客户的兴趣也是电话销售人员应该关注的信息，因为兴趣是培养关系的最好的桥梁。例如：

电话销售人员：张总，您现在不忙吧？

客户：还好，什么事你说吧！

电话销售人员：哎呀，听说您特喜欢看 NBA 球赛，昨天可过瘾了吧。您最喜欢的湖人队夺取了今年的冠军啊，队员打得太好了，看得我真是爽啊！

客户：你也喜欢湖人啊，真是太好了！……

（2）给客户帮助

如果在客户有困难的时候你适时地提供了帮助，那么客户就会把你当作朋友一样看待，相互帮助，共同进步。例如：

电话销售人员：李总啊，听朋友说贵公司最近准备生产 ×× 设备，就我所知这种设备需要一种很稀缺的材料吧。

客户：是啊，最近正在愁这个事情呢，今年这种材料更稀缺了，市面上很难买到。

电话销售人员：您别着急，我倒有一个朋友，他好像是做这一方面的生意的，我找找她，叫她跟您联系吧，看看能不能帮到你。

客户：哎呀，那真是太感谢你啦！

（3）关心客户的个人情况

谁都喜欢被关心的感觉，关心客户的时候一定要真诚，否则客户会觉得你是对他有所企图，不会接受你的关心。例如：

电话销售人员：是刘先生吧。您最近还好吧，听说您家那边最近发生水灾了，情况怎么样啊？

客户：还好还好，我们这边没什么影响的。

电话销售人员：那就好啊，昨天我看新闻才知道您家那边发生水灾，我就想今天一定得打个电话问问。

客户：哎呀，真是谢谢你的关心啊。

（4）给客户送去小礼物

谁都喜欢收到礼物时的感觉。电话销售人员要注意的是在选择礼物的时候一定要迎合客户的心意和爱好，最好是与自己的产品相关的，让客户能够记住你，同时物美价廉，不会消耗太多成本。例如：

电话销售人员：王小姐，听说您很喜欢看小说，是吗？

客户：是啊。

电话销售人员：我最近发现一本特别好的小说，叫《××》，您看了吗？

客户：听说过，还没来得及看呢！

电话销售人员：哎呀，我们公司刚好最近买了一批书，我给您申请一本寄过去吧，省得您再跑书店。

客户：哎哟，那多不好意思啊！给您添麻烦了！

电话销售人员：没事没事，太客气了。

（5）特殊日子祝贺

在一些特殊日子，如节日、客户生日、客户公司周年庆等，给客户打电话或者发信息送去自己真挚的祝福，也是和客户建立良好关系的好方法。例如：

电话销售人员：王经理，如果我没记错的话今天是您的生日吧，祝您生日快乐哦！

客户：谢谢啊！……

跟进和维护客户的契机有很多，平时应该注意收集并记录与客户相关的信息，一有机会就采用各种方式跟进客户，围绕这些机会设计脚本并与客户保持联络与沟通。

必备知识

1. 倾听的作用

倾听是指接受口头及非语言信息，确定其含义和对此做出反应的过程。对于电话销售人员而言，倾听为什么又是重要的呢？

1）积极倾听可以表达对客户的尊重，拉近彼此的距离。

每个人都渴望被别人尊重，当你专心地听、努力地听、甚至聚精会神地听时，客户就会产生被尊重的感觉，因此可以拉近彼此的感情。

2）善于倾听有利于获取重要信息。

倾听有利于激励客户的倾听欲望。当客户发现你以非常友好的方式听他们讲话时，他们就会不断解除一部分或者全部心理戒备。因为客户会觉得自己说的话有价值，他们就会愿意说出更多有用的信息。善于倾听谈话的人，可以发掘对自己有利的信息并能为己所用。看看下面的故事可能会有所启发。

小故事

小猫长大了。

一天，猫妈妈把小猫叫来，说：“你已经长大了，三天之后就不能喝妈妈的奶了，要自己去找东西吃。”

小猫疑惑地问妈妈：“妈妈，那我该吃什么东西呢？”

猫妈妈说：“要吃什么食物，妈妈一时也说不清楚，就用我们祖先留下的办法吧。这几天夜里，你躲在人们的屋顶上、梁柱间、陶罐旁，仔细地倾听别人的谈话，你自然会知道的。”

第一天晚上，小猫躲在梁柱间，听到一个大人对孩子说：“宝贝，把鱼和牛奶放在冰箱里，小猫最爱吃鱼和牛奶了。”

第二天晚上，小猫躲在陶罐旁，听见一个女人对男人说：“亲爱的，帮我把香肠和腊肉挂在梁上，别让小猫偷吃了。”

第三天晚上，小猫躲在屋顶上，从窗户看见一个妇人念叨自己的孩子：“奶酪、肉松、鱼干吃剩了，也不记着收好，小猫的鼻子很灵的，要是被小猫叼去了，看你吃什么。”

就这样，小猫每天都很开心，他回家告诉猫妈妈：“妈妈，果然像你说的那样，只要我仔细倾听，人们每天都会教我该吃些什么。”

靠倾听别人的谈话，学习生活的技能，小猫终于成为一只身手敏捷、肌肉强健的大猫。它后来有了自己的孩子，也是这样叫到自己的孩子：“仔细地倾听人们的谈话，他们自然会教给你。”

通常为了更多地获得客户的信息，在倾听的时候最好自问自答下面的问题：

- 客户说的是什么？它代表什么意思？
- 他说的是一件实事还是一个意见？
- 他为什么要这么说？
- 他说的我能相信吗？
- 他这样说的目的是什么？
- 从他的谈话中，我能知道他的需求是什么吗？
- 从他的谈话中，我能知道他希望的购买条件是什么吗？

3）认真倾听，才能真正了解客户的需求。

客户的需求和期望都是可以通过“听”来获得的。如果不仔细倾听而遗漏客户无意中提供的重要信息，就有可能错过很多解决问题的切入点。只有积极倾听才能理解客户的真实情感，进而理解客户的言外之意、弦外之音，准确把握客户的需求，而不再局限于客户所讲的字面含义。

善于倾听的人往往更容易判断出客户的大概性格，据此给客户一个大概的定位，然后对应这个定位去适应对方，采取相应的沟通方法区别对待。

2. 说话方式技巧

作为一个成功的电话销售人员，掌握说话方式的技巧就尤为重要了。掌握对的说话方式实际上就是要“说对话”，对于电话销售人员而言，就是在和客户日常交流与销售的过程中，恰到好处地运用语言技巧，准确、巧妙地表达自己的意思，说客户需要听、喜欢听的话，说有助于搞好客户关系的、能促进交易顺利达成的话。

（1）先说对客户有利的信息

一般而言客户对产品都会有先入为主的感觉，如果你一开始就将产品的不足向客户表达出来，客户往往就不会再注意到产品的优点。因此电话销售人员在向客户传达产品的信息时应该向客户先传达有益于产品销售的信息，之后再选择恰当的时机将可能存在的风险、问题或者不足之处向客户表明。当客户对一种产品已经表示满意之后往往不会再刻意地追究那些小问题。总之，在陈述产品特点的时候应该把重点放在产品的主要特点和优点上。

例如，“张经理，既然您对本次的产品很满意并且决定购买，我等会儿就帮您下订单。但是有一点需要跟您说明白的是，刚才跟您提到的上门安装服务，由于最近我们的安装技师都不在，下周才能回来，请问您能稍等几天吗？我一定会准时和您联系不会耽误您的。”此时客户既然已经做好了购买的打算也就不会计较这几天了。

（2）寻找共同话题

你需要在打电话之前就了解客户的基本需求并认真分析，然后从客户需求出发寻找共同话题。例如，你推销的是育婴产品，那么在推销产品之前你可以询问一下有关的话题，如孕妇注意事项、产后恢复注意事项，以此引起客户的兴趣从而过渡到产品话题上。除了与产品相关的话题，还可以根据客户的性格爱好等特点来交流一些其他话题，主要有工作、天气、资讯、饮食、服饰、个人爱好、旅游、健康、熟人、居住环境、家庭等。

（3）善用前奏

当你问一些比较敏感的问题时，客户往往会产生压力而不愿意正面回答，因而含糊其辞，顾左右而言他。这个时候巧妙地使用一些前奏是非常好的说话方式。

所谓前奏是指告诉客户你即将讲的话是为了客户的利益着想，客户回答后是有所回报的。例如，“我可以问您一个问题吗？”加上前奏就是：“为了帮助您找到最合适的解决方案，我能问您一个问题吗？”这里的“为了帮助您找到最合适的解决方案”就是一种前奏。由于这种前奏的存在，客户从正面回答电话销售人员问题的可能性就会加大许多，因为这是在为自己的利益作考量。

下面分享几个带前奏的例子，其中带下画线的文字就是前奏：

“韩总，考虑到越早决定您就越能挑选到好的展台位置，这样投资同样的费用可以得到更好的参展效果，而且既然您也没有其他问题，不如我们今天就把展台位置定下来吧，您看怎么样？”

“张老师，为了更好地向客户说明您课程的实用性很好，让客户产生对您的课程的信任度，如果您不介意的话，我们希望您这边能够参加这次的视频电话会议，双方做面对面的交流，好吗？”

（4）多使用数字证据

有时候不管电话销售人员把自己的产品说得多么得好，都不如拿出一些实在的证据来得有说服力，而且在所有的证据中数字证据是最有效的。因为数字表明的是一种严谨的、经过考证的可靠性结论。

例如，你向客户推销你的设备，如果你只是说“我们的这种设备比其他同种设备质量要好很多，所以维修费也会给您省很多的。”客户也许丝毫不会为之所动的，因为这种模糊性语言会使客户怀疑其内容的真实性。但是如果你说：“这套设备的平均无故障时间是 3 765 个小时，而行业内的平均标准是 1 138 个小时，平均无故障时间是行业标准的 3.31 倍，所以售后服务费用平均可以降低 77.8%，以正常水平为一年 30 000 元的维修费用算，仅维修费每年就可以省下 23 037 元，十年下来就节省差不多 23 万元，这都可以买一辆轿车了。”如此，客户一定会清楚地知道产品的优势所在，购买的可能性就大大增加。

（5）适当增加幽默

绝大多数人都会喜欢幽默风趣的说话方式。客户也一样，特别是对那些工作压力很大的客户来说就更加有效了。有时候，一个小小的幽默会在不知不觉间拉近你和客户的距离，这就能使客户做出一些有利于你的决策。例如：

客户：你就再给我优惠 100 元吧，否则我真不买了。

电话销售人员：张总，再优惠的话您明天就看不到我啦。

客户：为什么？你要到哪里去呀？

电话销售人员：因为刚才我给您的可是跳楼价啊，我现在在 33 层办公，如果跳下去您明天当然是看不到我了！您不会这么狠心，真的让我跳下去吧！

客户：哈哈哈哈……

为了使电话中的幽默来得更自然些，电话销售人员需要平时多看一些幽默方面的书籍，然后将经典的又可以和电话销售中的某些场景联系起来的内容摘抄下来，等到需要的时候加以运用，会有意想不到的效果。

（6）善用例证

客户在做决定之前考虑的一个要素是这个产品别人用得多不多，用得效果如何。绝大多数客户都不想自己成为一个产品的试验品，如果他知道在自己之前已经有人验证了这种效果，而且和自己的情况很类似，那么他就会做出和别人一样的决定。因此电话销售人员应该充分利用客户的这种心理，积极地引用先前客户使用的例证。电话销售人员可以这样说：

“刘老师，其实您刚才遇到的问题之前也有几位老师遇到过，甚至有的比您的问题还要严重一些，当时……（具体情况介绍），后来我们……（解决问题过程），最后……（问题解决后的表现）。”

“高总，其实这些事情不只是您一个人关心，我们的许多客户都有类似的想法，如××客户、××客户等，当时……后来……”（这里的客户名称最好是有一定知名度的）。

由此可见，电话销售人员平时一定要多积累一些精彩的例子，这样到了关键时刻就可以派上用场了。

（7）运用同理心

运用同理心实际上就是站在客户的角度说话。在交流中，如果每个人都只是站在自己的角度来交流，往往达不到一致的结论。如果电话销售人员充分理解和尊重客户的想法，适当站在客户的角度去考虑问题，并且让客户感觉到你的善解人意，那么这种交流也许会省时、省力很多。

例如，客户表示关心文件处理的及时性，如果你只是说：“是的，速度很关键，所以您这边的处理器最好选择双核的。”这个时候客户往往并没有很多的赞同感。但是如果你说：“张经理，刚才您说非常关心文件处理的及时性，我可不可以这样理解，就是我们需要优先考虑速度？”客户表示：“是的，速度就是我现在最关心的。”之后你就可以接着讲：“按照您的意思，我觉得如果选用双核的处理器可能会比较好，毕竟单核的可能达不到您的速度要求，您的意思呢？”再让客户自己确定。

运用同理心来和客户交流，就是要让客户毫无压力，你给的只是适当的引导和建议，这种交流会让客户觉得很自在，谈判效果也会更好。

（8）借用权威的力量

还记得某品牌牙膏的广告吗？广告中有一个穿着白大褂的人拿着牙膏向大家做演示，你会不会自然地认为这个人就是权威医师，他说的话会让你觉得更科学、更有说服力。而且在广告结束的时候会多加上一句：“中华预防××协会认证（比医师的权威性更高）。”类似的这种广告非常多，归结起来就是在利用权威的力量来使客户更加相信产品的价值。

在电话销售过程中，如果也借用权威的力量则会使电话销售人员说话的影响力大大增加。所以在产品销售中，可以将自己公司所获得荣誉、参加过的重要会议、产品被哪些知名企业和人物使用过、获得过哪些评价等信息告知客户，增加客户对公司和产品的信任。

电话销售的说话方式还有很多，例如，学会用有效的提问来引导客户进行购买、学会赞美客户、满足客户的心理需求等。其实任何说话方式都是为了使客户觉得被尊重、被重视，愿意继续和你交流，愿意接受你的建议，所以任何有助于促进自己与客户的关系的说话方式都是可以加以利用的。

任务拓展

1. 实训任务：完成销售某品牌早教产品 1 套，价值 498 元。

2. 任务形式：两人一组，按要求设计电话销售脚本并按照小组进行模拟演练。

3. 任务时限：30 分钟。

4. 任务要求：

1）你是某公司一名育儿老师，根据产品背景资料、话术提示，运用电话销售技巧，编写一份电话销售呼出话术。

2）电话销售脚本必须包含：开场白、产品介绍、拒绝处理应答、异议处理应答、促成交易话术几大关键内容。

3）完成后小组成员互评总结，将在演练过程中的异议应对脚本、拒绝应对脚本进行总结并写在下方横线处。

背景资料

产品资料

【简介】

某品牌早教产品由国内多位著名学前教育权威专家针对我国 1~6 岁幼儿家庭特点研发，以生命教育为核心、蒙特梭利教学为手段、以 8 大智能综合开发为目标、以连动学习的方式培养幼儿的自主学习能力和早期阅读习惯，帮助幼儿在游戏的过程中学习并掌握基本的生活、生存能力，同时关注“421”式家庭问题，致力于帮助父母与祖父母统一教育观念，掌握正确的育儿知识及方法。它作为一套系统的家庭教育解决方案，具体产品分为两部分：一部分是给孩子学习的教材，每期包括主题读本、故事绘本（1~2 岁）或智能优加（3~6 岁）、配套学习的 DVD 光盘、与学习主题一致的玩具；另一部分是给家长学习的教材，每期包括亲子立方读本和亲子立方 DVD，内容包括育儿讲座（爷爷奶奶 DVD）、产品的使用指导（父母课堂）、亲子游戏、育儿知识等内容。

【产品 6 大卖点】

1. 分龄分版，针对性强

根据 1~6 岁儿童的身心发展特点，针对孩子学习的敏感期制定科学有序的教养目标，让每个年龄的孩子都有适合自己的产品，让家长用得安心，让孩子用出信心。

2. 多元联动学习，系统教学方案

以读本、玩具、DVD、亲子用书等系列产品组合成一个完整多元化的综合教学包，环环相扣、互为补充，以便孩子融会贯通、寓教于乐。每一年龄段“每月一包”，针对孩子的实际需要与成长特点制定每月的学习主题，以孩子的兴趣为导向设计每月的课程。

3. 关注隔代抚养

它是专门为孩子和家长度身定制的互动成长教育产品，关注隔代抚养家庭，提供祖父母与父母两代育儿教养统一平台，消除父母与祖父母在教育观念及方法上普遍存在的矛盾与分歧，为家长解疑释惑，培养“e 时代”的好孩子、新时代的接班人。

4. 权威专家，贴身指导

凭借云集国内权威儿童早期教育专家，为年轻的父母传授科学的育儿理念，提供正确实用的育儿宝典，指导产品的正确使用方案，协助家长养育健康快乐的宝宝。

5. 蒙特梭利教学

8 大智能综合开发充分体现蒙特梭利教学理念，运用贴纸、图卡、剪贴等多种益智方式和新颖有趣的玩具教具，让孩子在游戏和故事情景中积极快乐地学习，全面开发孩子的语言、数学逻辑、视觉空间、内省、肢体、人际交往、自然、音乐等 8 大智能。

6. 球球相伴，快乐成长

不仅通过立体生动的图书带给孩子丰富的知识，更通过有趣的动画情节让动画人物球球陪伴孩子度过快乐的童年，带领宝宝一起去探索世界、感知世界。

【产品内容】

针对隔代教育分龄分版的一套系统性的教材。每个月为宝宝量身定制了一套完整的学习计划，包括 6 样构成物，即 2 张光盘、3 本书、1 套益智型玩具。其中 1 张光盘、2 本书还有 1 套益智玩具是给宝宝使用的。

智慧读本：1）立体设计，里面有很多抽拉、旋转、翻页、折叠的动手环节，可以充分锻炼宝宝的动手能力以及动脑能力，同时吸引了宝宝的阅读兴趣。2）纸张比较厚，宝宝比较容易翻阅，也不容易撕毁，而且都采用圆角设计，不会划伤宝宝稚嫩的小手。

故事绘本：因为 1~2 岁是宝宝语言启蒙的黄金时期，所以建议妈妈多给宝宝讲讲故事，而且每月都讲一个重复的故事，久而久之，这样的故事内容就会在宝宝的脑海中留下深刻的印象，最后宝宝就会下意识地说出故事里面一些熟悉的字眼，这样对宝宝的语言启蒙会很有帮助。

球球 DVD：起到一个小老师的作用，采取宝宝容易接受的动画片的形式，给宝宝讲解智慧读本或故事绘本上面的内容，是不需要父母做过多指导的，培养宝宝自主学习的能力。

益智玩具：因为小孩子天生的任务就是玩耍，而且也都比较贪玩，那么就迎合宝宝的喜好，每月为她准备一套益智型玩具，起到一个教具的作用，引导宝宝进入当月学习主题，让宝宝在自己动手组装和操作的过程中轻松掌握当月主题。同时它也是一个非常好的亲子玩具，父母平时有空的时候可以陪宝宝一起操作，这样可以建立一个非常良好的亲子关系，对宝宝的健康成长也是非常有帮助的。

在亲子立方 DVD 中，会向父母阐述怎样带领孩子学习这套教材才能达到一个最理想的效果，而且每月会邀请一位早教领域比较权威的专家，从幼儿生理、心理学等多个角度跟父母分享一些比较实用的育儿方法。

另外还有爷爷奶奶 DVD，因为考虑到现在很多宝宝都是爷爷奶奶在照看，可能老人的早教意识没有父母那么强烈，育儿的方式方法可能也不是很科学，而且普遍都存在溺爱孩子的现象，所以准备了这样一张光盘给爷爷奶奶，让老人直观地了解到早教的重要性，意识到育儿的误区并提供给他们一些科学的育儿方法。以上就是产品的主要内容，3 本书、2 张光盘、1 套益智玩具以分龄版的形式让每个年龄段的宝宝都能充分掌握这个年龄段应该学习的内容。

【配送顺序】

各个年龄段的产品配送顺序见表 5-3。

表 5-3 配送顺序

期数	1~2 岁		3~4 岁		5~6 岁	
	主题	玩具	主题	玩具	主题	玩具
特刊 T1	有趣的声音	音乐毯	和妈妈的约定	运笔吸盘	身体探秘	人体大揭秘
第 2 期 T2	身体真棒	小兔滑滑车	鸟儿，你好	创意百宝箱	奇妙的动画	小小放映机
第 3 期 T3	见面问个好	小羊布书	糖果总动员	糖果总动员	走近沙漠	沙漠探险
第 4 期 T4	我会自己吃	切切乐	我会自己穿衣服	球球变装秀	轮子转啊转	百变工具车
第 5 期 T5	我爱刷牙	刷牙小熊	和尿床说再见	一起去喝水	地球我们的家	乘法学习板
第 6 期 T6	和颜色玩游戏	球球敲打台	诚实的球球	种子配对游戏	隐形的风多变的云	ABC 动物字母学习卡
第 7 期 T7	自己收拾好	花园铁线叠叠高	我会好好走楼梯	魔幻云朵之旅	了不起的职业	汉语拼音学习机
第 8 期 T8	准备好出门喽	穿衣游戏	爱心小帮手	海洋迷宫	海底漫步	除法学习板
第 9 期 T9	我要洗洗手	球球洗白白	神奇的眼睛	望远镜	动物明星闪闪亮	拼图大挑战
第 10 期 T10	我要睡觉了	月亮书	今天我当家	虫虫飞	我从哪里来	长草 DIY 小狗
第 11 期 T11	大家一起玩	趣味形状书	马路上的安全	快乐跑跑车	世界真奇妙	趣味对对碰
第 12 期 T12	我会自己上厕所	快乐浴室贴	奶奶我爱你	森林里的昆虫	昆虫的奥妙	时间大转盘

【客户信息】

田翔先生，网络工程师，32 岁，电话号码：138012345678，家庭住址：上海市浦东新区世博村路 300 号。家有一男童田天，4 岁，曾经在网站注册了解育儿知识。

请将以下关键脚本内容写在下方横线处。

（1）产品介绍

____

____

____

____

（2）异议应对

____

____

____

____

____

____

（3）拒绝应对

____

____

____

____

____

____

项目综合实训

1. 实训目的

掌握电话营销的4个基本流程，即开场白、商品介绍、解答疑问和促单成交。其次，在这4个流程基础上结合各个流程的特点，掌握一定的沟通技能，如明确什么能说、什么是客户忌讳的方面、基本的客户异议类型判定等。最后则根据不同的销售对象，灵活运用所学知识和方法，探知客户的真实目的，一步步完成最终销售。

2. 实训要求

请下载电话销售实操题，根据实操题项目背景按照电话销售评价标准（见表5-4）完成电话销售试题并上传至系统。

3. 答题时限

本任务完成时间要求在60分钟以内，请合理控制时间。

4. 评价标准

表 5-4　电话销售评价标准

评价内容	评定方法	评分标准	单项分值	总分值
电话销售	评委人工评分	销售流程清晰，服务用语标准	5	25
		能够深度挖掘客户需求	5	
		能够正确介绍商品，处理客户异议	5	
		积极引导客户成交	5	
		能够运用 FABE\SPIN\LSCPA 等销售方法	5	

5. 系统操作

1）参考前面的任务步骤，登录系统后进入“考试管理”→“初级技能考核”界面。

2）选中“电话销售”并单击“开始考试”按钮进入项目训练，如图 5-8 所示。

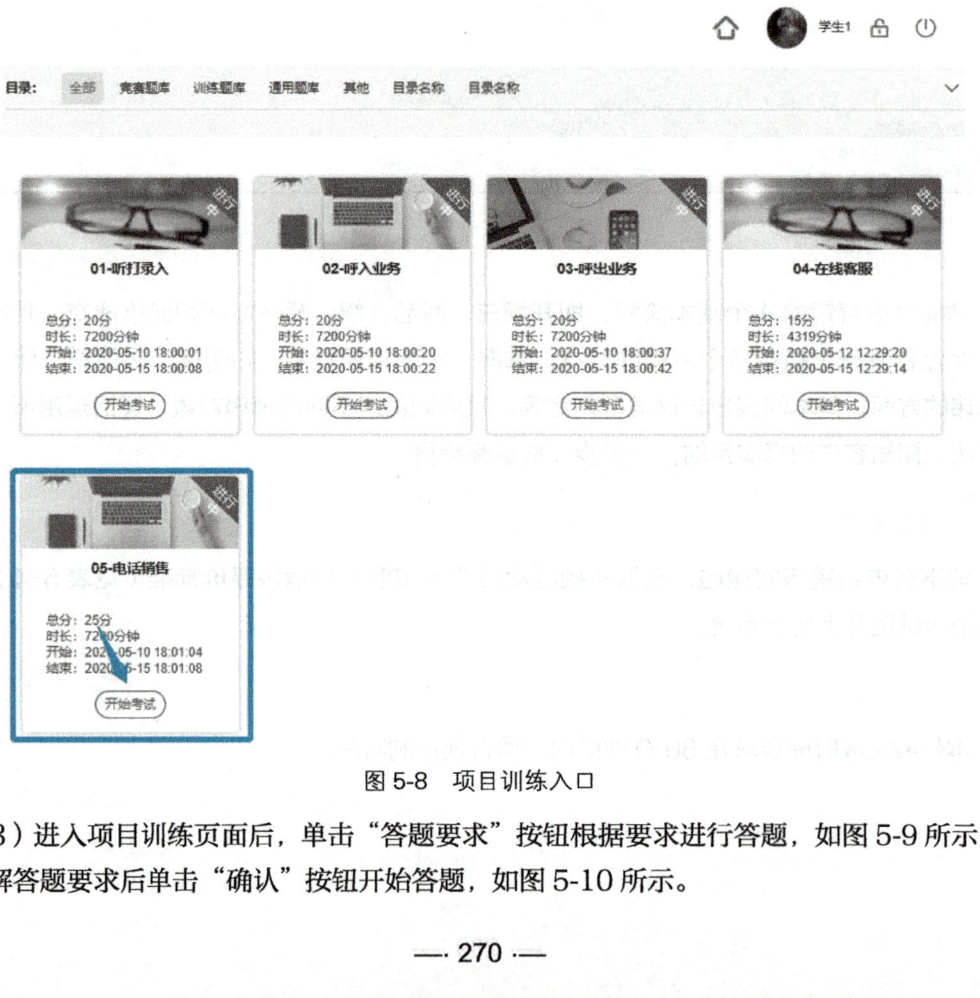

图 5-8　项目训练入口

3）进入项目训练页面后，单击“答题要求”按钮根据要求进行答题，如图 5-9 所示。确保了解答题要求后单击“确认”按钮开始答题，如图 5-10 所示。

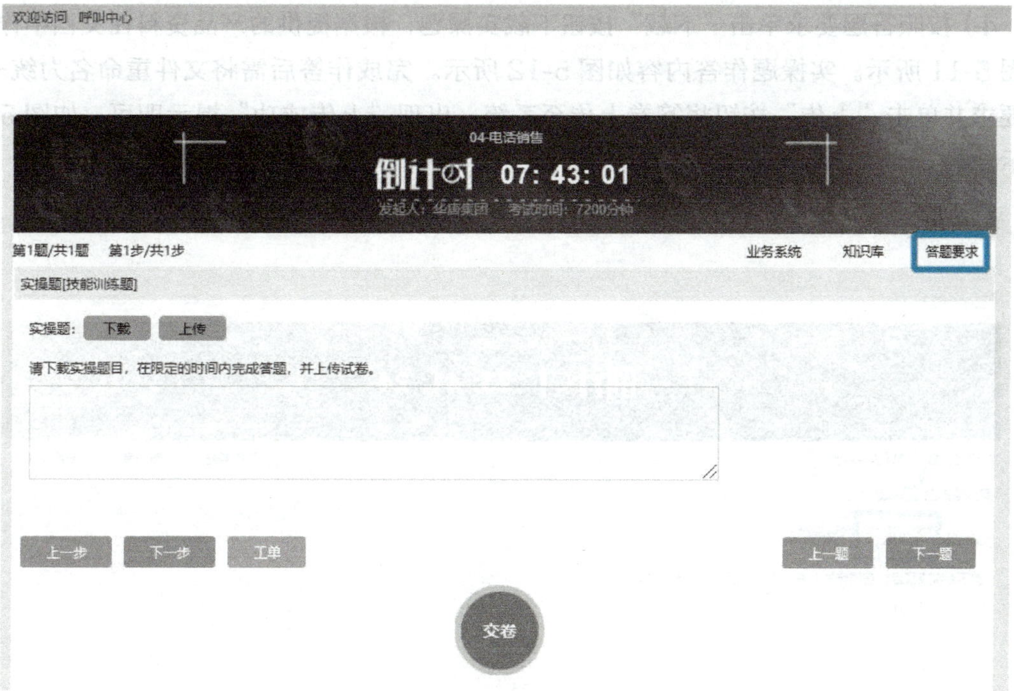

图 5-9 阅读答题入口

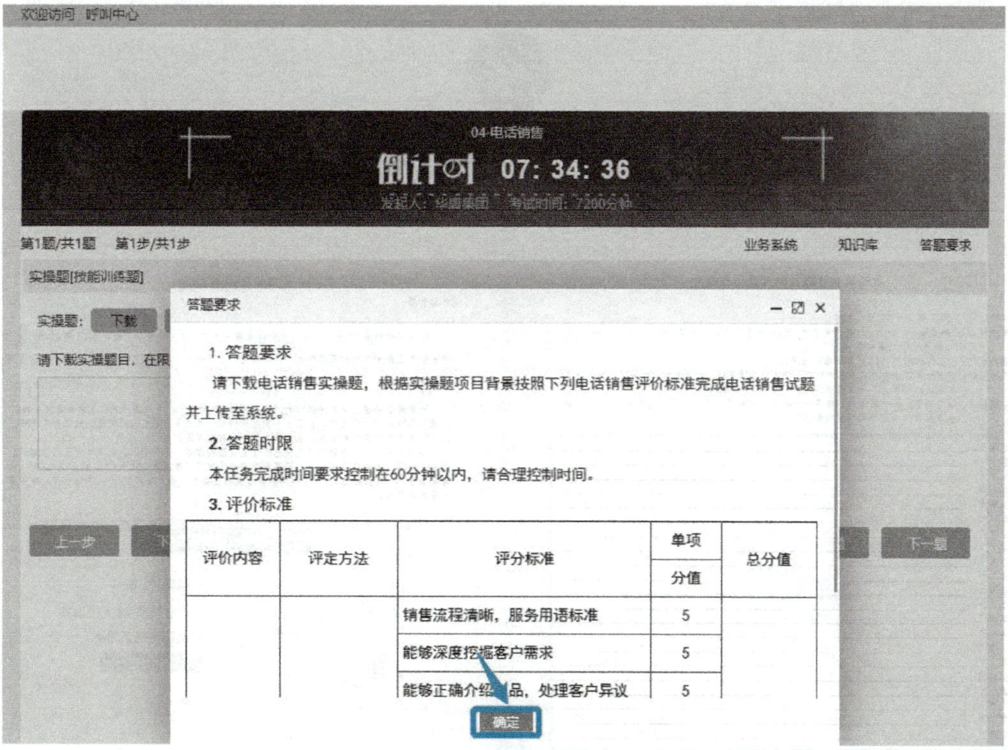

图 5-10 阅读答题要求

4）按照答题要求单击“下载”按钮下载实操题，根据提供的产品资料在文档中作答，如图 5-11 所示。实操题作答内容如图 5-12 所示。完成作答后需将文件重命名为统一格式要求并单击“上传”按钮将答卷上传至系统，出现“上传成功”提示即可，如图 5-13 所示。

图 5-11　实操题下载

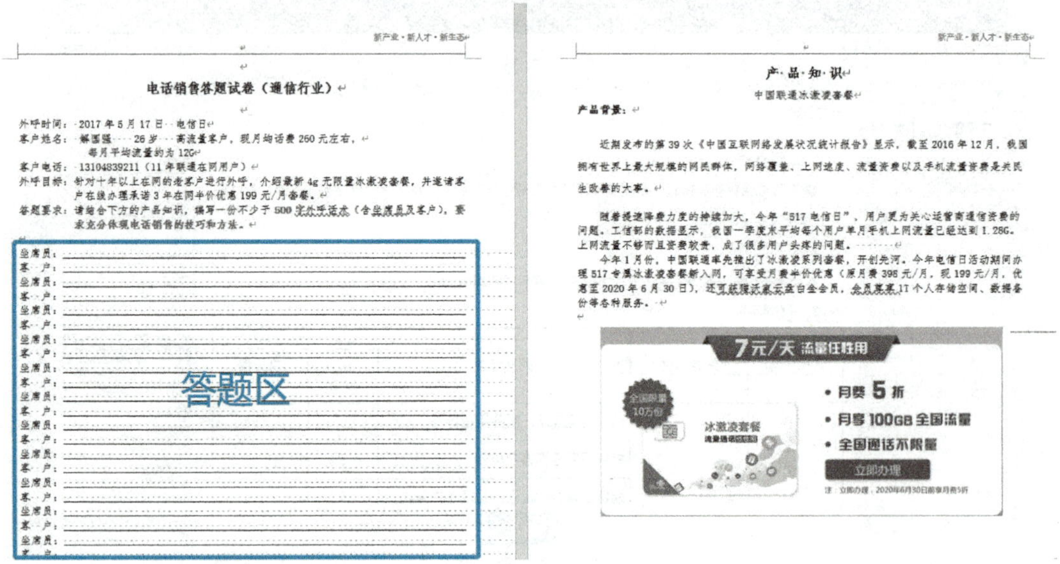

新产业·新人才·新生态

电话销售答题试卷（通信行业）

外呼时间：2017 年 5 月 17 日 电信日
客户姓名：解国强 26 岁 高流量客户，现月均话费 260 元左右，每月平均流量约为 12G
客户电话：13104839211（11 年联通在网用户）
外呼目标：针对十年以上在网的老客户进行外呼，介绍最新 4g 无限量冰激凌套餐，并邀请客户在线办理承诺 3 年在网半价优惠 199 元/月套餐。
答题要求：请结合下方的产品知识，编写一份不少于 500 字外呼话术（含坐席员及客户），要求充分体现电话销售的技巧和方法。

坐席员：
客　户：
坐席员：
客　户：
坐席员：
客　户：
坐席员：
客　户：
坐席员：
客　户：
坐席员：
客　户：
坐席员：
客　户：
坐席员：
客　户：
坐席员：
客　户：
坐席员：
客　户：
坐席员：

答题区

新产业·新人才·新生态

产·品·知·识

中国联通冰激凌套餐

产品背景：

近期发布的第 39 次《中国互联网络发展状况统计报告》显示，截至 2016 年 12 月，我国拥有世界上最大规模的网民群体，网络覆盖、上网速度、流量资费以及手机流量资费是关民生改善的大事。

随着提速降费力度的持续加大，今年“517 电信日”，用户更为关心运营商通信资费的问题。工信部的数据显示，我国一季度末平均每个用户单月手机上网流量已经达到 1.28G。上网流量不够而且资费较贵，成了很多用户头疼的问题。

今年 1 月份，中国联通率先推出了冰激凌系列套餐，开创先河。今年电信日活动期间办理 517 专属冰激凌套餐新入网，可享受月费半价优惠（原月费 398 元/月，现 199 元/月，优惠至 2020 年 6 月 30 日），还可获赠沃家云盘白金会员，会员尊享 1T 个人存储空间、数据备份等各种服务。

图 5-12　实操题试题

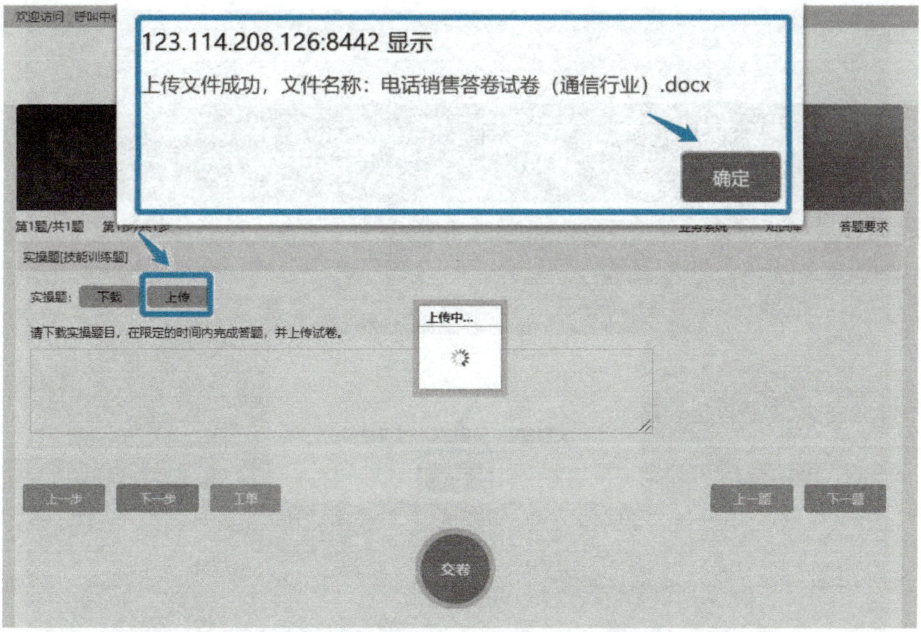

图 5-13　实操题上传

5）上传完成后会在系统页面显示文件名称，表示上传成功，可单击文件名称检查试卷，如检查无误单击“交卷”按钮即可，如图 5-14 所示。

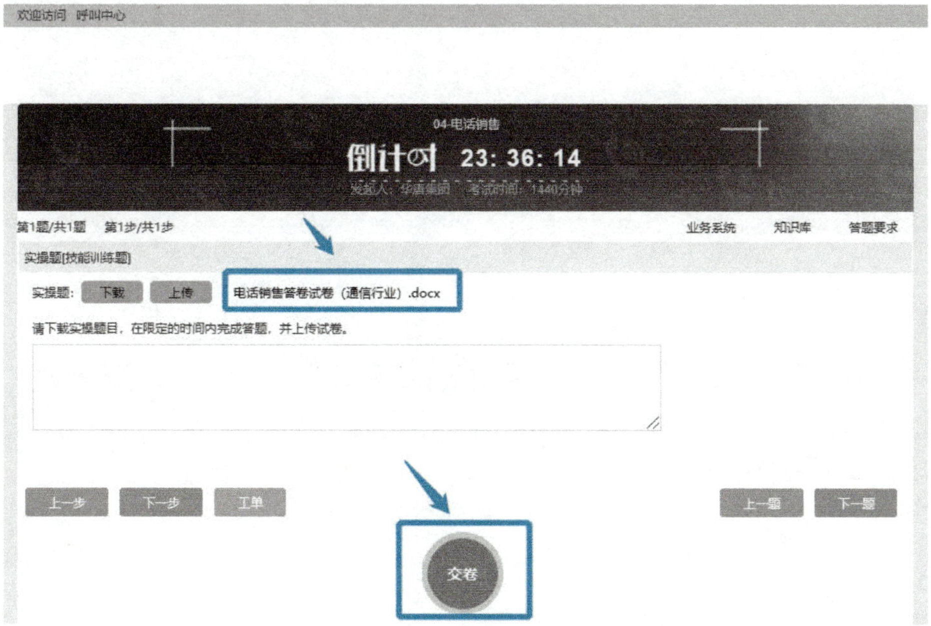

图 5-14　实操题复查

6）系统显示“交卷成功！稍后窗口将自动关闭”，单击“OK”按钮即可完成答题，如图 5-15 所示。

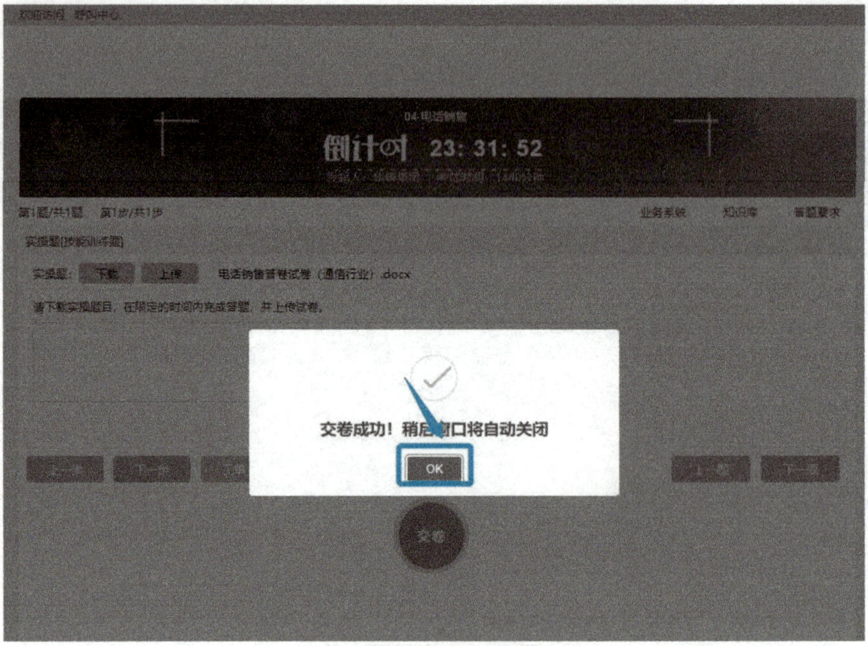
04-电话销售
倒计时 23: 31: 52
第1题/共1题
第1步/共1步
业务系统
知识库
答题要求
实操题(技能训练题)
实操题:
下载
上传
电话销售答卷试卷（通信行业）.docx
请下载实操题目，在限定的时间内完成答题，并上传试卷。
OK
交卷

图 5-15　完成答题交卷

参 考 文 献

[1] 华唐教育 . 服务外包与呼叫中心概论 [M]. 2 版 . 北京：高等教育出版社，2015.

[2] 陈宁华 . 电话营销的运营与管理 [M]. 北京：清华大学出版社，2015.

[3] 卢卡斯 . 客户服务：原书第三版 [M]. 朱迎紫，艾凤义，译 . 北京：企业管理出版社，2009.

[4] 华唐教育 . 呼入业务能力训练 [M]. 北京：高等教育出版社，2014.

[5] 华唐教育 . 呼出业务能力训练 [M]. 北京：高等教育出版社，2014.

[6] 华唐教育 . 电话销售能力训练 [M]. 北京：高等教育出版社，2014.

[7] 时代光华管理培训研究中心 . 3 分钟打动客户：电话销售实战技能训练 [M]. 广州：广东经济出版社，2010.

[8] 李智贤 . 电话销售中的拒绝处理（纪念版）[M]. 北京：机械工业出版社，2018.